活页式·校企合作·高职汽车专业群规划教材

U0839304

汽车概论

主　编　孙永丽　张继伟

副主编　薛丽芳　张　坤　汤　云

参　编　李大鹏　郭化超　曹　菁

山东大学出版社

SHANDONG UNIVERSITY PRESS

·济南·

图书在版编目(CIP)数据

汽车概论 / 孙永丽，张继伟主编.—济南：山东大学出版社，2021.7

活页式·校企合作·高职汽车专业群规划教材/王建良主编

ISBN 978-7-5607-7024-6

Ⅰ.①汽… Ⅱ.①孙… ②张… Ⅲ.①汽车—高等职业教育—教材 Ⅳ.①U46

中国版本图书馆 CIP 数据核字(2021)第 122943 号

策划编辑 刘 彤
责任编辑 祝清亮
文案编辑 曲文蕾
封面设计 牛 钧

出版发行 山东大学出版社
社 址 山东省济南市山大南路 20 号
邮政编码 250100
发行热线 (0531)88363008
经 销 新华书店
印 刷 济南乾丰印刷有限公司
规 格 787 毫米×1092 毫米 1/16
13.5 印张 306 千字
版 次 2021 年 7 月第 1 版
印 次 2021 年 7 月第 1 次印刷
定 价 56.00 元

《活页式·校企合作·高职汽车专业群规划教材》丛书编委会

总　序

《国家职业教育改革实施方案》指出，要深化“三教”改革，建设一批校企“双元”合作开发的国家规划教材，倡导使用新型活页式、工作手册式教材并配套开发信息化资源。同时，要求专业教材随信息技术发展和产业升级情况及时动态更新。为落实《国家职业教育改革实施方案》，推进国家教学标准落地实施，提升职业教育质量，提高人才培养的针对性，教育部出台了《关于职业院校专业人才培养方案制订与实施工作的指导意见》（教职成〔2019〕13 号）和《职业院校教材管理办法》（教材〔2019〕3 号），对教材和资源建设提出了具体要求。为全面落实国家和教育部有关文件精神，山东省交通运输职业教育专业指导委员会牵头组织编写了本套教材。教材的编写秉承以下原则：

突出“课程思政”和文化育人。本套教材编写强调强化“课程思政”，注重实现思想政治教育与汽车相关专业岗位技术技能培养的有机统一。结合汽车行业和企业的典型文化案例，强化学生职业素养养成和专业技术积累，将专业精神、职业精神和工匠精神融入人才培养全过程。

突出类型特色，服务“三教”改革。强化产教融合、校企合作的全流程设计，融入新技术、新设备、新工艺、新规范以及产业发展的新趋势，使学生适应行业技术变革最新发展的需要。课程、教材教学一体化设计，有利于建设符合项目式、模块化教学需要的教学创新团队，普及项目教学、案例教学、情景教学、模块化教学等教学方式，广泛运用启发式、探究式、讨论式、参与式等教学方法，推动课堂教学革命。

突出山东特色，对接“双高”水准。山东省交通运输专业指导委员会联合行业、企业、学校和山东大学出版社，聘请省内外专家指导，围绕汽车技术服务专业集群，适应全面推进“双高计划”、现代学徒制改革试点和“1＋X”证书制度试点的工作需要，开展职业教育教材体系和资源建设，力求建设反映“三教”改革新形态、突出山东特色、对接“双高”水准、对标国内一流的教材和教学资源。当前，职业教育战线正在全面落实习近平总书记关于职业教育的重要指示和全国教育大会精神。山东省正在进行部省共建“国家职业教育创新发展高地”，实现一年成“式”、两年成“是”、三年成“事”总目标，打造新时代中国特色职业教育的“山东样板”。出版本套教材也是抛砖引玉，以便更好地服务“高地建设”，祝愿山东汽车职业教育发展得越来越好。

山东省交通运输职业教育专业建设指导委员会

2021 年 7 月

前　言

二十年前，汽车还是一个奢侈品。随着我国经济的高速发展，人们的生活水平不断提高，汽车逐渐走进千家万户，成为人们生活中必不可少的交通工具。我国自 2009 年汽车产销量跃居世界第一以来，已经连续 12 年蝉联世界第一，成为名副其实的汽车大国，并朝着汽车强国的目标迈进。

当前全球汽车产业正处于深度转型期，电动化、智能化、网联化和共享化发展进程加快，中国汽车产业的发展进入结构调整期，汽车市场发生了巨大的变化，对于汽车产业技术、技能人才的培养也应紧跟时代步伐。本教材贯彻立德树人的宗旨，融合了产业文化、民族文化以及大众文化，实施文化育人，对接新车型、新技术及“1＋X”证书制度，重构教学内容和教学体系，内容涵盖我国及世界知名汽车品牌中的内燃机汽车、新能源汽车、智能网联汽车等。本教材知识面广、内容新颖、实用性强，内容编排适合模块化教学，既可以作为普通高等院校非汽车专业学生的公选课教材、汽车专业学生的入门级教材，又可以作为中职院校汽车专业学生的参考教材。对广大汽车爱好者而言，本书也是一本值得阅读的书籍。

本书由山东交通职业学院孙永丽、张继伟担任主编，德州职业技术学院薛丽芳、山东交通职业学院张坤、德州职业技术学院汤云担任副主编，山东交通职业学院李大鹏、郭化超、曹菁参与编写。具体编写分工如下：模块一、模块二由孙永丽、张继伟、李大鹏、郭化超、曹菁编写，模块三由薛丽芳、汤云编写，模块四由张继伟编写，模块五由孙永丽、张坤编写。全书由孙永丽设计、统稿，王建良教授主审。

本书在编写过程中，借鉴和参阅了大量的教材、著作、文献资料、网络资讯及相关企业的培训资料，同时得到了山东交通职业学院丁在明教授、杨效军博士、许子阳教授，以及中通客车宋忠凯高级工程师、北汽福田刘铁军高级工程师等汽车行业专家的大力支持，在此一并表示诚挚的感谢！

由于编者学识水平有限，书中难免有疏漏之处，敬请广大读者提出宝贵意见。

编　者

2021 年 7 月

目　录

模块一

汽车基础知识的认知

截至 2020 年，我国汽车保有量已达 2.81 亿辆，位居世界第二。随着人们生活水平的不断提高，汽车逐渐走进千家万户，成为人们生活中必不可少的交通工具。人们对汽车的认知已不再是“四个轮子加几个沙发”，而是对定义、标识、参数的理解。

【工作情境】

小王是一名汽车技术服务与营销专业的毕业生，来到一家比亚迪汽车销售服务公司应聘汽车销售顾问岗位。销售经理要考核一下小王汽车基础知识的储备量，安排相关人员准备了如表 1-1 所示的考核资料，让小王给大家讲解一下汽车仪表盘上常见图标及常见英文标识的含义，考察一下小王能否胜任该职位。

表 1-1　汽车仪表盘上常见图标及常见英文标识

常见图标	名称及含义	常见英文标识	名称及含义
		ACC	
		TDI	
		VVT	
		DSG	
		CVT	

【学习目标】

素质目标

1.培养精益求精的工匠精神；

2.培养爱岗敬业的职业精神；

3.培养协同合作的团队精神。

知识目标

1.了解汽车的定义及分类方法；

2.熟悉汽车性能的评价参数；

3.掌握汽车仪表盘上常见图标、英文缩写等标识的含义。

能力目标

1.能够准确判别汽车类型；

2.能够读懂汽车铭牌、车辆识别代码以及轮胎规格，知道仪表盘常见图标、英文缩写等标识的含义；

3.能够通过汽车相关参数指标评价汽车相关性能。

【信息资讯】

1.什么是汽车？

____

____

2.汽车铭牌上都包含哪些车辆信息？请列举不少于 6 项。

(1)__________ (2)__________ (3)__________

(4)__________ (5)__________ (6)__________

3.汽车仪表盘上常见的指示灯有哪些？请列举不少于 6 项。

(1)__________ (2)__________ (3)__________

(4)__________ (5)__________ (6)__________

4.轮胎侧面的标识包含了轮胎的哪些信息？请列举不少于 6 项。

(1)__________ (2)__________ (3)__________

(4)__________ (5)__________ (6)__________

5.汽车上标识了哪些英文缩写？请列举不少于 6 项并解释其含义。

(1)__________ (2)__________ (3)__________

(4)__________ (5)__________ (6)__________

6.汽车性能的评价指标有哪些？

(1)__________ (2)__________ (3)__________

(4)__________ (5)__________ (6)__________

【知识准备】

学习任务一　汽车的定义与分类

一、汽车的定义

我国的国家标准——《汽车和挂车类型的术语和定义》(GB/T 3730.1—2001)中对汽车有如下定义:由动力驱动,具有四个或四个以上车轮的非轨道承载的车辆,主要用于载运人员和(或)货物、牵引载运人员和(或)货物以及其他特殊用途。同时,汽车还包括与电力线相联的车辆(如无轨电车),整车整备质量超过 400 kg 的三轮车辆。

二、汽车的分类

(一)按用途分类

汽车按用途分为乘用车和商用车。乘用车是指在其设计和技术特性上主要用于载运乘客及其随身行李和(或)临时物品的汽车,包括驾驶员座位在内,最多不超过 9 个座位。乘用车可以牵引挂车。商用车是指在设计和技术特性上用于运送人员及其随身行李和货物的汽车,并且可以牵引挂车。

乘用车和商用车的详细分类如图 1-1 所示。

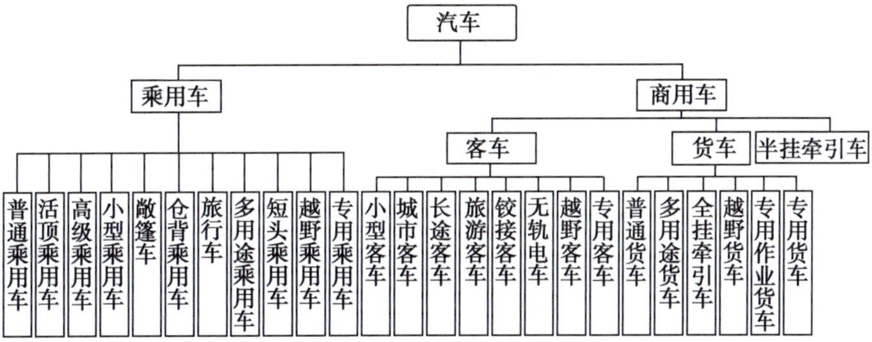

图 1-1　乘用车和商用车的详细分类

1.乘用车(passenger vehicle)

(1)普通乘用车

普通乘用车具有以下特征:封闭式车身;固定式硬顶;4 个或 4 个以上座位;2 个或 4 个侧门,可有一个后开启门。普通乘用车如图 1-2 所示。绝大部分轿车都属于普通乘用车。

（2）活顶乘用车

活顶乘用车具有以下特征：车身为开式，侧围框架为固定式刚性结构，也有的为活动棚架；车顶（顶盖）为金属硬顶或篷布软顶，至少有两个位置（封闭、开启或拆除）；4 个或 4 个以上座位，至少两排；2 个或 4 个侧门。活顶乘用车如图 1-3 所示。

图 1-2　普通乘用车

图 1-3　活顶乘用车

（3）高级乘用车

高级乘用车具有以下特征：封闭式车身，前后座之间可以设隔板；固定式硬顶；4 个或 4 个以上座位；4 个或 6 个侧门，也可有一个后开启门；6 个或 6 个以上侧窗。高级乘用车如图 1-4 所示。

图 1-4　高级乘用车

（4）小型乘用车

小型乘用车具有以下特征：封闭式车身，通常后部空间较小；固定式硬顶；2 个或 2 个以上座位，至少一排；2 个侧门，也可有一个后开启门：2 个或 2 个以上侧窗。小型乘用车如图 1-5 所示。

（5）敞篷车

敞篷车（convertible）具有以下特征：带有折叠式可开启车顶；车顶至少有 2 个位置，第一个位置遮覆车身，第二个位置的车顶可卷收或拆除；2 个或 2 个以上座位，至少一排；2 个或 4 个侧门；2 个或 2 个以上侧窗。敞篷车如图 1-6 所示。

图 1-5　小型乘用车

图 1-6　敞篷车

(6)仓背乘用车

仓背乘用车(hatchback)具有以下特征:封闭式车身;固定式硬顶;4 个或 4 个以上座位,至少两排;2 个或 4 个侧门,车身后部有一仓门,一般为两厢车。仓背乘用车如图 1-7 所示。

(7)旅行车

旅行车(station wagon)具有以下特征:封闭式车身,车尾处可提供较大的内部空间;固定式硬顶;4 个或 4 个以上座位,至少两排,座椅的一排或多排可拆除,或装有向前翻倒的座椅靠背以提供装载平台;2 个或 4 个侧门,并有一个后开启门;4 个或 4 个以上侧窗。旅行车如图 1-8 所示。

图 1-7　仓背乘用车

图 1-8　旅行车

(8)多用途乘用车

多用途乘用车分为运动型多用途汽车(Sport Utility Vehicle,SUV)和多功能乘用车(Multi-Purpose Vehicles,MPV),如图 1-9 所示。按照功能特性,SUV 通常分为城市型与越野型。现在主流的 SUV 一般指以轿车平台为基础,在一定程度上既具有轿车的舒适性,又具有一定越野性的车型。而 MPV 从旅行轿车演变而来,注重承载空间,可以兼具家用、商用等多用途,集旅行车的宽大乘员空间、轿车的舒适性和厢式货车的运载功能于一身,具有良好的舒适性、较强的实用性和灵活的空间。MPV 一般为两厢式结构,可以坐 7~8 人。

(a)SUV(哈弗 H6)　　(b)MPV(别克 GL8)

图 1-9　多用途乘用车

(9)短头乘用车

短头乘用车(forward control passenger car)是指一半以上的发动机位于车辆前风窗玻璃最前点以后,并且方向盘的中心位于车辆总长的前四分之一部分内的乘用车,如图 1-10 所示。

(10)越野乘用车

越野乘用车(Off-Road Vehicle, ORV)是一种为越野而特别设计的汽车,是所有车轮可以同时驱动,且允许在非道路上行驶的一种乘用车,如图 1-11 所示。

图 1-10　短头乘用车

图 1-11　越野乘用车

(11)专用乘用车

专用乘用车是指运载乘员或物品并完成特定功能的乘用车,具备完成特定功能的特殊车身和(或)装备,如旅居车、救护车、防弹车、殡仪车等,如图 1-12、图 1-13、图1-14、图 1-15 所示。

图 1-12　旅居车

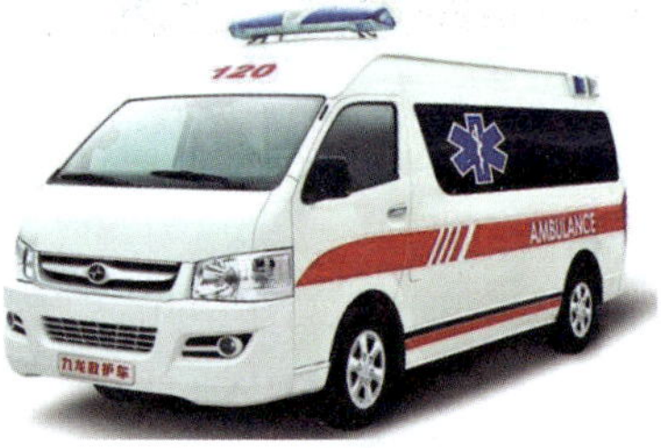

图 1-13　救护车

图 1-14　防弹运钞车

图 1-15　殡仪车

2.商用车(commercial vehicle)

(1)客车

客车是指乘坐 9 人以上(包括驾驶员座位在内),一般具有方形车厢,用于载运乘客及其随身行李的商用车辆,这类车型主要用于公共交通和团体运输。客车包括小型客车、城市客车、长途客车、旅游客车、铰接客车、无轨电车、越野客车以及专用客车等。

①小型客车用于载运乘客,除驾驶员座位外,座位数不超过 16 座。小型客车如图 1-16所示。

②城市客车是一种为城市内运输乘客而设计和制造的客车，车内设有座位和供乘客站立、走动的通道。根据是否设有乘客站立区可分为设有乘客站立区的公共汽车和未设有乘客站立区的公共汽车。城市客车如图 1-17 所示。

图 1-16　小型客车

图 1-17　城市客车

③长途客车是一种为城市间旅客运输而设计和装备的客车，主要用于城市之间或地区之间载运乘客及其行李物品，因运输距离较长，故舒适性要求高，车内仅设坐席，没有专供乘客站立的位置，但可在通道内设置活动座椅或载运短途站立的乘客，如图 1-18 所示。

④旅游客车是一种为旅游而设计和装备的客车，这种车辆的布置要确保乘客的舒适性，不载运站立的乘客，如图 1-19 所示。

图 1-18　长途客车

图 1-19　旅游客车

⑤铰接客车是指由铰接装置连接两个或两个以上刚性车厢体所组成，车厢体间有通道相连，乘客在其中可自由走动的客车。车厢内一般按城市客车或长途客车布置，分别用于道路条件较好的城市公共客运或长途客运。按车厢的数目分为单铰接式（两个车厢体）和双铰接式（三个车厢体）客车，按车厢体的结构分为单层铰接式和双层铰接式客车。铰接客车如图 1-20 所示。

⑥无轨电车是一种通常由架空接触网供电、电动机驱动，不依赖固定轨道行驶的道路公共交通工具，如图 1-21 所示。

图 1-20　铰接客车

图 1-21　无轨电车

⑦越野客车是指所有车轮同时驱动、允许在非道路上行驶的一种客车，如图 1-22

所示。

⑧专用客车在设计和技术特性上只适用于需要特殊布置安排后才能载运人员的车辆。校车属于专用客车，如图 1-23 所示。校车统一采用醒目的颜色（如黄色）标识，并可配备警灯和警报器；校车的安全性能要高于普通车辆（如防撞性能），还应安装 GPS 来实时监控车辆运行的路线、速度，并设定限速器，严禁超速；上下车门安装摄像头，实时监控上下车人员，并配安全锤等。

图 1-22　越野客车

图 1-23　校车

（2）货车

货车是一种主要为载运货物而设计和装备的商用车辆，它包括普通货车、多用途货车、全挂牵引车、越野货车、专用作业车和专用货车等。

①普通货车是一种在敞开（平板式）或封闭（厢式）载货空间内载运货物的货车，如图 1-24所示。

②多用途货车在其设计和结构上主要用于载运货物，但在驾驶员座椅后带有固定或折叠式座椅，可运载 3 人以上乘客，如图 1-25 所示。

③全挂牵引车是一种牵引杆式挂车的货车，可在附属的载货平台上运载货物，如图 1-26所示。

④越野货车是指所有车轮同时驱动、允许在非道路上行驶的一种货车，如图 1-27 所示。

图 1-24　普通货车

图 1-25　多用途货车

图 1-26　全挂牵引车

图 1-27　越野货车

⑤专用作业车是在设计和技术特性上用于特殊工作的货车，如消防车、救险车、垃圾车、应急车、清扫车、扫雪车等，如图 1-28 至图 1-33 所示。

图 1-28　消防车

图 1-29　救险车

图 1-30　垃圾车

图 1-31　应急车

图 1-32　清扫车

图 1-33　扫雪车

⑥专用货车是在设计和技术特性上用于运输特殊物品的货车，如罐式车、乘用车运输车、集装箱运输车等，如图 1-34、图 1-35 和图 1-36 所示。

图 1-34　罐式车

图 1-35　乘用车运输车

图 1-36　集装箱运输车

(3)半挂牵引车

半挂牵引车是装备有特殊装置、用于牵引半挂车的商用车辆,如图 1-37 所示。

图 1-37　半挂牵引车

(二)按燃料分类

按燃料分类,汽车可以分为汽油汽车、柴油汽车、天然气汽车、液化石油气汽车、甲醇燃料汽车、乙醇燃料汽车、二甲醚燃料汽车、氢能汽车和太阳能汽车等。

1. 汽油汽车

汽油汽车是指以汽油为燃料的汽车,是目前保有量占比第一的汽车。国内轿车基本是汽油汽车,汽油以 92 号和 95 号为主。

2. 柴油汽车

柴油汽车是指以柴油为燃料的汽车,是目前保有量占比第二的汽车。国内商用车多数是柴油车,柴油有 0 号、−10 号、−20 号、−35 号等。

3. 天然气汽车

天然气汽车是指以天然气为燃料的汽车,如图 1-38 所示。与普通燃油汽车相比,天然气汽车在结构上增加了燃气供给系统。

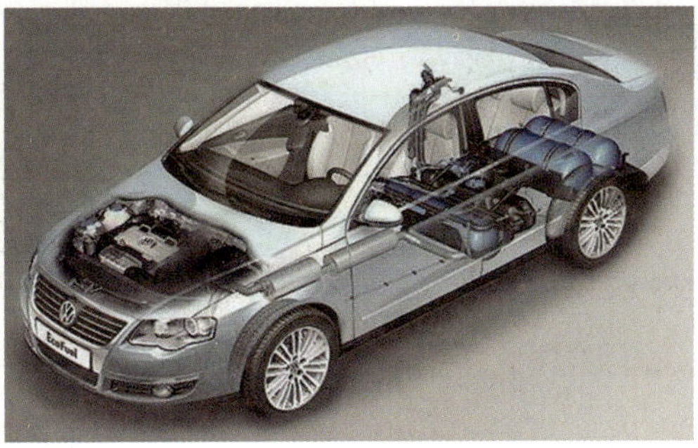

图 1-38　天然气汽车

按照所使用的天然气燃料状态，天然气汽车可以分为压缩天然气汽车和液化天然气汽车。

(1)压缩天然气(Compressed Natural Gas，CNG)是指压缩到20.7～24.8 MPa的天然气，储存在车载高压气瓶中。压缩天然气汽车如图 1-39 所示，它是以压缩天然气作为燃料的车辆。对在用车进行定型汽油车改装，在保留原车供油系统的情况下，增加一套专用压缩天然气装置，形成压缩天然气汽车。

(2)液化天然气(Liquefied Natural Gas，LNG)是指常压下，温度为－162 ℃的液体天然气，储存于车载绝热气瓶中。液化天然气汽车如图 1-40 所示，它是以低温液态天然气为燃料的新一代天然气汽车，其突出优点是能量密度大(约为 CNG 汽车的 3 倍)、汽车续驶里程长。液化天然气汽车行驶里程可达 500 km 甚至 1000 km，非常适合长途运输使用。相对于汽车使用柴油、汽油，液化天然气汽车具有显著的经济效益。

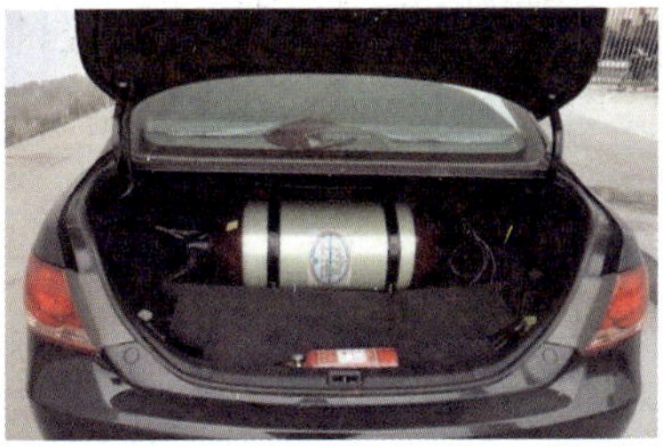

图 1-39　压缩天然气汽车

图 1-40　液化天然气汽车

按照燃料使用状况，天然气汽车可分为专用燃料天然气汽车、两用燃料天然气汽车和双燃料天然气汽车。

(1)专用燃料天然气汽车只使用天然气作为燃料，并使用专用天然气发动机，一般应用于卡车。

(2)两用燃料天然气汽车(见图 1-41)具有两套相互独立的燃料供给系统：一套供给天然气，另一套供给其他燃料。两套燃料供给系统可分别但不可同时向燃烧室供给燃料。

(3)双燃料天然气汽车(见图 1-42)具有两套燃料供给系统：一套供给天然气，另一套供给其他燃料。两套燃料供给系统按预定的配比向燃烧室供给燃料，燃料在缸内混合燃烧，如汽油-压缩天然气双燃料汽车、柴油-压缩天然气双燃料汽车等。

图 1-41　两用燃料天然气汽车

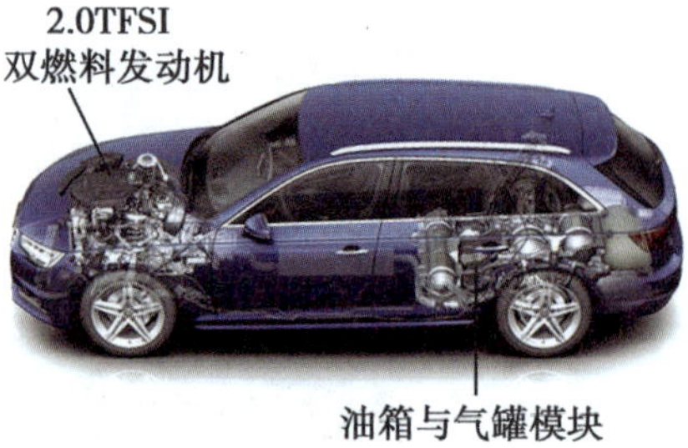

图 1-42　双燃料天然气汽车

4. 液化石油气汽车

液化石油气汽车是指以液化石油气为燃料的汽车，如图 1-43 所示。液化石油气汽车和天然气汽车结构类似，也是增加了一套液化石油气供给系统。

5. 甲醇燃料汽车

甲醇燃料汽车是以甲醇燃料为能源的汽车，如图 1-44 所示。作为燃料，甲醇在汽车上的应用主要有掺烧和纯甲醇替代两种。掺烧是指将甲醇以不同的比例（如 M10、M15、M30 等）掺入汽油中，作为发动机的燃料，该燃料一般称为甲醇汽油；纯甲醇替代是指将高比例甲醇（如 M85、M100）直接用作汽车燃料。

图 1-43　液化石油气汽车

图 1-44　甲醇燃料汽车

6. 乙醇燃料汽车

乙醇燃料汽车是指利用乙醇燃料作为能源驱动的汽车，如图 1-45 所示。作为燃料，乙醇在汽车上的应用目前主要以掺烧为主。掺烧是指将乙醇以不同的比例掺入汽油中，作为发动机的燃料，这种燃料一般称为乙醇汽油。乙醇汽油是一种由粮食及各种植物纤维加工成的燃料乙醇，和普通汽油按一定比例混配形成的替代能源。按照国家标准，乙醇汽油是用 90% 的普通汽油与 10% 的燃料乙醇调和而成，其标志方法是在汽油标号前加注字母 E，如 E97# 表示乙醇汽油 97 号。

7. 二甲醚燃料汽车

二甲醚燃料汽车是指以二甲醚为能源的汽车，如图 1-46 所示。二甲醚作为环保、清洁、安全的新型替代能源，已经得到国际社会的认可。二甲醚是汽车发动机（特别是柴油发动机）燃料的理想替代品。

图 1-45　乙醇燃料汽车

图 1-46　二甲醚燃料汽车

8. 氢能汽车

氢能汽车是指以氢为能源的汽车，将氢反应所产生的化学能转换为机械能来推动车辆。

氢能汽车分为两种：一种是氢内燃机汽车（Hydrogen Internal Combustion Engine Vehicle，HICEV），是以内燃机燃烧氢气（通常通过分解甲烷或电解水取得）产生动力推动汽车，如图 1-47 所示；另一种是氢燃料电池汽车（Fuel Cell Electric Vehicle，FCEV），是使氢或含氢物质与空气中的氧在燃料电池中反应产生电力推动电动机，由电动机推动车辆，如图 1-48 所示。

图 1-47　氢内燃机汽车

图 1-48　氢燃料电池汽车

9. 太阳能汽车

太阳能汽车利用太阳能电池将光能转化为电能，此部分电能可以直接驱动车辆电动机，也可以存储在蓄电池中备用。太阳能汽车是电动汽车的一种，如图 1-49 所示。

图 1-49　太阳能汽车

(三)按轴距分类

根据轴距的长短,轿车可以分为微型车、小型车、紧凑型车、中型车、中大型车、豪华车等。

1. 微型车(A00 级)

微型车通常指轴距不超过 2350 mm,车长小于 3.7 m 的车型,如奇瑞 QQ、比亚迪 F0、长安奔奔等。

2. 小型车(A0 级)

小型车通常指轴距在 2400~2550 mm 之间,车长在 3.7~4.3 m 之间的车型,如本田飞度、大众 POLO 等。

3. 紧凑型车(A 级)

紧凑型车通常指轴距在 2550~2700 mm 之间,车长在 4.3~4.6 m 之间的车型,如大众速腾、丰田卡罗拉、本田思域等。

4. 中型车(B 级)

中型车通常指轴距在 2700~2850 mm 之间,车长在 4.6~4.9 m 之间的车型,如大众迈腾、本田雅阁、丰田凯美瑞等。

5. 中大型车(C 级)

中大型车通常指轴距在 2850~3000 mm 之间,车长在 4.9~5.1 m 之间的车型,如奥迪 A6L、奔驰 E 级、宝马 5 系等。个别车型轴距达到了 3000 mm 以上,如奔驰 E 级的轴距为 3079 mm。

6. 豪华车(D 级)

豪华车通常指轴距在 3000 mm 以上,车长在 5.1 m 以上的车型,如奔驰 S 级、宝马 7 系、奥迪 A8 等。

按照德国汽车的分级标准,A 级车(包括 A0、A00)是指小型乘用车,B 级车是中档乘用车,C 级车是高档乘用车,D 级车是豪华乘用车。其等级划分主要依据轴距、排量、质量等参数,字母顺序越靠后,表示该车的轴距越长,排量和质量越大,豪华程度也越高。

另外,汽车还有很多其他分类方式。例如,轿车按车厢分类可分为单厢车、两厢车、两厢半车、三厢车,按车门分类可分为两门车、四门车等。

学习任务二　汽车常见标识

一、汽车的铭牌标识

汽车铭牌是标明车辆基本特征的标牌,其主要内容包括车辆型号、发动机型号、发动机排量、发动机额定功率、车辆识别代号、总质量、载重量或载客人数、出厂编号、制造年月、制造国及厂名等,一般位于车辆前部易于观察到的地方,打开车门或者打开引擎盖就可以看到,如 B 柱下方。图 1-50 所示为中国第一汽车集团有限公司的一个汽车铭牌,该铭牌标明了制造国、厂名、车辆识别代号、车辆品牌、乘坐人数、整车型号、发动机型号、最大允许总质量、发动机最大净功率、发动机排量、制造年月。

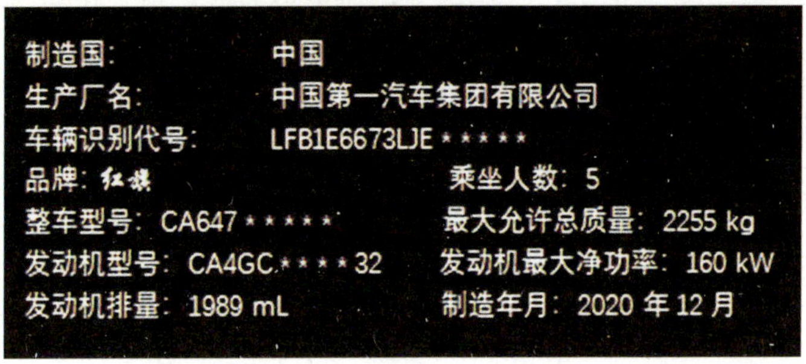

图 1-50　中国第一汽车集团有限公司的汽车铭牌示例

二、车辆识别代码

车辆识别代码(Vehicle Identification Number,VIN)俗称“车架号”,也就是汽车铭牌中的“车辆识别代号”。车辆识别代码经过排列组合,可以使同一车型的汽车在 30 年之内不会出现重号现象,具有对车辆的唯一识别性,因此可称为汽车的身份证号码。车辆识别代码根据国家车辆管理标准确定,包含了车辆的生产厂家、年代、车型、车身型式及代码、发动机代码及组装地点等信息。新的行驶证中“车架号”一栏都印有车辆识别代码。车辆识别代码除了能够在车辆行驶证上看到外,还可在前挡风玻璃的左下侧、发动机舱内铭牌、驾驶员侧 B 柱下端汽车铭牌和车辆底盘等地方看到。

车辆识别代码由世界制造厂识别代号(World Manufacturer Identifier,WMI)、车辆说明部分(Vehicle Descriptive Section,VDS)、车辆指示部分(Vehicle Indicator Section,VIS)三部分组成,共 17 位。世界制造厂识别代号必须经过申请、批准和备案后方能使用,车辆说明部分和车辆指示部分由汽车制造商制订,使用时应查询汽车制造商的编码规则。

对于完整车辆和(或)非完整车辆年产量不低于 1000 辆的车辆制造厂,车辆识别代码的第一部分为世界制造厂识别代号(WMI),第二部分为车辆说明部分(VDS),第三部分为车辆指示部分(VIS),如图 1-51 所示。

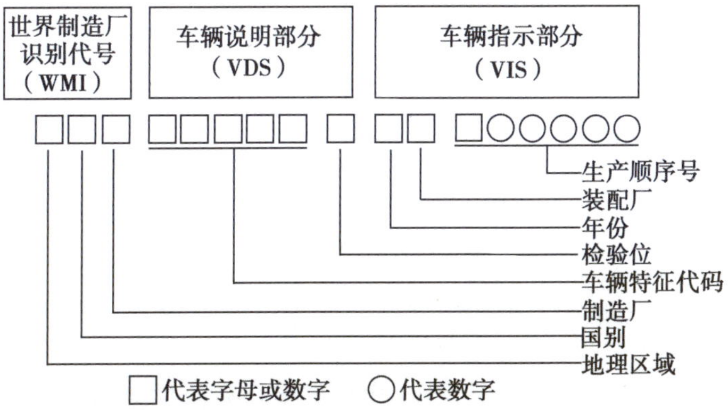

图 1-51　年产量超过 1000 辆的车辆制造厂的车辆识别代码

对于完整车辆和(或)非完整车辆年产量小于1000辆的车辆制造厂，车辆识别代码的第一部分为世界制造厂识别代号(WMI)，第二部分为车辆说明部分(VDS)，第三部分的第三、四、五位与第一部分的三位字码一起构成世界制造厂识别代号(WMI)，其余五位为车辆指示部分(VIS)，如图1-52所示。

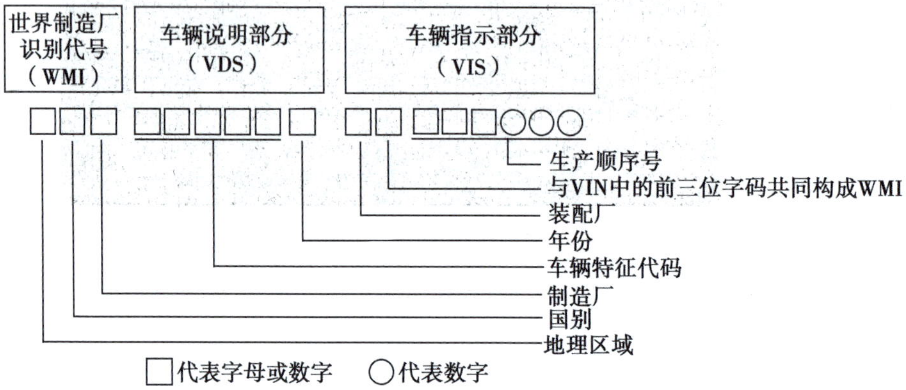

图1-52　年产量小于1000辆的车辆制造厂的车辆识别代码

车辆识别代码的具体含义如下：

(1)第1～3位(WMI)：世界制造厂识别代号

第1位：地理区域。由国际代理机构分配、用以标明一个地理区域的一个字母或数字字码，国际代理机构已经根据预期的需要为某一个地理区域分配了几个字码，如1～5代表北美洲，S～Z代表欧洲，A～F代表非洲，H～R代表亚洲，6和7代表大洋洲，8和9代表南美洲。

第2位：国别。由国际代理机构分配、用以标明一个特定地区内的一个国家的一个字母或数字字码，国际代理机构已经根据预期的需要为某一个国家分配了几个字码。

前两位决定了厂商的国别，部分国别代码如表1-2所示。

表1-2　部分国别代码

代码	国家/地区	代码	国家/地区
1、4、5	美国	J	日本
2	加拿大	SA～SM	英国
3A～3W	墨西哥	KL～KR	韩国
6	澳大利亚	L	中国
7	新西兰	VF～VR	法国
9A～9E、93～99	巴西	YS～YW	瑞典
W	德国	ZA～ZR	意大利

注：数位的字符顺序按字母、数字1～9、数字0的顺序排列。

第3位：制造厂。由国家机构指定、用以标明某个特定的制造厂的一个字母或数字字码，WMI应通过第一位、第二位、第三位字码的组合保证制造厂识别标志的唯一性。

部分汽车制造厂的识别代码如表 1-3 所示。

表 1-3　部分汽车制造厂的识别代码

代码	制造厂商	代码	制造厂商	代码	制造厂商
LBE	北京现代	LGX	比亚迪	SAJ	捷豹
LB3、L6T	吉利汽车	LGW	长城汽车	SAL	路虎
LDC	神龙汽车	LGJ	东风轿车	SCA	劳斯莱斯
LDN	东南汽车	LL2	威马汽车	WVG、WVW	大众
LFP	一汽轿车	LMG	广汽传祺	1F、2F	福特
LFV	一汽大众	LSV	上汽大众、斯柯达	WP0	保时捷轿车
LGB	东风日产	LS4、LS6	长安汽车	SCB	宾利

(2)第 4～9 位(VDS):车辆说明部分

第 4～8 位:车辆特征代码,包含车辆类型、车辆结构特征、车辆装置特征、技术特性参数等一般特征信息。表 1-4 中的内容为强制要求。

表 1-4　车辆特征代码内容要求

车辆类型	一般特征代码必须包含的内容
乘用车	车身类型、动力系统特征
客车	车辆长度、动力系统特征
货车(含牵引车、专用作业车)	车身类型、车辆最大设计总质量、动力系统特征
挂车	车身类型、车辆最大设计总质量
摩托车和轻便摩托车	车辆类型、动力系统特征
非完整车辆	车身类型、车辆最大设计总质量、动力系统特征

第 9 位:汽车校验位,用于检验 VIN 的准确性。其算法如下:

①步骤 1:将字母按照表 1-5 转换成数字。

表 1-5　字母、数字对应转换表

转换的数字	1	2	3	4	5	6	7	8	9
对应的字母	A	B	C	D	E	F	G	H	(I)
	J	K	L	M	N	(O)	P	(Q)	R
		S	T	U	V	W	X	Y	Z

注:为避免与数字 1、0、9 混淆,大写字母 I、O、Q 不出现在 VIN 中。

②步骤 2:除了第 9 位,对 VIN 中剩余的 16 位字母(转换成第一步中对应的数字)和

数字求加权和。每一位次对应的加权系数如表 1-6 所示。

表 1-6 VIN 位次及其对应的加权系数

位次	1	2	3	4	5	6	7	8	10	11	12	13	14	15	16	17
加权系数	8	7	6	5	4	3	2	10	9	8	7	6	5	4	3	2

③步骤 3:将加权和对 11 求余数,所得的余数即为 VIN 的第 9 位,如果余数为 10,则第 9 位为 X。

例如:假设某机动车 VIN 中的第 9 位是未知的,用"?"表示未知的第 9 位,则该车的 VIN 为"LBVKY310?MSG33108"。按照步骤 1 将字母转换成数字,得到"32528310?42733108";按照步骤 2 将数字求加权和,得到 $S=3\times8+2\times7+5\times6+2\times5+8\times4+3\times3+1\times2+0\times10+4\times9+2\times8+7\times7+3\times6+3\times5+1\times4+0\times3+8\times2=275$;按照步骤 3 将加权和 275 对 11 求余,得余数为 0,则该机动车 VIN 的第 9 位为 0。所以这辆机动车完整且有效的 VIN 为"LBVKY3100MSG33108"。

(3)第 10～17 位(VIS):车辆指示部分

第 10 位:制造年份代码,每 30 年轮回一次。年份的对应代码如表 1-7 所示。

表 1-7 制造年份代码

代码	年份	代码	年份	代码	年份	代码	年份
1	2001	B	2011	M	2021	1	2031
2	2002	C	2012	N	2022	2	2032
3	2003	D	2013	P	2023	3	2033
4	2004	E	2014	R	2024	4	2034
5	2005	F	2015	S	2025	5	2035
6	2006	G	2016	T	2026	6	2036
7	2007	H	2017	V	2027	7	2037
8	2008	J	2018	W	2028	8	2038
9	2009	K	2019	X	2029	9	2039
A	2010	L	2020	Y	2030	A	2040

注:制造年份代码不使用字母 I、O、Q、U、Z 和数字 0。

第 11 位:生产装配厂代码。不同的厂家有不同的装配厂代码。

第 12～17 位:生产序列号,表示车辆的出厂顺序。根据《道路车辆 车辆识别代码(VIN)》(GB 16735—2019)的规定,对于年产量不少于 1000 台整车的大型厂商生产的机动车,其 VIN 尾号由 6 位数字或一位字母和 5 位数字组成,其值可以和制造年份有关,也可以无关。对于年产量少于 1000 台整车的小型厂商生产的机动车,其 VIN 的前三位为伪 WMI（第三位为 9），第 12～14 位才是真正的厂商代码，尾号为 3 位数字，并且以 VIN 的第二位作为尾号的扩充部分。如中国重汽集团济南豪沃客车有限公司制造的 JK6126GPHEVN5Q2 插电式混合动力城市客车，其 VIN 就有“LB9CBDPM＊＊＊JHW＊＊＊”和“LE9CBDPM＊＊＊JHW＊＊＊”两种。但两种 VIN 表示的车型是一样的，这里第二位 B 和 E 是厂商申请的尾号扩展码，第三位 9 是小厂商的标志，JHW 是真正的厂商代码（济南豪沃）。

三、汽车仪表盘上常见的图标

汽车仪表盘上的指示灯分为三类，分别是指示、警示和故障。第一类是平时开车时最常见的指示灯，例如灯光信号灯、转向信号灯、驻车灯等，其作用是提示车辆各功能的状况。第二类是警示灯，具有警示功能，例如燃油指示灯、车门状态指示灯、安全带指示灯等。一般警示灯在驾驶员进行相应动作后熄灭，例如当系好安全带后安全带指示灯会熄灭。第三类是故障指示灯，也是最重要的指示灯，例如发电机故障指示灯、制动防抱死系统故障指示灯、变速箱故障指示灯等。故障指示灯平时很少会点亮，或者在启动发动机时点亮片刻后熄灭。如果故障指示灯常亮，并且伴有警告声，表明车辆已经出现故障或者异常。千万不要小看故障指示灯，如果忽视不管，很有可能损坏车辆，严重时会危及行车安全。如果故障指示灯常亮，需要立刻进行检修。

因车辆厂商、品牌和配置的不同，仪表指示灯的造型也可能不太一样，而同一图标在不同车型中的不同显示状态，代表的意义也可能不同。因此，汽车仪表盘上指示灯的准确含义以车辆的随车说明书为准。汽车仪表盘上常见的指示灯图标如表 1-8 所示。

表 1-8　汽车仪表盘上常见的指示灯图标

名称	图标	名称	图标
示宽灯		发动机故障指示灯	
近光灯		清洗液指示灯	
远光灯		刹车片磨损指示灯	
前、后雾灯		手动驻车指示灯	

续表

名称	图标	名称	图标
左、右转向指示灯		电子驻车指示灯	
燃油指示灯		转向助力系统故障指示灯	
车门状态指示灯		车身稳定系统指示灯	
安全带指示灯		节能模式指示灯	
ABS 指示灯		驾驶员疲劳指示灯	
机油压力指示灯		定速巡航工作状态指示灯	
冷却系统指示灯		变速箱过热指示灯	
安全气囊指示灯		霜冻指示灯	
电源指示灯		机油油位过低指示灯	
内循环指示灯		可调空气悬架指示灯	

续表

名称	图标	名称	图标
电子油门指示灯		车辆保养提示指示灯	
胎压报警灯		车道保持辅助系统指示灯	

四、汽车轮胎规格标识

汽车轮胎规格标识代表轮胎的身份信息，是更换轮胎的重要参考信息，由数字和字母组成，如图 1-53 所示。它一般由 6 项组成：第 1 项数字是轮胎断面宽度，单位是毫米；第 2 项数字是轮胎扁平比，是指轮胎安装在轮辋上的断面高度和断面宽度之比；第 3 项字母 R 表示轮胎类型是子午线轮胎；第 4 项数字是轮胎内径，单位是英寸(1 in≈2.54 cm)；第 5 项数字是轮胎荷重指数；第 6 项是速度等级。

图 1-53　轮胎规格标识

下面以图 1-53 中的轮胎规格“235/45 R 18 94W”为例进行说明。

(1)235 表示轮胎断面宽度为 235 mm，货车子午线轮胎的宽度一般以英寸为单位。

(2)45 表示扁平比为 45%，即轮胎断面高度与断面宽度之比为 45%。

(3)R 表示子午线轮胎，即“Radial”的第一个字母。

(4)18 表示轮胎内径为 18 in。

(5)94 表示荷重等级为 94，即最大载荷质量。荷重等级为 94 的轮胎的最大载荷质量为 670 kg。常见的荷重等级及其对应的最大载荷质量如表 1-9 所示。

(6)W 表示速度等级，表明轮胎能行驶的最高车速为 270 km/h。常见的速度等级及其对应的最高车速如表 1-10 所示。

表 1-9 轮胎荷重等级及其对应的最大载荷质量

荷重等级	最大载荷质量/kg	荷重等级	最大载荷质量/kg	荷重等级	最大载荷质量/kg
71	345	85	515	99	775
72	355	86	530	100	800
73	365	87	545	101	825
74	375	88	560	102	850
75	387	89	580	103	875
76	400	90	600	104	900
77	412	91	615	105	925
78	425	92	630	106	950
79	437	93	650	107	975
80	450	94	670	108	1000
81	462	95	690	109	1030
82	475	96	710	110	1060
83	487	97	730	111	1090
84	500	98	750	112	1120

表 1-10 轮胎速度等级及其对应的最高车速

速度等级	最高车速/(km/h)	速度等级	最高车速/(km/h)	速度等级	最高车速/(km/h)
J	100	P	150	U	200
K	110	Q	160	H	210
L	120	R	170	V	240
M	130	S	180	W	270
N	140	T	190	Y	300

除了轮胎规格标识以外，轮胎侧面还有许多其他标识，如生产日期、国家强制性认证标志、性能参数、品牌标识、结构类型等。

图 1-54 中的“DOT”表示此轮胎符合美国交通部(Department of Transportation，DOT)规定的安全标准。该符号后面通常还带有一串由数字和字母组成的字符串，该字符串的前几位分别代表此轮胎的产地信息、工厂代码，最后四位数字代表生产周数和生产年份。

图 1-55 中显示的是轮胎的 3T 指数，即耐磨指数(TREADWEAR)、牵引性能(TRACTION)、温度指数(TEMPERATURE)。耐磨指数反映轮胎的耐磨程度，数值越

大代表轮胎越耐磨，同时也意味着轮胎的硬度越大，舒适性越差。一般耐磨指数为 280～320 比较合适，若轮胎的耐磨指数为 400，说明这款轮胎的硬度较大，舒适性较差。牵引性能表示牵引力指数，后面的字母则代表抓地力的强弱，从高到低依次是 AA、A、B、C，A 说明该轮胎的牵引力良好。温度指数表示轮胎的生热指数，后面的字母表示轮胎的生热级别，轿车轮胎的生热级别由高到低分别为 A、B、C。图 1-55 中所示轮胎的生热级别为 A，说明耐高温性能良好。

图 1-54　轮胎产地、生产日期等信息

图 1-55　轮胎性能参数

图 1-56 中的三角形是轮胎磨损指示点，它所指向的胎面沟槽里面会有小的突起。图 1-57 为轮胎胎冠磨损标识，如果轮胎磨损到这个突起的高度就需要更换。一般乘用车轮胎的磨耗极限是 1.6 mm。

图 1-56　轮胎磨损指示点标识

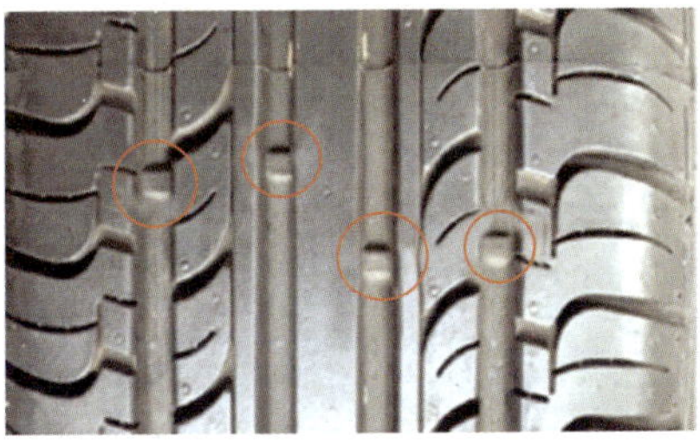

图 1-57　轮胎胎冠磨损标识

图 1-58 中的 OUTSIDE 代表外侧。在轮胎的种类中，有些轮胎是单向胎或是非对称花纹轮胎，在安装过程中要有方向性，要区分里侧和外侧。在安装轮胎时，轮胎标有 OUTSIDE 的一面要放在外侧。除了 OUTSIDE 标识以外，还有另外两种方法可以判断轮胎的安装方向：一种是标有 INSIDE（表示内侧）标识，安装时此标记应面朝车辆的内侧；另一种是轮胎胎侧的箭头指示，如图 1-59 所示。安装时，应保持轮胎箭头的转动方向与车辆的行驶方向相同。

图 1-58　轮胎内外侧安装标识

图 1-59　轮胎旋向安装标识

五、汽车上常见的英文标识

汽车上有许多英文缩写，若不了解其含义就会造成很多不便。常见的汽车英文缩写的含义如表 1-11 所示。

表 1-11　常见的汽车英文缩写及其含义解析

英文缩写	英文全称	中文含义	解析
ABC	Active Body Control	车身主动控制系统	它可以使汽车对侧倾、俯仰、横摆、跳动和车身高度的控制更加迅速、精确。车身的侧倾小，车轮外倾角度变化也小，轮胎就能较好地保持与地面垂直接触，使轮胎对地面的附着力提高，充分发挥轮胎的驱动、制动作用
ABS	Anti-lock Braking System	制动防抱死系统	在汽车制动时，ABS 自动控制制动器的制动力大小，使车轮不被抱死，处于边滚边滑（滑移率在 20%左右）的状态，以保证车轮与地面的附着力在最大值，保证汽车制动方向的稳定性，防止侧滑和跑偏
ACC	Adaptive Cruise Control	自适应巡航控制系统	ACC 由汽车中央控制系统控制，负责记录探测前方是否有汽车，自动保持与前车的距离，可在紧急情况下自动刹车
A/C	Air Conditioning	汽车空调	A/C 可将汽车车厢内的温度、湿度、空气清洁度及空气流动调整和控制在最佳状态，为乘员提供舒适的乘坐环境，减少旅途疲劳
AFS	Adaptive Front-lighting System	自适应前照灯控制系统（弯道辅助照明系统）	根据行驶路况和车辆状态的变化，AFS 自动对灯光的照度分配进行最优化调节，并根据车速、转向角度等自动调整近光灯的照射中心，自动指向入弯，确保弯道中的高能见度，以便能够提前照亮“未到达”的区域。AFS 是一种能够实现恶劣天气照明、弯道随动转向、车身纵倾调光、故障诊断等四大主要功能的汽车照明智能化解决方案
AMT	Automated Manual Transmission	电控机械式自动变速器	AMT 是揉合了 AT（自动）和 MT（手动）两者优点的机电液一体化自动变速器，既有液力自动变速器自动变速的优点，又保留了原手动变速器齿轮传动的效率高、成本低、结构简单、制造容易的长处

续表

英文缩写	英文全称	中文含义	解析
ASR	Acceleration Slip Regulation	驱动防滑控制系统	ASR是在传统手动齿轮式变速器的基础上改进而来的，在驱动过程中(尤其是起步、加速和转弯过程中)，ASR可以防止驱动车轮滑转，保持汽车驱动过程中的方向稳定性，提高汽车的转向控制能力和加速性能
AT	Automatic Transmission	自动变速器	AT利用行星齿轮机构进行变速，能根据油门踏板深度和车速变化自动地进行变速，驾驶员只需操纵加速踏板控制车速即可
AUX	Auxiliary	音频输入接口	AUX可以输入包括.mp3格式在内的电子声频设备的音频(一般的耳机插孔)，可通过车上的音响来输出这些设备内的音乐
AWD	All-Wheel Drive	全时四驱系统	搭载AWD系统的车型，车辆不论何时都是四轮驱动
BA	Brake Assist	刹车辅助系统	根据作用于制动踏板的速度和力量，系统自动判断是否为紧急制动。当系统判断为紧急制动时，即使驾驶员踩制动踏板的力量较弱，系统也能通过自动控制产生强大的制动力，从而缩短制动距离
CC	Cruise Control	定速巡航	在一定车速范围内设置该功能可以使车辆始终保持所设定的速度前进
CVT	Continuously Variable Transmission	无级变速器	没有明确具体的挡位，操作上类似于自动变速器，但是速度的变化却不同于自动变速器的跳挡过程，其速度变化是连续的，因此动力传输持续而顺畅
CVVT	Continue Variable Valve Timing	连续可变气门正时机构	CVVT是通过电子液压控制系统改变凸轮轴打开进气门的时间，从而控制所需的气门重叠角的技术。CVVT可以根据发动机的工作状况连续变化，实时控制气门重叠角的大小，从而改变气缸进气量
DCT	Dual Clutch Transmission	双离合自动变速器	DCT泛指双离合变速器，有别于一般的自动变速器系统，可简单理解为一个离合器对应奇数挡，另一个离合器对应偶数挡。当车辆挂入一个挡位时，另一个离合器及对应的下一个挡位已经位于预备状态，只要当前挡位分离就可以立刻接合下一个挡位，因此其换挡速度要比一般的自动变速器快

续表

英文缩写	英文全称	中文含义	解析
DSC	Dynamic Stability Control	动态稳定控制系统	DSC 的性能类似于德国博世公司的 ESP，由宝马公司开发
DSG	Direct Shift Gearbox	直接换挡变速器（双离合自动变速器）	DSG 专指大众的双离合自动变速器，可手动换挡，也可自动换挡，比传统自动变速器控制简单，传递功率更高，比手动变速器反应快，是从连续手动变速器（Sequential Manual Transmission, SMT）发展而来的，是一种介于手动变速器和自动变速器之间的变速器
DVVT	Dual Variable Valve Timing	进排气气门双可变正时技术	与 VVT 发动机原理类似，可对进排气气门同时调节，具有低转速大扭矩、高转速高功率的优点
EBD	Electric Brakeforce Distribution	电子制动力分配系统	EBD 是 ABS 的辅助系统，可以自动侦测各个车轮与地面间的附着力状况，实时、合理地将制动系统所产生的制动力分配给四个车轮，提高制动稳定性
ECU	Electronic Control Unit	电子控制单元	汽车专用微机控制器，也被称为汽车大脑、行车电脑、车载电脑
EDS	Electronic Differential System	电子差速锁	EDS 是 ABS 的一种扩展功能，用于鉴别汽车的车轮是否失去着地摩擦力，从而对汽车的加速打滑进行控制，但它有速度限制，只有在车速低于 40 km/h 时才会启动，主要是防止车辆起步和低速时打滑
EFI	Electronic Fuel Injection	电子控制燃油喷射系统	EFI 是一种先进的喷油装置，利用各种传感器检测发动机的各种状态，经电脑的判断、计算，使发动机在不同工况下均能获得合适浓度的可燃混合气，使燃烧更充分，从而提高功率，降低油耗，满足排放法规的要求
EGR	Exhaust Gas Re-circulation	废气再循环系统	EGR 能把发动机排出的部分废气回送到进气管，并与新鲜混合气一起再次进入气缸。由于废气中含有大量的 CO_2 等多原子气体，尽管 CO_2 等气体不能燃烧，但其比热容高，能吸收大量的热，使气缸中混合气的最高燃烧温度降低，从而减少了 NO_x 的生成

续表

英文缩写	英文全称	中文含义	解析
EHPS	Electro-Hydraulic Power Steering	电动液压助力转向	与机械液压助力的原理大致相同，不同的是油泵由电动机驱动，且助力力度可变。车速传感器监控车速，电控单元获取数据后通过控制转向控制阀的开启程度改变油液压力，从而实现转向助力力度的大小调节
EPB	Electrical Park Brake	电子驻车制动系统	EPB通过电子线路控制停车制动，功能与机械拉杆手刹相同，可实现自动驻车、自动释放、紧急制动辅助、坡道起步辅助等功能，提高了驻车的舒适性、方便性及行车失效时的安全性
EPS	Electric Power Steering	电动助力转向系统	在传统机械转向系统的基础上，根据方向盘上的转矩信号和汽车的行驶车速信号，利用电子控制装置使电动机产生相应大小和方向的辅助动力，协助驾驶员进行转向操作
ESP	Electronic Stability Program	电子稳定程序	ESP名称已经被德国博世公司注册。ESP通过对各传感器传来的车辆行驶状态信息进行分析，然后向ABS、ASR发出纠偏指令，帮助车辆维持动态平衡，使车辆在各种状况下保持最佳的稳定性，在转向过度或转向不足的情形下效果更加明显
FF	Front Engine, Front Wheel Drive	前置前驱	发动机前置，前轮驱动
FR	Front Engine, Rear Wheel Drive	前置后驱	发动机前置，后轮驱动
FSI	Fuel Stratified Injection	燃油分层喷射	大众公司的发动机缸内直喷技术，可以实现燃油混合气在燃烧室内的不同层次有不同的密度，进而提高空燃比，使燃烧更加充分
GPS	Global Position System	全球定位系统	一种以人造地球卫星为基础的高精度无线电导航定位系统，它在全球任何地方和近地空间内都能提供准确的地理位置、行车速度以及精确的时间信息
HAC	Hill-start Assist Control	坡道起步控制系统	车辆在不使用手刹的情况下实现坡上起步时，右脚离开制动踏板，车辆仍能继续制动几秒，驾驶员可以轻松地将脚由刹车踏板转向油门踏板，以防止溜车而造成事故

续表

英文缩写	英文全称	中文含义	解析
HDC	Hill Descent Control	陡坡缓降控制系统	HDC能主动感测坡道的斜度及路面状况，自动控制抓地力、制动力及速度，以便在前进、后退时完全控制速度、稳定性及安全性
HPS	Hydraulic Power Steering	液压助力转向系统	机械转向系统中增加了一个液压油路，在车辆转向时，向车轮提供辅助的转向力，帮助驾驶员进行转向操作
HUD	Head Up Display	抬头显示	把时速、导航等重要的行车信息投影到驾驶员前面风挡玻璃的光电显示装置上，驾驶员不用低头、转头就能看到时速、导航等重要的驾驶信息
MPV	Multi-Purpose Vehicle	多用途汽车	从旅行轿车演变而来，集旅行车的宽大乘员空间、轿车的舒适性和厢式货车的功能于一身，一般为两厢式结构，可以坐7～8人
MR	Middle Engine, Rear Wheel Drive	中置后驱	发动机中置，后轮驱动
MT	Manual Transmission	手动变速器	也称手动挡，即只有用手拨动变速杆才能改变变速器内的齿轮啮合位置，改变传动比，从而达到变速的目的
OBD	On Board Diagnostics	车载自动诊断系统	主要用于实时监测发动机的运行状态以及尾气处理系统的工作状态。如果系统有异常数据，则代表系统当前工作不正常，OBD会把故障码储存起来。维修人员可以通过诊断仪器读出故障码，以此来分析故障原因
O/D	Over-Drive	超速挡	当车子以较高的速度行驶时，可以将O/D拨至on挡，让汽车省油
RR	Rear Engine, Rear Wheel Drive	后置后驱	发动机后置，后轮驱动
SDI	Suction Direct Injection	自然吸气直接喷射	SDI采用压缩空气的办法提高空气温度，使空气温度超过柴油的自燃点。喷入柴油时，柴油喷雾和空气混合的同时自己点火燃烧
SRS	Supplemental Restraint System	安全气囊	一种被动安全性的保护系统，与座椅安全带配合使用，可以为乘员提供有效的防撞保护

续表

英文缩写	英文全称	中文含义	解析
SUV	Sport Utility Vehicle	运动型多用途汽车	在轿车的舒适性基础上加上越野车的性能，是轿车与越野车的混血后裔
T	Turbo	涡轮增压技术	一种提高发动机的进气能力的技术，常见于汽车尾部，如 1.4T、2.0T、2.8T 等
TCS	Traction Control System	牵引力控制系统（循迹控制系统）	能防止车辆在雪地等湿滑路面上行驶时驱动轮空转，使车辆能平稳地起步、加速
TDI	Turbo Direct Injection	涡轮增压直接喷射	在柴油机上加装涡轮增压装置可使进气压力大大增加，从而实现在低转速的情况下达到很大的扭矩，使燃烧更加充分，排放物中的有害颗粒含量大大降低
TPMS	Tire Pressure Monitoring System	轮胎压力监测系统	在汽车行驶过程中对轮胎气压进行实时自动监测，当出现轮胎漏气和低气压等现象时进行报警，以确保行车安全
TSI	Turbocharger Fuel Stratified Injection	涡轮增压燃料分层喷射	涡轮增压技术可以使发动机在不增加排量的前提下产生更大转矩，并在较宽的发动机转速范围内实现并保持最大转矩输出；直喷发动机可以隔绝已燃混合气向气缸壁和气缸盖散热，从而降低发动机的热损耗。大众汽车公司在国内中低档量产车中采用的 TSI 技术就是涡轮增压燃料分层喷射技术，而非双增压燃料分层喷射技术
TSI	Twincharger Fuel Stratified Injection	双增压（涡轮增压和机械增压）燃料分层喷射	与涡轮增压燃料分层喷射类似，不同之处在于增压技术采用了涡轮增压加机械增压的双增压模式，对技术要求更高
VDC	Vehicle Dynamics Control	车辆动态控制系统	性能类似于德国博世公司的 ESP，由日产汽车公司开发
VIN	Vehicle Identification Number	车辆识别代码（车架号）	VIN 是汽车的身份证号码，它根据国家车辆管理标准确定，包含了车辆的生产厂家、年代、车型、车身型式及代码、发动机代码及组装地点等信息
VSA	Vehicle Stability Assist	车辆稳定性控制系统	性能类似于德国博世公司的 ESP，由本田汽车公司开发

续表

英文缩写	英文全称	中文含义	解析
VSC	Vehicle Stability Control	汽车稳定控制系统	性能类似于德国博世公司的 ESP(电子稳定系统),由丰田汽车公司开发
VTEC	Variable Valve Timing and Valve Lift Electronic Control System	可变气门正时和气门升程电子控制系统	本田的专有技术,世界上第一个能同时控制气门开闭时间及升程的气门控制系统,能随发动机转速、负荷、水温等运行参数的变化,适当地调整配气正时和气门升程,使发动机在高、低速下均能达到最高效率
VVT	Variable Valve Timing	可变气门正时技术	改变进气门或排气门打开与关闭的时间,可以提高进气充量,使充量系数增加,发动机的扭矩和功率可以得到进一步的提高

学习任务三　汽车基本参数

一、汽车车身尺寸参数

汽车车身尺寸参数是指汽车各个部件之间的尺寸和数据,主要包括车长、车宽、车高、轴距、轮距、前悬、后悬等,具体如图 1-60 所示。

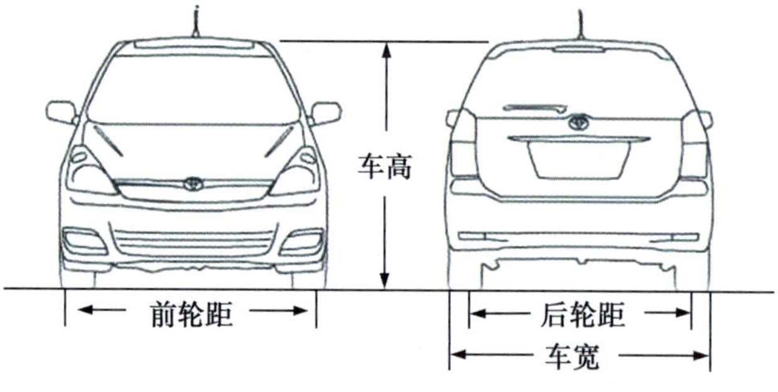

(a)汽车正面和后面

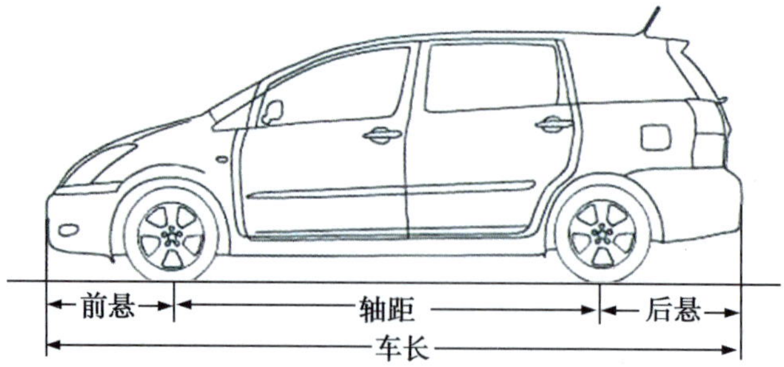

(b)汽车侧面

图 1-60　汽车车身尺寸参数

(一)车长

车长是指垂直于汽车纵向对称平面并分别抵靠在汽车前、后最外端突出部位的两垂面之间的距离。简单地说,车长就是从车前保险杠最突出的位置到车后保险杠最突出的位置之间的距离。

(二)车宽

车宽是指平行于汽车纵向对称平面并分别抵靠在汽车两侧固定突出部位的两平面之间的距离。简单地说,车宽就是车身左、右最突出位置之间的距离。根据《汽车和挂车的术语及其定义　车辆尺寸》(GB/T 3730.3—92),车身左、右两侧突出部位不包括后视镜、侧面标志灯、示位灯、转向指示灯、挠性挡泥板、折叠式踏板、防滑链以及轮胎与地面接触变形部分。

(三)车高

车高是指汽车支承平面(必须平坦)与汽车最高突出部位相抵靠的水平面之间的距离。简单地说,车高就是从地面到汽车最高点的距离,而所谓最高点就是车身顶部最高的位置,但不包括车顶天线的长度。测量车高时要求汽车无装载质量,但可运行(加满燃料和冷却液)。

(四)轴距

轴距是指通过汽车同一侧相邻两轮的中点,并垂直于汽车纵向对称平面的两垂线之间的距离。简单地说,轴距就是同侧相邻前后两个车轮的中心点间的距离,就是前轮轴与后轮轴之间的距离,单位为毫米(mm)。对于三轴以上的汽车,其轴距分别用从前到后的相邻两车轮之间的轴距表示,总轴距为各轴距之和。

(五)轮距

轮距是指车轮在地面上留下的轨迹中心线之间的距离,它分为前轮距和后轮距。前轮距是指汽车前面两个车轮中心平面之间的距离,后轮距是指汽车后面两个车轮中心平面之间的距离,单位为毫米。前轮距和后轮距可以相同,也可以有所差别。较宽的轮距有更好的横向稳定性与较佳的操纵性能。

(六)前悬

前悬是指前轮中心与汽车最前端(除灯罩、后视镜等非刚性固定部分外)的水平距离。前悬的长度应足以固定和安装发动机、散热器、转向器等。

(七)后悬

后悬是指通过车辆最后车轮轴线的垂面与抵靠在车辆最后端(除灯罩等非刚性固定部分外,包括牵引装置、车牌及任何固定在车辆后部的刚性部件),并垂直于车辆纵向对称平面的垂面之间的距离。简单地说,后悬就是汽车后轮中心到汽车最后端的水平距离。

二、汽车性能参数

汽车性能是指汽车能适应各种使用条件而发挥最大工作效率的能力。随着汽车保有量的快速增长，如何正确、安全、有效地使用汽车，评价汽车性能的好坏，已成为我们必须面对的一个问题。通常用来评定汽车性能的指标主要有汽车动力性、燃油经济性、制动性、操纵稳定性、行驶平顺性、通过性及机动性等。

（一）汽车动力性

汽车动力性是指汽车在良好路面上直线行驶时由汽车受到的纵向外力决定的，所能达到的平均行驶速度，是汽车使用性能中最基本和最重要的性能。汽车的动力性主要从汽车的最高车速（u_{max}）、汽车的加速时间（t）和汽车的最大爬坡度（i_{max}）三个方面来评价。

1. 汽车的最高车速

汽车的最高车速是指在无风或微风条件下，汽车在良好路面（混凝土或沥青路面）上满载行驶时，所能达到的最高行驶速度。最高车速主要根据汽车用途、公路条件及有无各种安全设施来选择。随着道路条件的改善和高速公路的快速发展，汽车的最高车速普遍有所提高。中、高级轿车的最高车速已达到 160～240 km/h，轻型货车的最高车速普遍超过 100 km/h，重型车的最高车速一般在 80 km/h 以上。

2. 汽车的加速时间

汽车的加速时间表示汽车的加速能力，它对平均行驶车速有很大的影响，特别是轿车对加速时间更为重视，常用原地起步加速时间与超车加速时间来表明汽车的加速能力。

原地起步加速时间是指汽车由Ⅰ挡或Ⅱ挡起步，并以最大的加速强度（包括选择恰当的换挡时机）逐步换至最高挡后到某一预定的距离或车速所需的时间。它是真实反映汽车动力性能最重要的参数。轿车常用从 0 到 100 km/h 所需的时间来表明加速能力。

超车加速时间是指汽车用最高挡或者次高挡从某一中间车速全力加速到某一高速所需要的时间。由于超车时汽车与被超车辆并行，容易发生交通事故，所以超车加速能力越强，并行时间越短，行驶就越安全。超车加速能力较多地采用最高挡或次高挡由 30 km/h或 40 km/h 车速全力加速到某一高速所需要的时间来表明，也有用加速过程曲线，即车速-时间关系曲线，来全面反映加速能力的。

3. 汽车的最大爬坡度

汽车的上坡能力是用最大爬坡度 i_{max} 来表示的。汽车的最大爬坡度是指汽车满载（或某一载重量）时用变速器最低挡位在良好路面上等速行驶所能克服的最大道路坡度。显然，最大爬坡度是指Ⅰ挡最大爬坡度。轿车最高车速越大，加速时间越短，经常在较好的道路上行驶，一般不强调它的爬坡能力；但为了保证其良好的加速能力，发动机功率应较大，故其爬坡能力自然较强。货车要在各种地区的各种道路上行驶，因而必须具有足够的爬坡能力，i_{max}一般在 30%（即 16.7°）左右。越野汽车要在坏路或无路条件下行驶，因而爬坡能力是它的一个很重要的指标，它的最大爬坡度可达 60%（约为 31°）。

（二）汽车的燃油经济性

在保证动力性的条件下，汽车以尽量少的燃油消耗量完成运输工作的能力，称为汽车的燃油经济性。

在汽车运输成本中，燃油费用占有一定比例。燃油经济性好，可以降低汽车的使用费用。汽车排出的尾气中含有碳氢化合物(HC)、一氧化碳(CO)、氮氧化物(NO_x)等有害物质，严重影响了人体的健康。发动机的燃油消耗率与污染排放有密切的关系，降低汽车发动机的燃油消耗率，改善汽车的燃油经济性，是保护环境、保证汽车发动机排放达到有关法规要求的有力措施之一。同时，由于节约燃料、保护环境已成为全球关注的重大事件，各国政府、汽车制造企业与汽车使用者也更加重视汽车燃油经济性。

汽车的燃油经济性是汽车使用性能的一个重要指标，常用一定运行工况下汽车行驶百公里的燃油消耗量或一定燃油量能使汽车行驶的里程来衡量。

在美国、英国等一些国家则用 MPG(mile/gal)表示法作为汽车燃油经济性的指标，即用每消耗 1 加仑燃油汽车行驶的英里数来表示(1 mile＝1.6093 km，1 美加仑＝3.785 L，1 英加仑＝4.546 L)。相同载重(客)量的汽车，该数字越大，说明该车的燃油经济性越好。

在我国及欧洲，燃油经济性指标的单位为 L/100 km，即汽车每行驶 100 km 所消耗的燃油升数，其数值越大，表明汽车燃油经济性越差。相同载质(客)量的汽车，百公里油耗越小，说明该车的燃油经济性越好。

1. 等速行驶百公里燃油消耗量

等速行驶百公里燃油消耗量是比较常用的一种评价指标，指的是汽车在一定的载荷(我国标准规定轿车为半载，货车为满载)下，以最高挡在良好路面上等速行驶 100 km 的燃油消耗量。通过测出每隔 10 km/h 速度间隔(30 km/h、40 km/h……直至最高车速的 90%)的等速百公里燃油消耗量，然后在图上连成曲线，该曲线称为等速百公里燃油消耗量曲线，通常用它来评价汽车的燃油经济性，如图 1-61 所示。曲线最低点相对应的车速被称作经济车速，一些厂家以汽车在经济车速等速行驶的百公里油耗作为燃油经济性指标，但在平时的驾驶过程中，是很难达到这一经济油耗的。

2. 循环工况行驶百公里燃油消耗量

在实际的驾驶过程中，等速行驶工况并不能全面反映汽车的实际运行情况，特别是在市区行驶时频繁出现加速、减速、怠速、停车等行驶工况。实际上，等速行驶百公里油耗并不能准确地评定汽车的燃油经济性。因此，世界各国都制定了一些典型的循环行驶试验工况来模拟汽车实际的运行状况，并以其百公里燃油消耗量，即循环工况行驶百公里燃油消耗量，来评定相应行驶工况的燃油经济性。

一般而言，循环工况百公里油耗与等速百公里油耗(指定车速)加权平均取得的综合油耗值能比较客观地反映汽车的耗油量。一些汽车技术性能表上将循环工况百公里油耗标注为"城市油耗"，将等速百公里油耗标注为"等速油耗"。我国有 6 工况循环油耗(货车)和城市 4 工况循环油耗(客车)，欧洲有 ECER84 循环工况的百公里油耗，美国有城市循环工况油耗和公路循环工况油耗。实际上，现代轿车给出的城市油耗和公路油耗应该是城市综合油耗和公路综合油耗，也称为城市循环油耗和公路循环油耗。

对于已获得汽车产品生产许可、列入《车辆生产企业及产品公告》或已获得汽车产品进口许可的我国境内的汽车生产企业和进口汽车经销商，应按照《轻型汽车燃料消耗量

标识　第 1 部分:汽油和柴油汽车》(GB 22757.1—2017)的要求,对其新生产或进口的并在我国境内销售的、能够燃用汽油或柴油燃料的、最大设计总质量不超过 3.5 t 的乘用车和轻型商用车辆的燃料消耗量进行标识,如图 1-62 所示。这个“标识”对产品的技术状态有较为真实的反映,可以给消费者提供比较客观、系统的信息,让他们在辨别产品性能时有更客观的标准,对车辆的燃料经济性有更全面的了解。

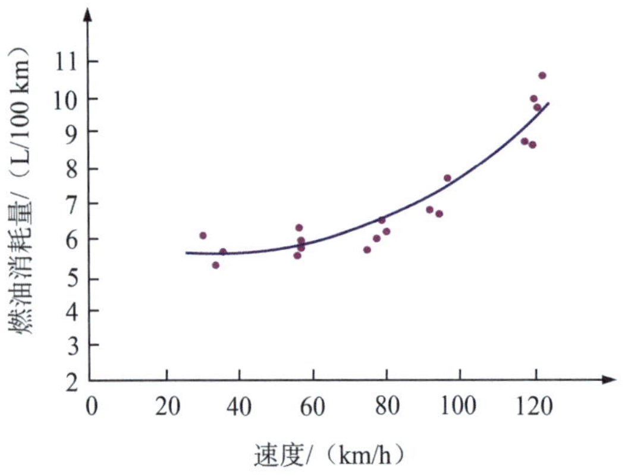

图 1-61　汽车等速行驶百公里燃油消耗量曲线

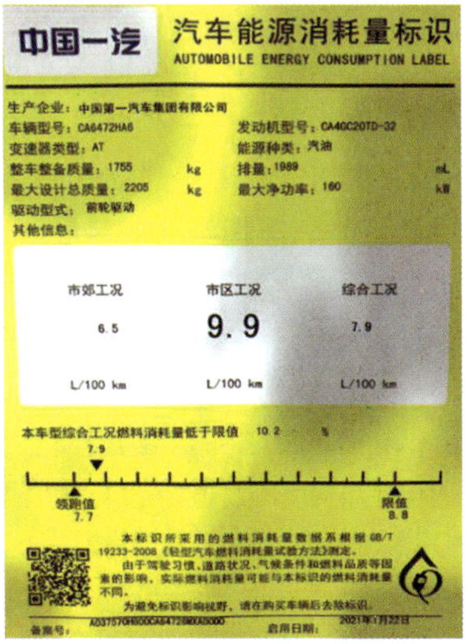

图 1-62　汽车燃料消耗量标识

(三)汽车的制动性

汽车的制动性是指强制汽车在短距离内减速、停车、控制下坡速度且维持行驶方向的稳定性和保证汽车较长时间停放在斜坡上的能力。前者为汽车的行车制动性能,后者为汽车的驻车制动性能。汽车的制动性是汽车的主要性能之一,直接关系到交通安全。制动时发生的严重侧滑或跑偏、制动距离过长或下长坡时制动稳定性差等都有可能造成重大的交通事故。良好的汽车制动性是汽车安全行驶的重要保障。

汽车的制动性主要由下列三方面的指标来评价:制动效能、制动效能的恒定性以及制动时汽车行驶的方向稳定性。

1. 制动效能

制动效能包括汽车的制动距离、制动减速度和制动力,是指汽车在良好路面上以一定初速度从制动到停车所驶过的距离、制动时汽车的减速度或制动力的大小,是制动性能最基本的评价指标。表 1-12 为几种车型在良好路面上以 100 km/h 的初速度从制动到停车时驶过的距离,表 1-13 为欧洲经济委员会汽车法规对应急制动性能的要求。

表 1-12　汽车在良好路面上以 100 km/h 的初速度从制动到停车时驶过的距离

车型	捷达	别克 GL8	桑塔纳 2000	帕萨特	奥迪 A6 1.8T	宝来 1.8T	宝马 745i
制动距离/m	48.8	45.8	45.0	43.9	42.3	40.0	37.1

表 1-13　应急制动性能的要求

机动车类型	制动初速度/(km/h)	制动距离/m	充分发出的平均减速度/(m/s^2)	允许操纵力/N	
				手操纵	脚操纵
乘用车	50	≤38.0	≥2.9	≤400	≤500
客车	30	≤18.0	≥2.5	≤600	≤700
其他汽车（三轮汽车除外）	30	≤20.0	≥2.2	≤600	≤700

改善制动效能主要从增大制动器制动力和缩短制动协调时间两个方面着手：

(1)增大制动器制动力：增大制动蹄与制动鼓接合面积，采用制动蹄摩擦面圆弧半径稍大于制动鼓内径及合理调整制动蹄、制动鼓间隙的办法来达到这一要求；保持摩擦表面的摩擦系数；必要时重新调整制动控制阀的平衡弹簧，加大预紧力，使制动气室的气压和储气筒的气压接近，以增大制动蹄对制动鼓的压紧力。

(2)缩短制动协调时间：减少制动系统机械部分的旷量；适当减少制动踏板的自由行程，保持制动管路畅通和气、液压油路的密封；适当缩小制动蹄、制动鼓间隙。

2. 制动效能的恒定性

制动效能的恒定性主要是指汽车制动器的抗衰退性能，它包括抗热衰退性能和抗水衰退性能。

(1)抗热衰退性能是指汽车在高速行驶的情况下制动或下长坡连续制动时，制动效能保持的程度。因为制动过程实质上是把汽车行驶的动能通过制动器吸收转换为热能，所以会造成制动器温度升高，摩擦副摩擦因数下降，摩擦力矩下降，制动力降低，难以保持冷状态时的制动效能。因此，防止制动器温度升高后制动效能降低已成为设计制动器时要考虑的主要问题之一。另外，如何在使用过程中正确应对不可避免的热衰退的发生也成为汽车驾驶员要掌握的主要问题。

制动时制动器所达到的温度取决于制动产生热量的条件(如制动初始速度、制动终了速度、制动减速度、制动频繁程度、汽车总质量等)和散热条件(如大气温度、行驶速度、制动器通风环境、制动器受热零件的热容量、散热面积等)。汽车行驶的环境条件和行驶工况是随机的，因此制动器的热衰退程度主要取决于制动器摩擦副材料和制动器结构。选用优质的摩擦材料、改进制动器的结构和散热方式等办法有助于提高制动效能的恒定性，如采用陶瓷制动盘。由于盘式制动器容易散热，因此其制动效能的恒定性较好。

(2)抗水衰退性能是指汽车在潮湿的情况下或涉水行驶后，制动效能保持的程度。在上述情况下，由于制动器表面水膜的作用，摩擦因数降低，制动力减小。若水衰退发生在汽车一侧车轮制动器上，还会造成左右车轮制动力不相等，进而降低汽车制动时的方向稳定性。汽车制动时产生的热量可使制动器摩擦衬片干燥。因此，为了保证安全，汽车涉水后应踩几脚制动踏板，使制动蹄与制动鼓发生摩擦产生热量，制动器便可迅速干燥，恢复正常，这种现象称为水恢复。

由于盘式制动器的效能因数(在制动盘或制动鼓的作用半径上所得到的摩擦力与输

入力之比)受摩擦系数下降的影响而变小,而且制动器中的水分会被旋转的制动盘甩出;同时制动器摩擦块的压力较高,也易于将摩擦片上的水分挤出和擦干。但是,鼓式制动器的排水干燥就较为困难,需经较多次的制动才能恢复原有的制动性能。所以,盘式制动器的抗水衰退性和水恢复性明显优于鼓式制动器。

表 1-14 为《机动车运行安全技术条件》(GB 7258—2012)对各类汽车行车制动性能的要求。

表 1-14　各类汽车行车制动性能的要求

类型	制动初速度/(km/h)	满载检验制动距离要求/m	空载检验制动距离要求/m	满载检验充分发出的平均减速度/(m/s^2)	空载检验充分发出的平均减速度/(m/s^2)	制动稳定性要求车辆任何部位不得超出的试验通道宽度/m
三轮汽车	20	≤5.0		≥3.8		2.5
乘用车	50	≤20.0	≤19.0	≥5.9	≥6.2	2.5
总质量不大于3500 kg的低速货车	30	≤9.0	≤8.0	≥5.2	≥5.6	2.5
其他总质量不大于3500 kg的汽车	50	≤22.0	≤21.0	≥5.4	≥5.8	2.5
其他汽车	30	≤10.0	≤9.0	≥5.0	≥5.4	3.0

3. 制动时汽车行驶的方向稳定性

制动时汽车行驶的方向稳定性是指制动时汽车按给定路径(直线或预定弯道)行驶的能力。若制动时发生跑偏、侧滑或失去转向能力,则汽车将偏离原来的路径。

(1)制动跑偏

制动跑偏是指在汽车直线行驶时制动,且转向盘固定不动的条件下,汽车自动向左侧或右侧偏驶的现象。制动跑偏主要是由汽车左、右车轮,特别是转向轴左、右车轮制动力不相等造成的。各轮制动器摩擦副表面状况、轮胎状况、制动器的调整状况以及车轮与路面接触状况不可能完全一致,所以转向轴左、右轮制动力不相等是难以避免的,经过维修调整一般是可以消除的。汽车左、右轮制动力相差通常要求不大于 8%。

此外,制动时汽车悬架导向杆与转向拉杆在运动学上不协调,发生杆系间的运动干涉,也会导致转向轮偏转引起跑偏。杆系运动干涉引起的制动跑偏方向是固定的、系统性的,通过正确的设计就可避免。定型汽车在使用过程中,因转向杆系间的运动干涉所导致的制动跑偏是转向轴变形、杆系变形、调整不当等汽车使用因素造成的,因此只要正确、合理地使用汽车就可以避免。

(2)侧滑

侧滑是指汽车制动时某一轴的车轮或两轴的车轮发生横向滑动的现象。当车轮抱死时,易发生侧滑或者失去转向能力。汽车在制动时,原先滚动的车轮的旋转速度逐渐下降,甚至可能停止转动(抱死),此时汽车仍依靠惯性向前冲,车轮与地面之间就会产生滑移。最危险的情况是在高速制动时发生后轴侧滑,此时汽车常因不规则的急剧回转运动而失去控制。

跑偏与侧滑是有联系的,严重的跑偏有时会引起后轴侧滑,易于发生侧滑的汽车也有加剧跑偏的趋势。图 1-63 给出了单纯制动跑偏和由跑偏引起后轴侧滑时轮胎留在地面上的印迹示意图。

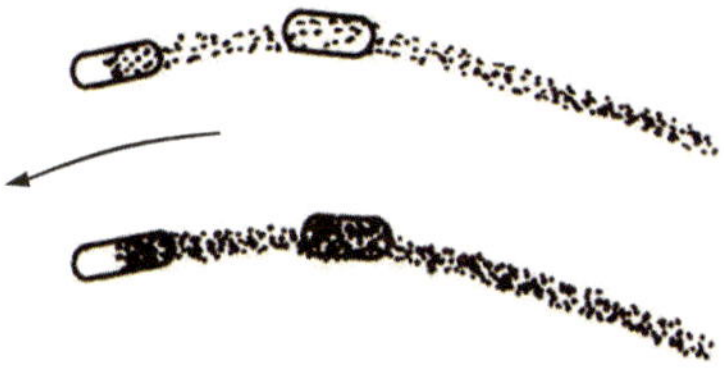

(a)制动跑偏时轮胎留下的印痕

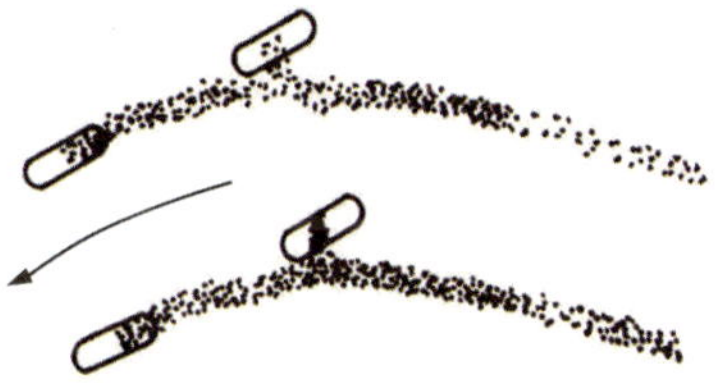

(b)制动跑偏引起后轴轻微侧滑时轮胎留下的印痕

图 1-63 制动时跑偏和侧滑的情形

(3)前轮失去转向能力

前轮失去转向能力是指汽车制时会出现两种失控现象:弯道制动时,汽车不再按原来的弯道行驶,而沿弯道切线方向驶出;直线行驶制动时,虽然转动转向盘,但汽车仍按直线方向行驶。失去转向能力和后轴侧滑也是有联系的,如果汽车后轴不侧滑,前轮就可能失去转向能力;如果后轴侧滑,前轮通常仍有转向能力。

制动跑偏、侧滑与前轮失去转向能力是造成交通事故的重要原因。例如,对我国某市市郊一山区公路在两周(雨季)内发生的 7 起交通事故进行分析,发现其中 6 起是由制动时后轴发生侧滑或前轮失去转向能力造成的。西方一些国家的统计表明,发生人身伤亡的交通事故中,在潮湿路面上发生的交通事故中约有 1/3 与侧滑有关;在冰雪路面上发生的交通事故中有 70%~80%与侧滑有关。现代汽车装有防抱死制动装置,不但可以提高制动效能,更重要的是能保持制动时的方向稳定性,防止紧急制动时车轮抱死而发生危险。表 1-15 为部分国家及地区的轿车制动规范对行车制动性的部分要求。

表 1-15 部分国家及地区的轿车制动规范对行车制动性能的要求

项目	中国的 GB 7258—2012	瑞典 F18	美联邦 135	欧共体 EEC
试验路面	$\varphi \geqslant 0.7$	$\varphi = 0.8$	Skid No81	附着良好
载重	任何载荷	任何载荷	轻、满载	满载
制动初速度/(km/h)	50	80	96.54	80
制动时的稳定性	不许偏出 2.5 m 通道	不抱死跑偏	不抱死跑偏 3.66 m	不抱死跑偏

续表

项目	中国的 GB 7258—2012	瑞典 F18	美联邦 135	欧共体 EEC
制动距离或制动减速度	≤19 m 或≥6.2 m/s²(空载) ≤20 m 或≥5.9 m/s²(满载)	≥5.8 m/s²	≤65.8 m	≤50.7 m 或 ≥5.8 m/s²
踏板力/N	<500	<490	66.7～667	<490

注：φ 为制动系数。

(四)汽车的操纵稳定性

汽车的操纵稳定性是指在驾驶员不感到过分紧张、疲劳的条件下，汽车能遵循驾驶员意愿，通过转向系统及转向车轮给定的方向行驶，并且当汽车遭遇外界干扰时能抵抗干扰而保持稳定行驶的能力。

汽车的操纵稳定性包括两个相互关联的部分，即操纵性和稳定性。操纵性是指汽车能够确切地响应驾驶员指令的能力。稳定性是指汽车抵抗改变其行驶方向的各种外界干扰(路面扰动或风扰动)，并保持稳定行驶而不失去控制，甚至预防翻车或侧滑的能力。

汽车的操纵稳定性不仅影响汽车驾驶的操纵方便程度，也是影响汽车安全性的重要因素之一，是汽车的主要性能之一。由于受研究目的、驾驶任务、人为感觉及环境条件等多种因素的影响，汽车操纵稳定性的研究和评价变得更为复杂。汽车的操纵稳定性可以借助一些相关的物理量进行评价和分析。汽车操纵稳定性的研究主要是分析汽车做曲线运动时的响应，并以相关的物理量来表征汽车的操纵稳定性能。对于给定的汽车，在转向盘输入下的响应特性，如侧向运动、横摆运动以及侧倾运动等响应，常用作汽车操纵稳定性的评价。汽车操纵稳定性的基本内容以及主要评价参量如表 1-16 所示。

表 1-16　汽车操纵稳定性的基本内容以及主要评价所用物理参量

基本内容	主要评价参量
1.转向盘角阶跃输入下进入的稳态响应——转向特性、转向盘角阶跃输入下的瞬态响应	稳态横摆角速度增益——转向灵敏度、反应时间、横摆角速度波动的无阻尼圆频率
2.横摆角速度频率响应特性	共振峰频率、共振时振幅比、相位滞后角、稳态增益
3.转向盘中间位置的操纵稳定性	转向灵敏度、转向盘力特性——转向盘转矩梯度、转向功灵敏度
4.回正性	回正后剩余横摆角速度与剩余横摆角、达到剩余横摆角速度的时间
5.转向半径	最小转向半径
6.转向轻便性——原地转向轻便性、低速行驶转向轻便性、高速行驶转向轻便性	转向力、转向功

续表

基本内容	主要评价参量
7.直线行驶性能——直线行驶性、侧向风稳定性、路面不平度稳定性	转向盘转角、侧向偏移
8.典型行驶工况性能——蛇行性能、移线性能、双移线性能——回避障碍性能……	转向盘转角、转向力、侧向加速度、横摆角速度、侧偏角、车速等
9.极限行驶能力——圆周行驶极限侧向加速度、抗侧翻能力、发生侧滑时的控制性能……	极限侧向加速度、极限车速、回至原来路径所需时间

汽车的时域响应可分为不随时间变化的稳态响应和随时间变化的瞬态响应。例如，汽车等速直线行驶是一种稳态。若在汽车等速直线行驶时，急速转动转向盘至某一转角时，停止转动转向盘并维持此转角不变，即给汽车以转向盘角阶跃输入，汽车经短暂时间后便进入等速圆周行驶，这也是一种稳态，称为转向盘角阶跃输入下进入的稳态响应。在等速直线行驶与等速圆周行驶这两个稳态运动之间的过渡过程便是一种瞬态，相应的瞬态运动响应称为转向盘角阶跃输入下的瞬态响应。虽然汽车的等速圆周行驶(即汽车转向盘角阶跃输入下进入的稳态响应)在实际行驶中不常出现，但它却是表征汽车操纵稳定性的一个重要的时域响应，一般也称它为汽车的稳态转向特性。

汽车的稳态转向特性分为三种类型：不足转向、中性转向和过多转向(见图 1-64)。这三种不同转向特性的汽车具有如下行驶特点：在转向盘保持固定转角 δ_{sw} 的情况下，缓慢加速或以不同车速等速行驶时，随着车速的增加，不足转向汽车的转向半径 R 增大；中性转向汽车的转向半径维持不变；过多转向汽车的转向半径则越来越小。虽然中性转向能较好地利用侧向力(与车轮前进方向垂直的分量)达到最大的转向速度，但却削弱了驾驶员对汽车稳定的主观感觉，无法预计汽车的制动甩尾。而对于过度转向，当车速达到某一极限时，转向半径会急剧减小，汽车会发生急转致使操纵困难或失去操纵，甚至导致事故发生。不足转向产生相对较大的转向半径，减弱侧向力，使汽车具有自动恢复直线行驶的良好稳定性，操纵容易。因此，绝大多数汽车制造厂家都会使汽车具有轻微的不足转向，制动甩偏的发生会使汽车回到原来行驶的路线。当然，这需要具体情况具体分析，如赛车就要采用过度转向的设计以求获得最短的转弯时间。

在汽车操纵稳定性的研究中，可以将汽车仅作为一个开路系统进行分析和研究。在这种开路系统中，不考虑驾驶员的情况，只是机械地转动转向盘，不允许根据汽车的转向运动做任何的操纵修正命令，即不存在反馈作用。因此，将汽车当作开路系统进行研究，汽车的响应完全取决于汽车的结构参数，能够较好地反映汽车的固有特性。

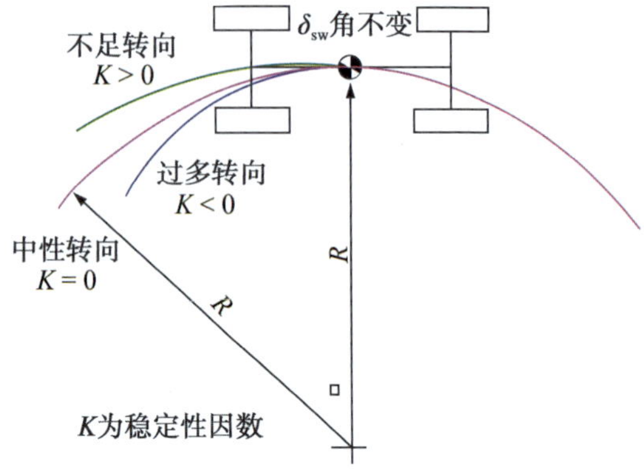

图 1-64　汽车的三种稳态转向特性

虽然汽车的开路系统研究可以为汽车的操纵稳定性提供可靠的分析手段，但是汽车的操纵稳定性与汽车驾驶员相联系。因此，在操纵稳定性的研究对象中，也应该将驾驶员包括在内，对包含驾驶员反馈的汽车响应进行研究。图 1-65 为一种闭环的汽车系统分析框图。汽车曲线行驶的转向盘输入一般分为角位移输入（即角输入）和力矩输入（即力输入）。角输入是指给转向盘作用一个角位移。力输入是指给转向盘作用一个力矩。在实际驾驶车辆时，驾驶员对转向盘的输入上述两种形式都存在。外界侧向干扰输入主要是侧向风以及路面不平等因素产生的侧向力。

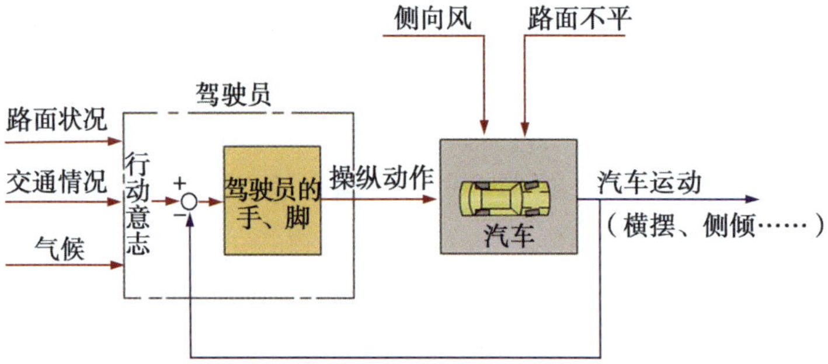

图 1-65　驾驶员—汽车系统

关于汽车操纵稳定性的研究有很多，许多都提出了不同复杂程度的数学模型、评价指标、试验方法及试验手段，但迄今为止还没有找到公认的客观定量评价操纵稳定性的最佳方法。对汽车进行闭环系统的分析，可以真实地反映汽车的操纵稳定性，但由于驾驶员存在个性差别，因此闭环系统分析的客观性也受到了一定的影响。

通过试验来测定和评价汽车的性能也是非常重要的。对汽车性能的评价可分为主观评价和客观评价两种。主观评价法是让试验评价人员根据试验时的感觉进行评价的方法。客观评价法是通过测试仪器测出能够表征汽车操纵稳定性的参数（如横摆加速度、侧向加速度以及侧倾角等），来评价操纵稳定性的方法。在研究汽车固有特性的开路系统中常用的是客观评价法。而在研究汽车操纵稳定性的闭环系统中，通常同时采用客观评价和主观评价两种方法。

在汽车操纵稳定性闭环系统的评价中，闭环试验一般选取汽车的典型行驶工况，评价比较接近实际交通情况。典型行驶工况中的汽车操纵性包含了人与车的相互作用，是人-车系统意义上的性能，因此其评价更为合理、可信。

汽车操纵稳定性的主观评价是驾驶员根据不同的驾驶任务操纵汽车时，依据对操纵动作难易程度的感觉来对汽车进行评价，即驾驶员对汽车的易操纵性所进行的评价。由于个体的生理、心理存在很大差异，因此不同的驾驶员对同一汽车同一特性的评价可能大不相同，致使主观评价结果有很大的离散性。为减小其离散性，使主观评价真实可信，通常要指定一组评价者（一般为 10～25 名）用统计的方法来获得评价结果。在选取评价者时，要对评价者的评价能力提出要求。评价者应具有较好的分辨能力和记忆力；要尽可能地排除其他干扰因素，如因评价者是被测车辆的设计者而产生的偏袒，或用被测车辆与自己已习惯的车相比较而导致评价的片面性等；被测车辆对评价者应当是未知的，以避免评价者利用自己的技术知识弥补观察和感觉的不足。

汽车操纵稳定性的主观评价包含不同驾驶任务的多项目评价和总评价。评价项目可分为：直线行驶稳定性（包括转向回正能力、侧风敏感性、路向不平敏感性等）、行车变道的操纵性、转弯稳定（包括转向的准确性、固有转向特性、转弯制动特性等）以及操纵负荷等。

（五）汽车的平顺性

汽车的平顺性是指汽车能吸收行驶时所产生的各种冲击和振动，将汽车在行驶过程中产生的振动和冲击对乘员舒适性的影响控制在一定界限内的能力。它是评价汽车使用性能的一项重要指标。由于平顺性主要是根据乘员的舒适程度来评价的，因此它又被称为乘坐舒适性。汽车的平顺性包括振动对人的影响、汽车的空气及温度调节性能、座椅的舒适程度等。

汽车的平顺性可用图 1-66 所示的“路面—汽车—人”系统框图来分析。

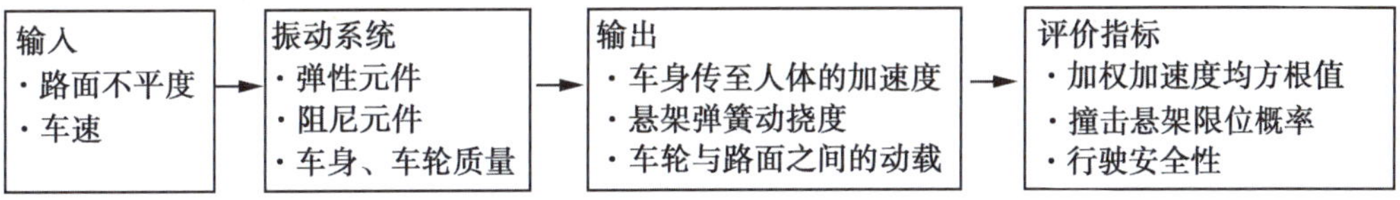

图 1-66 “路面—汽车—人”系统框图

汽车在行驶时的振动主要由路面的不平所引起，其次汽车发动机、传动系统、转向系统中作用力的变化以及车轮的动静态不平衡等也会引起振动，因此汽车是一个很复杂的“振动系统”。当振动达到一定程度时，所载乘客会感到不舒适甚至疲劳，并且可能会损坏运载的货物。

汽车行驶平顺性的评价方法通常是根据人体对振动的生理反应及对保持货物完整性的影响来制定的，可用表征振动的物理量（如频率、振幅、位移、加速度等）作为评价指标。目前，常用的评价平顺性的指标主要有汽车车身的固有频率、汽车振动的加速度等。

1. 汽车车身固有频率

行驶中的汽车是个复杂的“振动系统”，振动主要由路面凹凸不平的变化、不平衡轮胎的旋转、不平衡传动轴的旋转以及发动机的转矩变化等因素引起。这些因素引起的振动又大多与车速相关，尤其是路面凹凸不平引起的振动，随着车速的变化，振动的频率和强弱会产生相应的变化。

汽车可以看作是由轮胎、悬架、坐垫等弹性、阻尼元件和悬架质量及非悬架质量构成的“振动系统”，各种“输入”信号沿不同的路径传至乘客，其主要传递路径如图 1-67 所示。

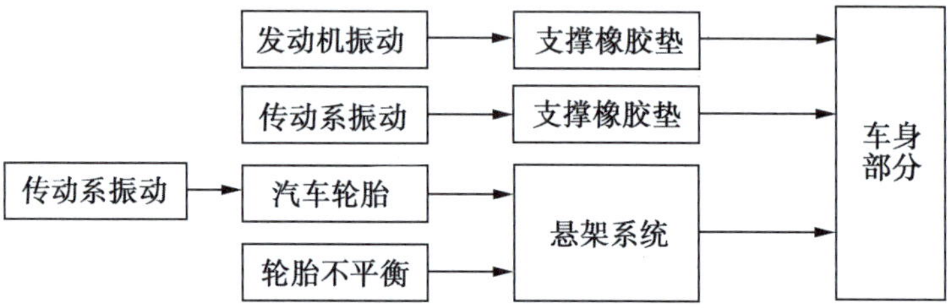

图 1-67　汽车行驶振动传递路线示意图

因路面、轮胎产生的振动先传到悬架，受悬架自身的振动特性影响后再传给车身，通过车身传到乘客的胸部，同时通过座椅传到乘客的臀部和背部，还通过转向系以转向抖动的形式传到驾驶员手部；因发动机、传动系产生的振动通过支承发动机、变速器和传动轴的缓冲橡胶块，经衰减后传给车身，再经上述途径传至人体各个部位。

由物理学知识可知，任何“振动系统”均有“固有频率”，当外界激振信号的频率接近或等于“固有频率”时，将出现“共振”现象，产生剧烈的振动。研究汽车行驶的平顺性，实际上要解决两方面的问题：一是如何避免汽车“振动系统”出现“共振”现象，“共振”既会影响汽车的操纵稳定性，也会影响行驶平顺性；二是使“振动系统”输出的振动频率避开人体敏感的范围，使振动加速度不超过人体所能承受的范围。

人体是个复杂的机械振动系统。人体对振动的反应既与振动频率及强度、振动作用方向和暴露时间有关，也与人的心理、生理状态有关。人体器官习惯于行走所引起的垂直振动频率，如果车身振动频率与步行振动频率接近，则乘坐者不会感觉到不舒适。取步距为 0.75 m，中等步行速度为 3～4 km/h，则振动频率为 1.1～1.5 Hz。如果车身振动频率在此范围内，则可以认为是人体器官所习惯的。当振动频率低于 1 Hz 时，会引起乘客晕车和恶心；当振动频率高于 1.5 Hz 时，车身振动强烈，也会使乘客感到疲劳和不舒适。长期的实践证明，采用这种简化的指标评价汽车行驶平顺性时，某些汽车虽然有较好的自由振动频率指标，但其实际的行驶平顺性并不好。因此，仅用自由振动频率来评价汽车行驶平顺性是不够的。

2. 汽车振动加速度

汽车振动加速度很大时，惯性载荷会对人体的肌肉和器官产生影响，特别是突然振动引起加速度的变化，是乘客最不能适应的。加速度变化越迅速，人越感到不舒服。基于这些原因，平顺性也用振动加速度来评价。为了保证汽车有良好的行驶平顺性，车身的自由频率应为 1.1～1.5 Hz，振动加速度的极限容许值为 3～4 m/s^2。从保持所运货物完整性的观点出发，可由车身加速度来评定所允许的振动。如果车身加速度达到 1g，则未经固定的货物有可能离开车身地板，而后以很大的加速度降落。因此，为了保证货物的完整性，应取车身振动加速度的极限值为 $0.6g \sim 0.7g$。

人体对振动反应的评价主要靠主观感觉来判断，它是平顺性的最终评价。目前，由国际标准化组织提出的《人体承受全身振动的评价指南》(ISO 2631—1978)已被许多国家采用，我国参照 ISO 2631—1978 制定了国家标准《汽车平顺性随机输入行驶试验方法》和《客车平顺性评价指标及极限》。ISO 2631—1978 用振动加速度的均方根值给出了 1～80 Hz 振动频率范围内人体对振动的反应，这种反应有三种不同的感觉界限。

(1)暴露极限

当人体承受的振动强度在这个极限以下时，能保证人的健康和安全。这个极限值常作为人体能够承受振动量的上限。

(2)疲劳——工效降低界限

当驾驶员承受的振动在此界限以下时，能保证正常驾驶，不会因疲劳而降低工作效率。

(3)舒适降低界限

此界限与保持舒适有关。在此极限之下，人体对所暴露的振动环境主观感觉良好，并能顺利完成吃、读、写等动作。

汽车的平顺性主要取决于汽车的振动。因此，提高平顺性的主要措施有：①合理设置座椅；②合理设计汽车的悬架系统，使悬架的弹性特性、减震器的阻尼特性匹配合理；③提高减震效果；④加长轴距、降低汽车的重心高度；⑤合理分配汽车的轴荷；⑥合理选择汽车轮胎等。

(六)汽车的通过性及机动性

1. 汽车的通过性

汽车的通过性也称为汽车的越野性，是指汽车在一定的载重量下能以较高的平均车速通过各种坏路及无路地带(如松软土壤、沙漠、雪地、沼泽等松软地面及坎坷不平地段)和克服各种障碍(陡坡、侧坡、壕沟、台阶、灌木丛等)的能力。汽车的用途不同，对通过性的要求也不一样。轿车和客车由于经常在市内行驶，通过能力稍差，而越野汽车、军用车辆、自卸汽车和载货汽车就必须有较强的通过能力。按照地面对汽车通过性影响的原因，汽车通过性又分为几何通过性和支承通过性。通过性的好坏主要取决于地面的物理性质、汽车的总体布置及汽车的结构参数和几何参数。同时，通过性还与汽车的其他性能(如动力性、平顺性、机动性、稳定性等)密切相关。

(1)几何通过性

由于汽车与地面的间隙不足而出现底盘被地面托住、汽车无法通过现象称为间隙失效。车辆中间的底部零件由于碰到地面而被顶住的现象称为顶起失效；车辆前端或尾部由于触及地面而不能通过的现象分别称为触头失效和托尾失效。显然，后两种情况属同一类失效。与间隙失效有关的汽车整车几何尺寸称为汽车通过性的几何参数，这些参数包括最小离地间隙、接近角、离去角、纵向通过半径、横向通过半径以及车辆通过的最大侧坡等，如图 1-68 所示。

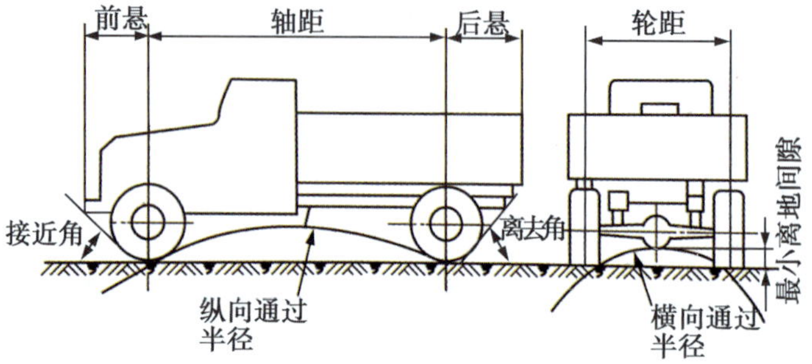

图 1-68　汽车轮廓通过性的几何参数

①最小离地间隙(h_{min})是指当汽车满载、静止时，除去车轮外的最低点与水平路面之间的垂直距离。它表征汽车无碰撞跨越、通过石块、树桩等地面障碍的能力。汽车的前桥、飞轮壳、变速器壳、消声器和主减速器外壳等通常有较小的离地间隙。离地间隙越大，汽车的通过性越好，但同时车身重心上升，影响高速行驶时的稳定性。一般具有越野功能的 SUV 的最小离地间隙约为 200 mm。

②接近角(γ_1)与离去角(γ_2)是指当汽车满载、静止时，自汽车车身前、后突出点向前、后车轮引切线时，切线与路面之间的夹角，表征汽车接近或离开障碍物(如小丘、沟洼地等)时不发生碰撞的能力。接近角和离去角越大，汽车的通过性越好。一般具有越野功能的 SUV 的接近角和离去角约为 30°。

③纵向通过半径(ρ_1)是指当汽车满载、静止时，在汽车主视图上作出的，通过前、后轮之间底盘的最低点并与两轮相切的圆的半径。纵向通过半径越小，顶起失效的可能性越小。

④横向通过半径(ρ_2)是指当汽车满载、静止时，在汽车左视图上作出的，通过左、右轮之间底盘的最低点并与两轮相切的圆的半径，它表示汽车通过小丘及凸起路面的能力。

⑤车辆通过的最大侧坡是指车辆在侧坡上直线行驶时，当坡度大到使重力 G_a 通过一侧车轮接地心，而另一侧车轮的地面法向反力为零，汽车发生侧翻的最大侧坡，如图 1-69 所示。

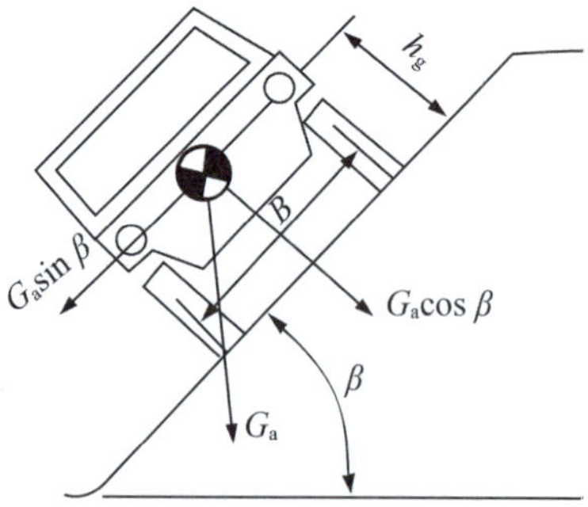

图 1-69　汽车侧翻

若重心高度为 h_g，轮距为 B，则此时有

$$G_a \sin\beta\, h_g = G_a \cos\beta \frac{B}{2}\text{，即 } \tan\beta = \frac{B}{2h_g}$$

式中，β 为汽车不发生侧翻的极限角。

因此，为了防止侧翻，应降低汽车的重心，加宽轮距。

(2)支承通过性

支承通过性是指车辆能顺利通过松软土壤、沙漠、雪地、冰面、沼泽等地面的能力。车辆支承通过性主要有以下几个评价指标：

①附着质量和附着质量利用系数。附着质量是指轮式车辆驱动轴的承载质量 G_φ，附着质量利用系数 k_φ 是指车辆附着质量 G_φ 与总质量 G_a 之比。为了满足车辆行驶的附着条件的要求，应有

$$G_\varphi \varphi \geqslant G_a \phi\text{，即 } k_\varphi \geqslant \frac{\phi}{\varphi}$$

式中，φ 为附着系数；ϕ 为道路阻力系数，$\phi = f + i$，其中 f 为道路的滚动阻力系数，i 为道路的坡度。

因此，附着质量利用系数 k_φ 越大，越有利于汽车在坏路面上行驶，丧失通过性的可能性就越小。为了保证车辆的支承通过性，要求车辆的附着质量利用系数不低于规定值。

②车轮接地比压。车轮接地比压是指车轮对地面的单位压力。车辆在松软地面上行驶的滚动阻力系数和附着系数都与车轮接地比压直接有关。车轮接地比压越小，车辙深度越小，车轮的行驶阻力越小，车轮沉陷失效的概率就越小。同样，当汽车行驶在黏性土壤和松软雪地上时，降低车轮接地比压可使车轮接地面积增加，提高地面承受的剪切力，使车轮不易打滑。车轮接地比压与轮胎气压有关，一般车轮接地比压比轮胎气压高10%～20%。

2. 汽车的机动性

汽车的机动性是指汽车在最小面积内活动的能力。机动性在很大程度上表征了车辆能够通过狭窄弯曲地带或绕开不可越过的障碍物的能力，因此车辆的通过性也受机动性的制约。汽车机动性的评价指标主要有最小转弯半径、转弯通道宽度和内轮差。

(1)最小转弯半径(R_H)和内轮差(d)

最小转弯半径是指汽车在水平路面上低速行驶转向，转向盘转到极限位置时，前外轮印迹中心至转向中心的距离(左、右转弯，取较大者)，用符号 R_H 表示，如图 1-70 所示。内轮差是指前内轮轨迹与后内轮轨迹半径之差，用 d 表示。

(2)转弯通道宽度

转弯通道宽度是指汽车转向时所占有的路面宽度，即车辆外廓最外点的转弯半径与外廓最内点的转弯半径之间的差值。

最小转弯半径越小或转弯通道宽度越小，汽车的机动性越好。最小转弯半径的大小与汽车的轴距、转向系统有关。轴距越小，转向系统使转向轮转向的角度越大，最小转弯半径就越小。转弯通道宽度与汽车的轮距有关，轮距越小，转弯通道宽度越小。

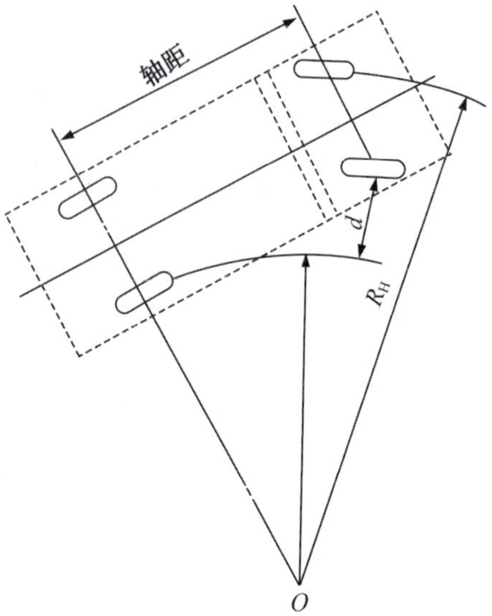

图 1-70　最小转弯半径(R_H)和内轮差(d)

【任务实施】

针对本校内的实训车辆,完成以下工作任务并填写任务实施报告。

1.确定实训车辆的尺寸参数。

2.至少画出 5 个仪表盘上的图标,并说明其含义。

3.至少找出 5 个实训车辆相关配置中的英文缩写,并解释其含义。

4.写出实训车辆的轮胎规格,并说明其含义。

5.根据汽车的性能参数对实训车辆进行客观评价。

任务实施报告

任务名称	汽车基础认知						
学生姓名		班级		学号			
实训地点		日期		实训车辆品牌、车型			
实训结果记录							
VIN							
尺寸参数	车长/m	车宽/m	车高/m	轴距/m	轮距/m	前悬/m	后悬/m

<table>
<tr><td rowspan="2">仪表盘上的图标及含义</td><td>图标 1</td><td>图标 2</td><td>图标 3</td><td>图标 4</td><td>图标 5</td></tr>
<tr><td></td><td></td><td></td><td></td><td></td></tr>
<tr><td></td><td></td><td></td><td></td><td></td><td></td></tr>
<tr><td rowspan="2">配置的英文缩写解析</td><td></td><td></td><td></td><td></td><td></td></tr>
<tr><td></td><td></td><td></td><td></td><td></td></tr>
<tr><td rowspan="4">轮胎规格及其含义解析</td><td>轮胎品牌</td><td colspan="4"></td></tr>
<tr><td>轮胎规格及其含义</td><td colspan="4"></td></tr>
<tr><td>3T 指数</td><td colspan="4"></td></tr>
<tr><td>其他标识及其含义</td><td colspan="4"></td></tr>
<tr><td>汽车性能评价</td><td colspan="5"></td></tr>
<tr><td colspan="6">自我评价</td></tr>
<tr><td colspan="6"></td></tr>
<tr><td>指导教师</td><td colspan="2"></td><td>成绩</td><td colspan="2"></td></tr>
</table>

模块二

内燃机汽车的认知

汽车产业是我国国民经济的重要支柱产业。汽车产业链长，覆盖面广，关联产业多，对加快工业化进程、推动制造业创新发展、增加就业和促进消费升级等具有不可替代的作用。尤其是“十三五”期间，我国汽车产业取得了长足进步，整车和零部件产业体系日渐完善，产销规模约占全球市场的30%，其中内燃机汽车占95%。短时间内，内燃机汽车在我国国民经济中的地位仍牢不可撼。

【工作情境】

小王顺利地通过了面试，成为比亚迪汽车销售服务公司的一名销售顾问。客户张先生想买一辆比亚迪秦，请小王为他讲解一下车上配备的新技术。

【学习目标】

素质目标

1.培养良好的沟通能力；

2.培养专注的自学能力；

3.培养追求卓越的创造精神。

知识目标

1.掌握汽车发动机的基本组成及工作原理；

2.掌握汽车底盘的基本构造及工作原理；

3.了解汽车车身结构的分类及特点；

4.熟悉汽车的电气组成及作用；

5.熟悉现代汽车运用的主流技术的作用与原理。

能力目标

1.能够准确地描述汽车的总体构造；

2.能够准确地讲述发动机、底盘系统、电气系统的结构及工作原理；

3.能够区分汽车车身结构的类型；

4.能够描述现代汽车主流技术的作用与原理。

【信息资讯】

1.传统燃油汽车的基本组成包括________、________、________和________。

2.汽油发动机的基本组成包括________、________、________、________、________、________和________。

3.四冲程发动机的一个工作循环包括______行程、______行程、______行程和______行程。

4.汽车传动系统的基本组成包括________、________、________、________、________、________、________，传动系统的主要作用：________________________。

5.汽车行驶系统主要由________、________、________、________组成，行驶系统的主要作用：________________________。

6.汽车转向系统的作用：________________________。

7.汽车制动系统的作用：________________________，车轮制动器主要有________、________两种类型。

8.车身按照受力情况可分为________、____________。

9.汽车用电设备包括哪些？请列举不少于 6 项。

(1)________ (2)________ (3)________

(4)________ (5)________ (6)________

10.请列举不少于 9 项你熟悉的汽车主流技术。

(1)________ (2)________ (3)________

(4)________ (5)________ (6)________

(7)________ (8)________ (9)________

【知识准备】

学习任务一　汽车总体构造

传统燃油汽车虽然品种繁多，但其基本组成均包括发动机、底盘、车身和电气设备四大部分，如图 2-1 所示。

图 2-1　汽车的总体构造

一、发动机

汽车发动机是为汽车行驶提供动力的装置，是汽车的心脏，决定了汽车的动力性、经济性、稳定性和环保性，其作用是使燃料燃烧产生动力，然后通过底盘的传动系驱动车轮。常用的汽车发动机有汽油发动机和柴油发动机两种，都属于往复活塞式内燃机。往复活塞式内燃机主要通过可燃气体在气缸内燃烧膨胀产生压力来推动活塞往复运动，并通过连杆使曲轴旋转来对外输出做功。汽车主要由两大机构和五大系统组成，分别是曲柄连杆机构、配气机构、燃料供给系统、点火系统(汽油发动机)、启动系统、冷却系统和润滑系统。由于柴油发动机的点火方式为压燃式，所以它没有点火系统。发动机结构总成如图 2-2 所示。

图 2-2　发动机结构总成

(一)曲柄连杆机构

曲柄连杆机构是发动机实现工作循环、完成能量转换的传动机构，由机体组、活塞连杆组和曲轴飞轮组等组成。其作用是将燃料燃烧所产生的热能，经过传动机构由活塞的往复直线运动转变为曲轴的旋转运动而对外输出动力。

(二)配气机构

配气机构主要由气门组和气门传动组组成。其作用是根据发动机各缸的工作顺序和工作循环的要求,定时开启与关闭进气门和排气门,使可燃混合气或空气适时充入气缸,并使燃烧后的废气从气缸内排出,以便发动机进行换气。

(三)燃料供给系统

由于供油系统和燃烧过程不同,汽油发动机燃料供给系统与柴油发动机燃料供给系统在结构上有很大区别。

汽油发动机燃料供给系统主要由燃油箱、燃油泵、燃油滤清器、压力调节器、喷油器、空气滤清器、空气流量计或进气压力传感器、水温传感器、进气温度传感器、曲轴位置传感器、节气门位置传感器、车速传感器、氧传感器、电子控制单元(ECU)、怠速控制阀、进排气歧管、排气消声器等组成。汽油发动机燃料供给系统的作用是根据发动机的要求,配制出一定数量和浓度的混合气供入气缸,并将燃烧后的废气从气缸内排出。

柴油发动机燃料供给系统主要由燃油箱、喷油泵、喷油器、燃油滤清器、空气滤清器、进排气歧管和排气消声器等组成,柴油机电控燃油喷射系统(共轨式)主要由加速踏板位置传感器、油泵压力传感器、电子控制单元(ECU)、燃油压力传感器、共轨管、三通阀、高压油泵、发动机转速传感器等组成。柴油发动机燃料供给系统的作用是把柴油和空气分别供入气缸,在燃烧室内形成混合气并燃烧,最后将燃烧后的废气排出。

(四)润滑系统

发动机润滑系统主要由机油泵、集滤器、限压阀、机油滤清器、油道及机油散热器等组成,其作用是将润滑油分送至各个摩擦零件的摩擦面,以减少摩擦力,防止机件磨损,清洗、冷却摩擦表面,从而延长发动机的使用寿命。

(五)冷却系统

冷却系统分为水冷式和风冷式两种,现代汽车一般都采用水冷式。发动机冷却系统主要由水泵、散热器、节温器、风扇和冷却水套等组成,其作用是利用冷却水冷却高温零件,并通过散热器将热量散发到大气中,从而保证发动机在最适宜的温度状态下工作。

(六)启动系统

发动机启动系统主要由启动机及其附属装置组成,其作用是带动飞轮旋转以获得必要的动能和启动转速,使静止的发动机启动并转入自行运转状态(即怠速运转状态)。

(七)点火系统

汽油发动机点火系统主要由蓄电池、发电机、点火器和分电器、点火线圈和火花塞等组成,其作用是定时在各缸火花塞电极间产生高压电火花,将气缸内的可燃混合气点燃。

二、汽车底盘

汽车底盘由传动系统、行驶系统、转向系统和制动系统组成,如图 2-3 所示。如果说汽车发动机是汽车的“心脏”,是汽车的动力源,那么底盘就是汽车的“骨骼”,承载、连接其他系统总成,使汽车成为一个整体。底盘的作用是支承、安装汽车发动机及其各部件、总成,形成汽车的整体构造,并接受发动机的动力,使汽车产生运动,保证汽车的正常行驶。汽车底盘各系统的作用如下所述。

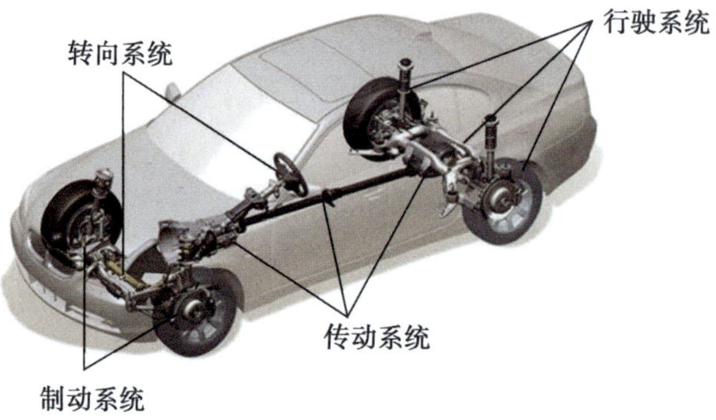

图 2-3 汽车底盘总成结构

(一)传动系统

传动系统的作用是将发动机的动力传递到驱动轮。普通汽车采用的机械式传动系统由离合器、变速器、万向传动装置、驱动桥等组成;现代汽车越来越多地采用液力机械式传动系统,逐渐以液力机械变速器取代了机械式传动系统中的离合器和变速器。

(二)行驶系统

行驶系统的作用是安装部件、支承汽车、缓和冲击、吸收振动、传递和承受发动机与地面传来的各种力和力矩,并保证汽车正常行驶。行驶系统由车架、车桥、车轮、悬架等组成。

(三)转向系统

转向系统的作用是控制汽车的行驶方向,由转向操纵机构、转向器、转向传动机构等组成。现代汽车越来越普遍地采用动力转向装置。

(四)制动系统

制动系统的作用是使汽车减速、停车或驻车。汽车制动系统至少应设行车制动和驻车制动两套相互独立的制动装置,每一套制动装置均应由制动器和制动传动装置组成。现代汽车行车制动装置还装设了电子控制制动防抱死系统(ABS)、电子制动力分配系统(EBD)、驱动防滑控制系统(ASR)和电控汽车稳定行驶系统(ESP)等电控系统,增加了汽车制动的安全性和操纵稳定性。

三、车身

车身可以供驾驶员、乘客乘坐或者装载货物。车身应为驾驶员提供方便的工作条件,为乘客提供舒适安全的环境并保证货物完好无损。轿车、客车的车身一般是整体结构,如图 2-4 所示。载货汽车车身一般由驾驶室和货厢组成。其他专用车辆还包括其他特殊装备等。车身主要由车门、车窗、车锁、内外饰件、附件、座椅及车前后各钣金件等部分组成。

图 2-4 轿车车身

四、电气设备

电气设备由电源和用电设备组成，如图 2-5 所示。电源包括发电机和蓄电池。用电设备的内容很多，不同车型不太一样，主要有点火系统、启动系统、照明系统、仪表信号系统、空调以及其他附属用电设备等。

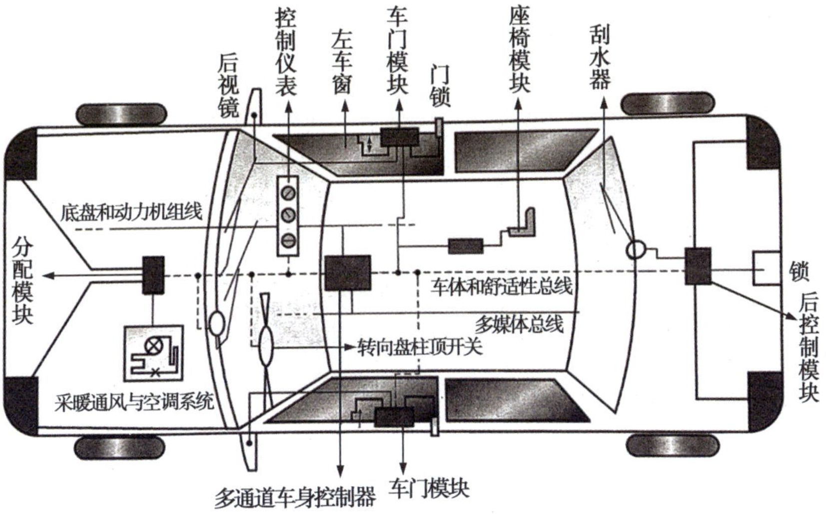

图 2-5 汽车电气设备总成

学习任务二 汽车发动机

一、汽车发动机的分类

(一)按照汽车所用燃料分类

按照使用燃料，汽车发动机可分为液体燃料发动机（汽油机、柴油机等）和气体燃料发动机(天然气发动机、液化石油气发动机等)。

(二)按照点火方式分类

按照点火方式,汽车发动机可分为点燃式发动机和压燃式发动机。

由于汽油的自燃温度比柴油高,因此汽油机采用点燃式点火。在点火系统中,通过火花塞发出的电火花强制点燃汽油,使其燃烧,这种发动机就称为点燃式发动机。

在同样的条件下,柴油的自燃点比汽油的自燃点低,因此柴油机采用压燃式(自燃式)点火。一般情况下可通过喷油泵和喷油器将柴油直接喷入发动机气缸内,在气缸内与压缩空气混合均匀后,在高温下得以自燃,这种发动机就称为压燃式发动机。

(三)按照冷却方式分类

按照冷却方式,发动机可分为水冷式和风冷式两种。

水冷式发动机利用在气缸体与气缸盖冷却水套中进行循环的冷却液作为冷却介质进行冷却;而风冷式发动机利用流动于气缸体与气缸盖外表面散热片之间的空气作为冷却介质进行冷却。水冷式发动机具有冷却均匀、工作可靠、冷却效果好的优点,所以广泛应用于现代汽车;风冷式发动机则广泛应用于摩托车。

(四)按照工作循环分类

对于往复活塞式发动机,可以根据每一工作循环所需的活塞的行程数来分类。活塞往复四个行程完成一个工作循环的称为四冲程发动机,而活塞往复两个行程即完成一个工作循环的称为二冲程发动机。目前四冲程发动机广泛应用于现代汽车,二冲程发动机则多应用于航空模型和摩托车。

(五)按照气缸数量分类

按照气缸数量,发动机可分为单缸发动机和多缸发动机,仅有一个气缸的发动机称为单缸发动机,有两个及两个以上气缸的发动机称为多缸发动机。汽车发动机常用缸数有3、4、5、6、8、10、12,最普遍的是4缸和6缸,而应用最多的是4缸;单缸发动机目前常应用于小型摩托车。

(六)按气缸的布置形式分类

按照气缸间的排列方式,汽车发动机可分为直列式、V形、W形、水平对置式。

1.直列式

直列式是目前最常见的发动机结构,这种排列的形式最为简单,所有气缸均是按同一角度并排成一条直线,一般只使用一个气缸盖,其缸体和曲轴的结构也是气缸排列方式中最简单的,制造成本低,尺寸紧凑,如图2-6所示。直列式发动机的优点是稳定性高、低速转矩特性好以及燃料消耗低;其缺点是当排量和气缸数增加时,发动机的长度将大大增加,不适合6缸以上的发动机采用。直列式一般用L代表,后面加上气缸数就是发动机代号,现代汽车上主要有L3、L4、L5和L6型发动机。

2.V形

气缸呈两列布置,且两列气缸之间的夹角小于180°,从侧面看气缸呈V字形(通常的夹角为60°),故称为V形发动机,如图2-7所示。V形发动机的高度和长度尺寸小,在汽车上布置起来较为方便。V形发动机的气缸数一般为5、6、8、10、12、16。

图2-6　直列式发动机

图2-7　V形发动机

3.W形

W形是德国大众专属的发动机技术。将V形发动机的每侧气缸再进行小角度的错开(如帕萨特W8的小角度为15°),就成了W形发动机,如图2-8所示。或者说W形发动机的气缸排列形式是由两个小V形组成一个大V形,两组V形共用一根曲轴。严格说来,W形发动机应属于V形发动机的变种。现有四种W形发动机:W8、W12、W16和W18。

4.水平对置式

气缸呈两列布置,且两列气缸之间的中心线呈180°,即活塞平均分布在曲轴两侧,在水平方向上左右运动,如图2-9所示。目前,全球车企中使用水平对置发动机的只有保时捷和斯巴鲁两家。

图2-8　W形发动机

图2-9　水平对置式发动机

(七)按照气门数分类

每个气缸中设有一个进气门和一个排气门的发动机称为二气门发动机;每个气缸中设有两个进气门和一个排气门的发动机称为三气门发动机;每个气缸中设有两个进气门和两个排气门的发动机称为四气门发动机;每个气缸中设有三个进气门和两个排气门的发动机称为五气门发动机。

(八)按照进气状态分类

按照发动机的进气状态,汽车发动机可分为非增压(自然吸气)式发动机和增压式发动机。若发动机的进气是靠活塞的抽吸作用而进入气缸的,则称为非增压(自然吸气)式发动机;若发动机装有增压器,空气通过增压器可以提高进气压力,则称为增压式发动机。

(九)按照活塞运动方式分类

按照活塞运动方式,汽车发动机可分为往复活塞式发动机和转子式发动机。

1.往复活塞式发动机

往复活塞式发动机是活塞在气缸内做往复运动,通过曲柄连杆机构把活塞的往复直线运动转化为曲轴的旋转运动的发动机。大多数内燃机都是往复活塞式发动机。如果不加特别说明,现代汽车的发动机一般都是往复活塞式发动机。

2.转子式发动机

转子式发动机由德国人菲加士·汪克尔发明,故又称为汪克尔发动机,如图 2-10 所示。与传统往复式发动机相比,转子式发动机通过活塞在气缸内的旋转来带动发动机主轴(作用等同于普通发动机的曲轴,因为不是弯曲的,故不再叫曲轴)旋转,两者有着很大的区别。目前,全球车企中使用转子式发动机的仅有马自达一家。

图 2-10　转子式发动机

二、汽车发动机的基本组成

发动机是汽车动力的核心总成,是一种由许多机构和系统组成的复杂机器。以汽油机为例,发动机的剖视图如图 2-11 所示。

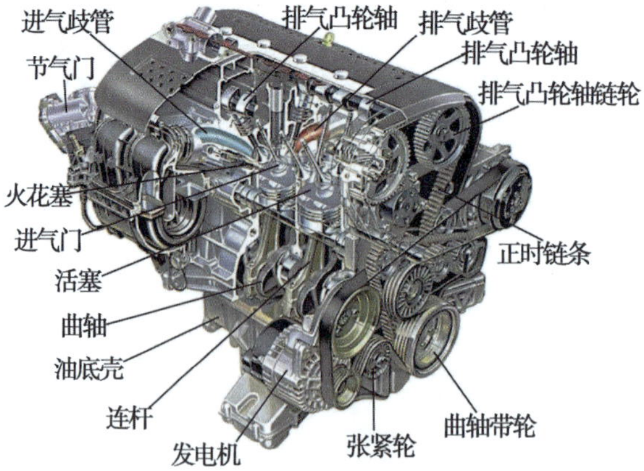

图 2-11　汽油发动机的剖视图

汽油发动机主要由两大机构和五大系统组成,即曲柄连杆机构、配气机构、燃料供给系统、点火系统、润滑系统、冷却系统和启动系统。

(一)曲柄连杆机构

曲柄连杆机构的作用是将燃油燃烧时的热能转变为活塞往复运动的机械能,再转变为曲轴的转矩,从而对外输出动力。在发动机工作过程中,燃料燃烧产生的气体压力直接作用在活塞顶部,推动活塞做往复直线运动,并经活塞销、连杆和曲轴将活塞的往复直线运动转换为曲轴的旋转运动。其动力大部分经曲轴后端的飞轮输出,传给传动系统乃至行驶系统使车辆运动,另一小部分通过曲轴前端齿轮或带轮来驱动发动机的其他机构和系统。

曲柄连杆机构由机体组、活塞连杆组和曲轴飞轮组等组成。

1. 机体组

机体组是发动机的骨架,是发动机各机构和系统的安装基础,其内、外安装着发动机的主要零件和附件,承受着各种载荷。机体组主要由气缸体、气缸盖、曲轴箱、气缸套、气缸垫和油底壳等机件组成,如图 2-12 所示。

2. 活塞连杆组

活塞连杆组的作用是将活塞的往复运动转变为曲轴的旋转运动,同时将作用于活塞上的力转变为曲轴对外输出的转矩,以驱动汽车车轮转动。活塞连杆组主要由活塞、活塞销、活塞环和连杆等机件组成,如图 2-13 所示。

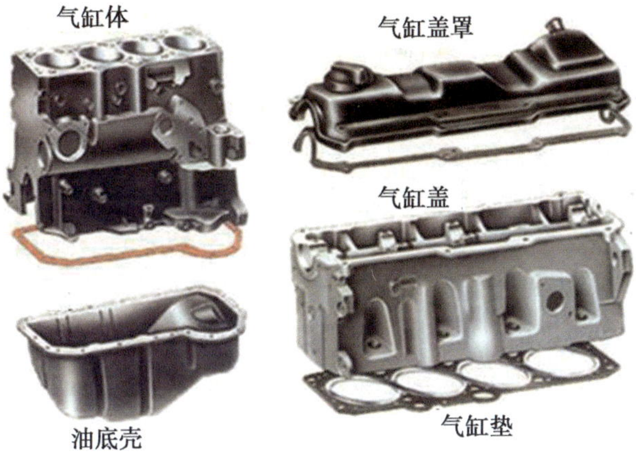

图 2-12　机体组

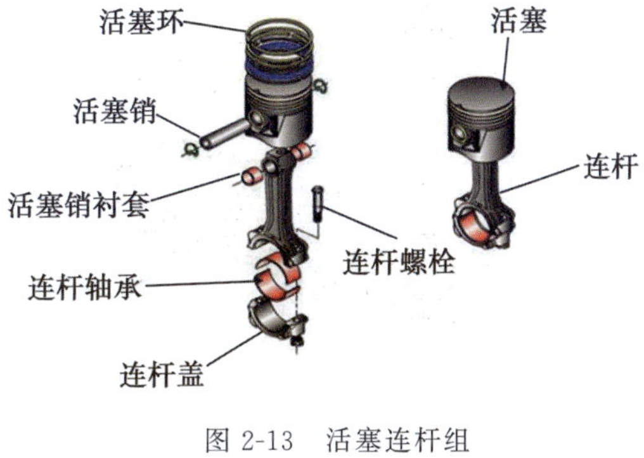

图 2-13　活塞连杆组

3. 曲轴飞轮组

曲轴飞轮组的作用是接收活塞连杆传递来的动力，为汽车行驶和其他需要动力的机构输出扭矩。同时，曲轴飞轮组还可储存能量，用以克服非做功行程的阻力，使发动机平稳运转。曲轴飞轮组由曲轴、飞轮、扭转减震器、正时齿轮、带轮、主轴承及其他附件组成，如图 2-14 所示。

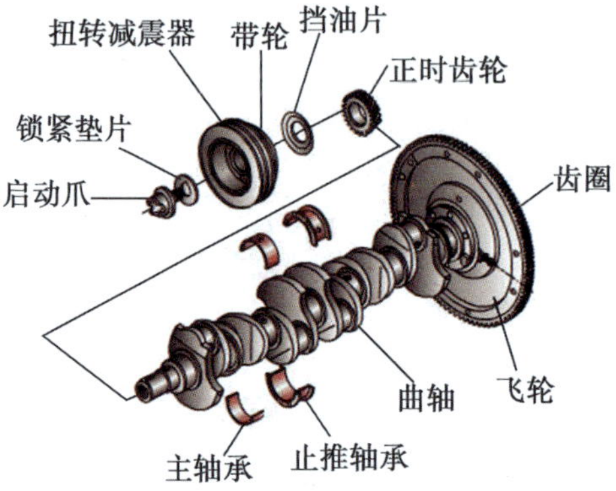

图 2-14　曲轴飞轮组

(二)配气机构

配气机构的作用是按照发动机每一气缸的工作循环和点火顺序的要求，定时开启或关闭各气缸的进、排气门，使可燃混合气或新鲜空气及时进入气缸，废气及时从气缸内排出。

配气机构由气门组和气门传动组组成。气门组由气门、气门导管、气门弹簧、气门锁片和气门弹簧座等组成。气门组的作用是保证气缸密封，气门是气门组中最为重要的部分，分为进气门和排气门。进气门的作用是将空气吸入发动机内，以便于燃料混合燃烧；排气门的作用是将燃烧后的废气排出并散热。气门传动组由曲轴正时齿轮、凸轮轴正时齿轮、正时皮带、凸轮轴和液力挺柱等组成，其作用是按照发动机的工作循环和点火顺序开启或关闭气门，保证气门有足够的开度和适当的气门间隙。其工作过程为：发动机工作时，曲轴产生旋转，通过正时齿轮和传动带(或传动链条)使凸轮轴旋转。凸轮轴通过挺杆、推杆摇臂等使气门开启或关闭。图 2-15 为配气机构的部分组件示意图。

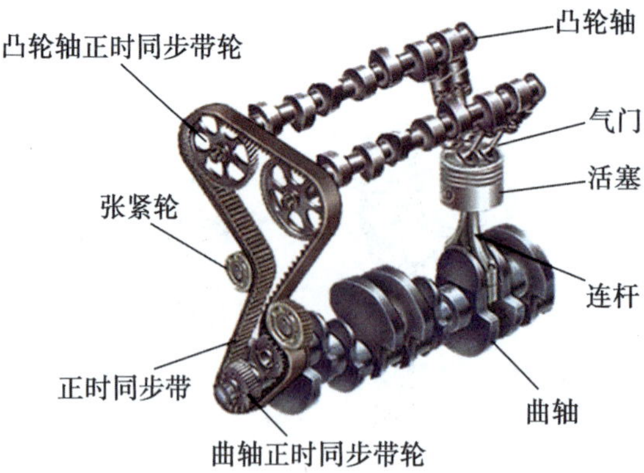

图 2-15　配气机构

(三)燃料供给系统

汽油机燃料供给系统的作用是根据发动机不同工况的要求,配制出一定数量和浓度的可燃混合气供给气缸,并使之在临近压缩终了时点火燃烧而膨胀做功。最后,供给系统还应将燃烧所产生的废气排入大气中。

现代汽车大都采用电子控制燃油喷射系统(Electronic Fuel Injection,EFI),简称电控燃油喷射系统。它是汽油发动机为取消化油器而采用的一种先进的喷油装置,汽油机混合气形成过程中,液体燃料的雾化得到改善,更重要的是可以根据工况的变化精确地控制燃油喷射量,使燃烧更充分,从而提高功率,降低油耗,并满足排放法规的要求。

一个完整的电控燃油喷射系统包括空气供给系统、燃油供给系统、排气系统和电子控制系统,如图 2-16 所示。

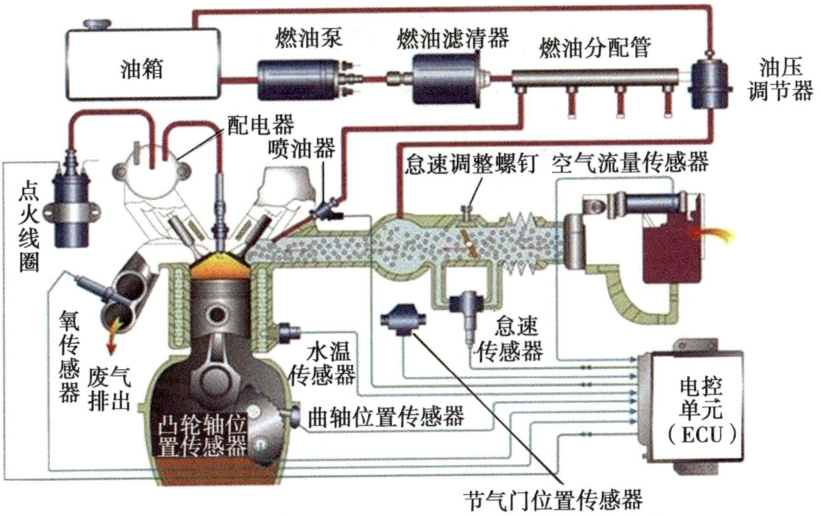

图 2-16　电子控制燃油喷射系统

1. 空气供给系统

空气供给系统的作用是为发动机可燃混合气的形成提供必要的空气,并计量和控制燃油燃烧时所需要的空气量。空气经空气滤清器、空气流量传感器、节气门体进入进气总管,再分配到各缸进气歧管;对于缸内直喷发动机,空气被单独吸入气缸等待参与燃烧。在进气歧管内(或进气门处),空气与喷油器喷出的燃油混合后被吸入气缸内燃烧。

空气供给系统主要由空气滤清器、空气流量传感器、节气门怠速开度控制传感器、进气管、进气歧管、进气总管和怠速阀等组成,如图 2-17 所示。

2. 燃油供给系统

燃油供给系统的作用是供给发动机燃烧过程所需的燃油。燃油供给系统主要由油箱、燃油泵、燃油滤清器、燃油压力调节器、回油管、喷油器和燃油管路等组成,如图 2-18 所示。

燃油从燃油箱中被燃油泵抽出,先由燃油滤清器将杂质滤除后,再通过输油管送到各个喷油器。喷油器则根据电子控制单元(ECU)发出的指令将计量后的燃油喷入各进气歧管，并与流入发动机内的空气进行混合，形成可燃混合气。发动机在正常工况下的喷油量取决于各喷油器通电时间的长短。

此外，利用燃油压力调节器可将喷油压力控制在一定范围内，并将多余的燃油从燃油压力调节器经回油管送回燃油箱。为了消除燃油泵泵油时或喷油器喷油时管路中的油压产生的微小扰动，有些发动机的燃油供给系统中还装有油压脉动阻尼器，用于吸收管路中油压波动时的能量，以便抑制管路中油压的波动，提高系统的喷油精度。

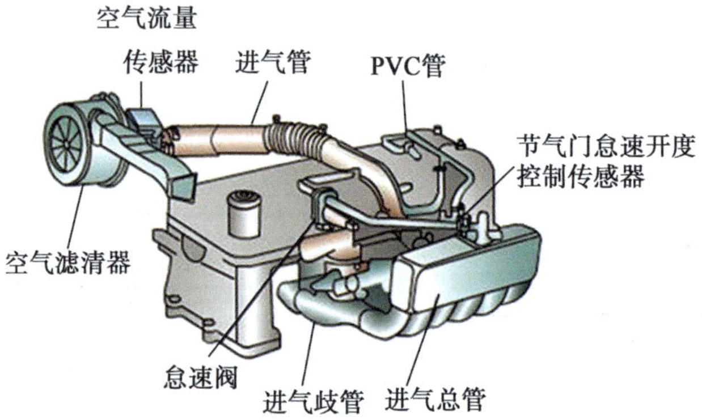

图 2-17　空气供给系统

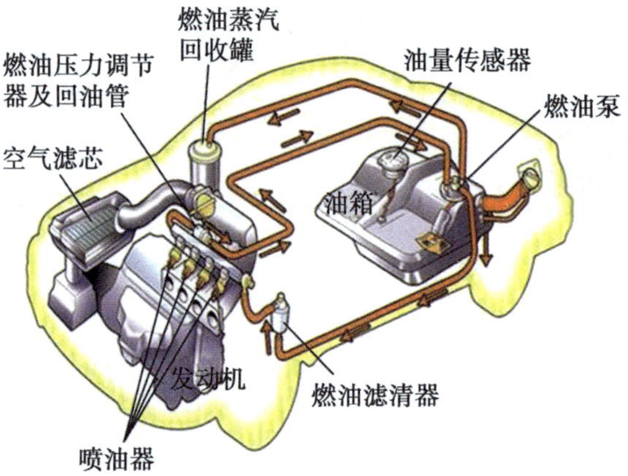

图 2-18　燃油供给系统

3. 排气系统

排气系统主要由排气歧管、排气消声器等组成。电控燃油喷射系统汽油机的排气系统都带有三元催化转换器和氧传感器，以便实现喷油闭环控制。

4. 电子控制系统

电子控制系统的作用是根据发动机运转状况和车辆运行状况，确定汽油最佳点火提前角和最佳喷射量。此外，电子控制系统还可以进行怠速控制、排放控制和故障自诊断等。电子控制系统由传感器、电子控制单元(ECU)和执行器组成，如图 2-19 所示。

传感器用来测量或检测各种反映发动机运行状态的物理量、电量和化学量等数据，并将它们转换成计算机能接受的电信号后传送给 ECU。常用的传感器主要有空气流量传感器、进气歧管绝对压力传感器、发动机转速与曲轴位置传感器、温度传感器、节气门位置传感器、氧传感器、爆震传感器等。

电子控制系统的核心是 ECU。ECU 根据发动机中各种传感器送来的信号控制喷油时间、点火正时等。传感器监测发动机的实际工况，计量各种信号并传输给 ECU，ECU 输出的各种控制指令由执行器执行。

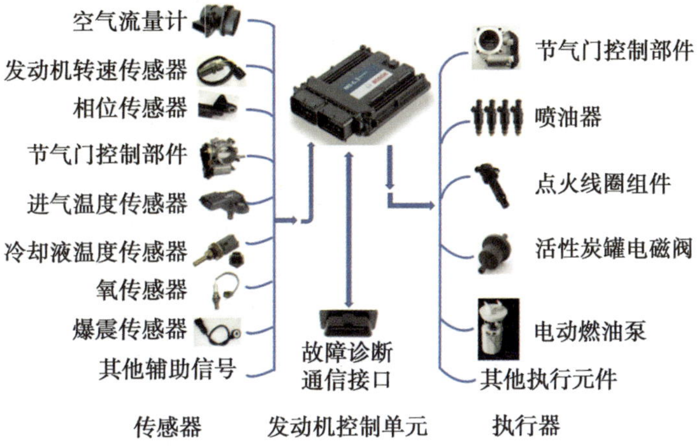

图 2-19　电子控制系统

(四)点火系统

汽油发动机点火系统的作用就是将低压电(12 V)转变成高压电(15～25 kV)，并按照发动机的点火顺序，在规定时刻供给火花塞足够能量的高压电，使火花塞产生电火花，点燃可燃混合气，使发动机做功。

1. 传统点火系统

传统点火系统由蓄电池、点火开关、点火线圈、断电器、配电器、电容器、点火提前装置和火花塞等组成，如图 2-20 所示。断电器、配电器和点火提前装置一般做成一体，称为分电器。

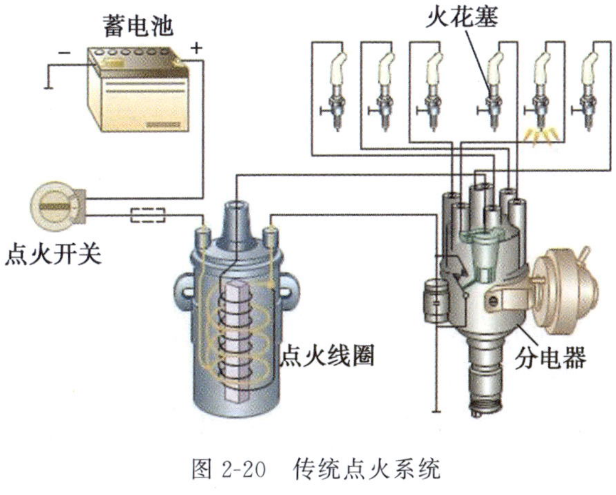

图 2-20　传统点火系统

蓄电池提供低压 12 V 直流电；点火开关用于断开和接通电路；点火线圈相当于变压器；断电器可周期性地接通和断开初级电路，使初级电流产生变化；电容用于消除初级电路中的自感电压；分电器可将点火线圈产生的高压电，按点火顺序分配到各缸的火花塞上；火花塞用于产生电火花，点燃可燃混合气；点火提前装置用于实时、准确地控制点火时刻。

2. 微机控制点火系统

随着计算机技术的迅速发展，以及人们对汽车排放及其他性能要求的提高，在普通电子点火系统的基础上结合计算机技术，使得微机控制的点火系统到了进一步的发展。在有分电器的微机控制点火系统中，分电器驱动齿轮、驱动轴和衬套易受磨损，从而降低了发动机的经济性、动力性和排放性。因此，科研人员在此基础上研发了无分电器的微机控制点火系统。无分电器的微机控制点火系统将点火线圈产生的高压电直接通过高压线传递给火花塞，使其点火，彻底取消了分电器。微机控制点火系统的组成如图 2-21 所示。

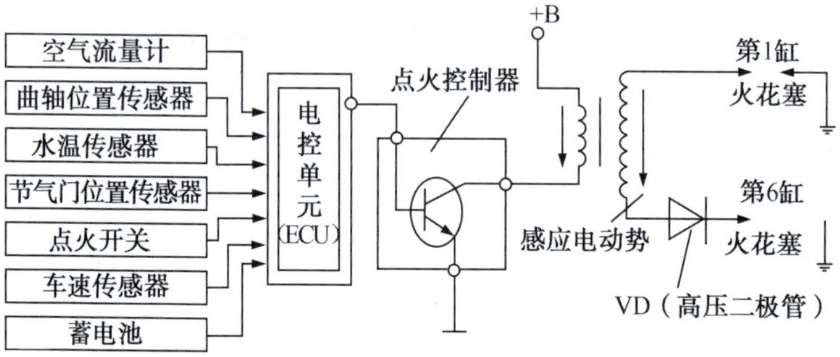

图 2-21　微机控制点火系统的组成及工作原理

微机控制点火系统又称电子控制点火系统，主要由传感器、电控单元(ECU)和点火控制器三部分组成。ECU 首先根据发动机转速和负荷信号确定基本点火提前角，再根据进气温度传感器、水温传感器、节气门位置传感器、爆燃传感器等的输入信号加以修正，计算出最佳点火提前角，然后向点火控制器发出点火命令。ECU 可以使发动机在任何工况下均处于最佳点火提前角状态，并实现点火提前角控制、通电时间控制和爆燃控制三方面的功能。

(五)润滑系统

由于发动机具有高压力、高转速的特点，各运动副的运动零件表面剧烈摩擦，产生大量的热量，所以必须进行润滑。

润滑系统的作用如下：

(1)润滑作用：润滑运动零件表面，减小摩擦阻力和磨损，减小发动机的功率消耗。

(2)清洗作用：机油在润滑系统内不断循环，清洗摩擦表面，带走磨屑和其他异物。

(3)冷却作用：机油在润滑系统内循环可带走摩擦产生的热量，起到冷却作用。

(4)密封作用：在运动零件之间形成油膜，提高它们的密封性，有利于防止漏气或漏油。

(5)防锈蚀作用:在零件表面形成油膜,对零件表面起保护作用,防止腐蚀生锈。

(6)液压作用:机油还可用作液压油,在液压挺柱内起液压作用。

(7)减震缓冲作用:在运动零件表面形成油膜,吸收冲击并减小振动,起减震缓冲作用。

润滑系统一般由机油泵、油底壳、机油管、机油道、机油滤清器、集滤器、机油散热器、各种阀、传感器、机油压力表以及温度表等组成。现代汽车的发动机润滑系统组成及油路布置都大致相似,只是由于润滑系统的工作条件和具体结构的不同而稍有差别。

发动机的润滑油路为:机油泵由发动机带动,将润滑油经过集滤器过滤后以一定的压力分两路输出。其中,一路经粗滤器,通过主油路分别润滑曲轴主轴颈、连杆轴颈以及凸轮轴轴颈,最后流入油底壳;另一路经限压阀、细滤器流入油底壳。气缸壁、活塞、活塞销等机件依靠飞溅的机油进行润滑,如图 2-22 所示。

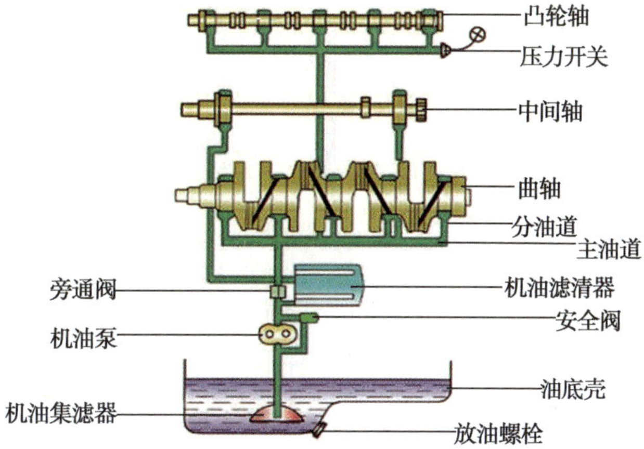

图 2-22　发动机润滑系统示意图

(六)冷却系统

在燃烧过程中,气缸内气体的温度高达 2200 ℃,而燃烧释放出的热量的 1/3 转变成了有用功,其余的热量一部分随着废气排放到大气中,另一部分传给了发动机零件。零件在吸收了热量后,温度升高,致使发动机温度过高,从而导致零件的机械强度降低、使用寿命缩短,甚至损坏;温度过高还会引起发动机进气量减少,使燃烧不充分,导致发动机的动力性、经济性以及功率下降;高温还容易使发动机的机油变质,造成零件润滑不良,加剧零件的磨损。所以,在发动机上必须设置冷却系统。但是,若发动机温度过低,又会使发动机的热量损失增大,不利于混合气的形成与燃烧;温度过低还会使发动机机油黏度增大,摩擦损失增加,润滑性能变差,加剧零件磨损,从而造成发动机功率下降、油耗增加。

冷却系统的主要作用是把受热零件吸收的部分热量及时散发出去,以保证发动机在最适宜的温度状态下工作。发动机冷却有水冷和风冷两种方式,现代汽车发动机大都采用水冷方式。水冷式发动机的冷却系统通常由散热器、水泵、风扇、节温器和温度传感器等组成,如图 2-23 所示。

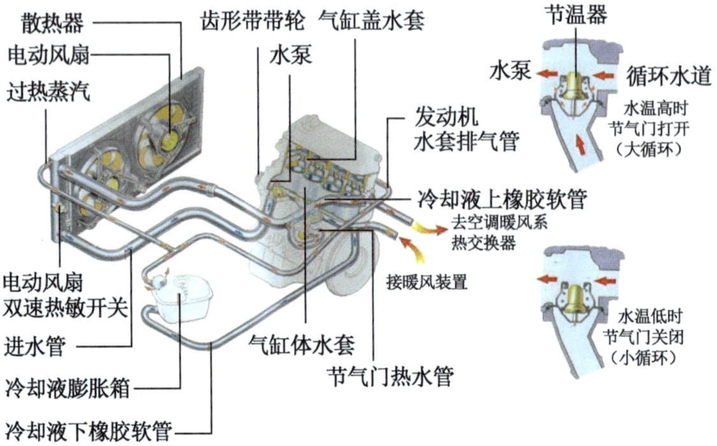

图 2-23　水冷式发动机冷却系统

冷却液的循环路线：

1. 小循环

当发动机冷却液温度低于规定值时，节温器关闭通往散热器的通路，从气缸盖水套流出的冷却液通过小循环连接管直接进入水泵，并经水泵送入气缸体水套。由于冷却液不通过散热器散热，所以发动机的温度迅速提高，这种循环方式称为小循环。

2. 大循环

当发动机冷却液温度超过规定值时，节温器将小循环通道关闭，此时冷却液全部流经散热器进行散热。散热后的冷却液在水泵的抽压下，又回到气缸体水套进行循环，然后从气缸盖出水管再流入散热器，形成一个循环系统，使发动机冷却液的温度迅速下降。由于冷却液流动路线长、冷却强度大，所以这种循环方式称为大循环。

（七）启动系统

要使发动机由静止状态过渡到工作状态，必须先用外力转动发动机的曲轴，使活塞做往复运动，让气缸内的可燃混合气燃烧膨胀做功，推动活塞向下运动，使曲轴旋转，发动机自行运转，工作循环自动进行。因此，从曲轴在外力作用下开始转动到发动机开始自动地怠速运转的全过程，称为发动机的启动。完成启动过程所需的装置，称为发动机的启动系统。现代发动机的启动方式大多采用电动机启动。

启动系统主要由启动电源（蓄电池）、启动机、启动继电器和点火开关等部件组成，如图 2-24 所示。启动机在点火开关及启动继电器的控制下通电转动，并带动发动机齿轮转动，使曲轴转动，启动发动机。

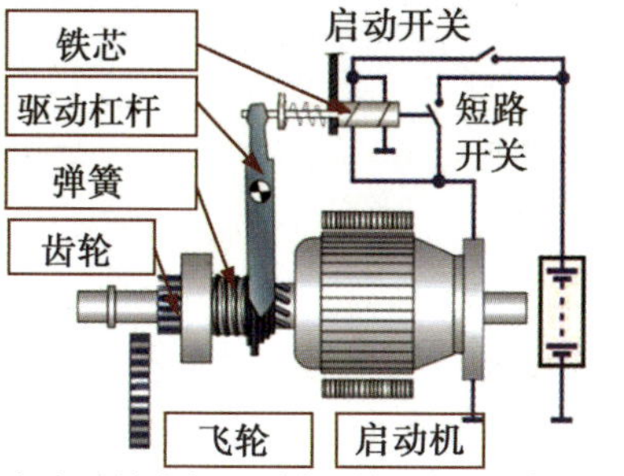

启动开关未打下（断开）时：短路开关断开，启动机不工作；齿轮与飞轮分离

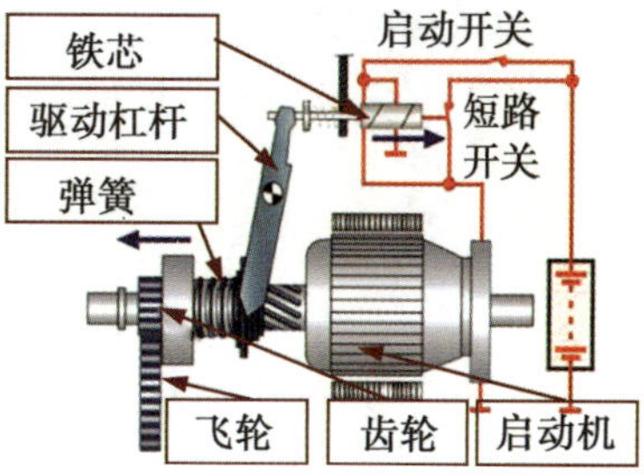

启动开关被打下（闭合）时：铁芯右移，短路开关闭合，启动机转动；齿轮左移，齿轮与飞轮啮合

图 2-24　启动系统

三、四冲程发动机的常用术语

图 2-25 所示为发动机中单个气缸的示意图。

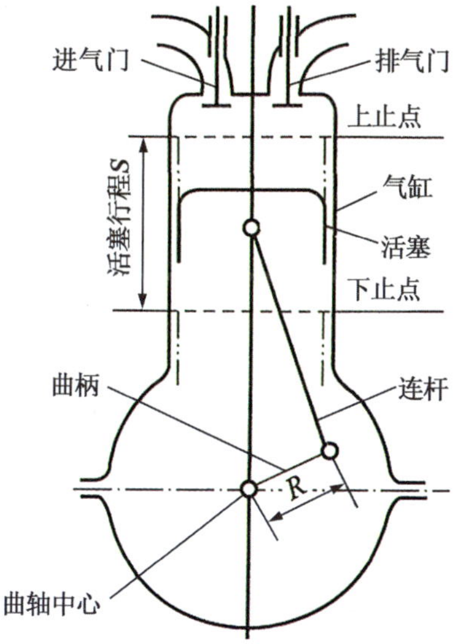

图 2-25　发动机中单个气缸的示意图

(1)上止点(TDC):活塞在气缸里做往复直线运动时,活塞向上运动到最高位置,即活塞顶部距离曲轴旋转中心最远的极限位置,称为上止点。

(2)下止点(BDC):活塞在气缸里做往复直线运动时,活塞向下运动到最低位置,即活塞顶部距离曲轴旋转中心最近的极限位置,称为下止点。

(3)活塞行程(S):活塞从一个止点到另一个止点移动的距离,即上、下止点之间的距离,称为活塞行程,一般用 S 表示,单位为毫米。对应一个活塞行程,曲轴旋转 180°。

(4)曲柄半径(R):曲轴旋转中心(曲轴主轴颈中心)至连杆轴颈中心的距离称为曲柄

半径，一般用 R 表示。通常活塞行程为曲柄半径的两倍，即 $S=2R$。

(5)气缸工作容积(V_h)：活塞从一个止点运动到另一个止点所扫过的容积称为气缸工作容积，一般用 V_h 表示，单位为 L。其计算公式为

$$V_h=\frac{\pi}{4}D^2\cdot S\times10^{-6}$$

式中，D 为气缸直径(mm)；S 为活塞行程(mm)。

(6)燃烧室容积(V_c)：活塞位于上止点时，活塞顶部以上空间的容积称为燃烧室容积，一般用 V_c 表示，单位为 L。

(7)气缸总容积(V_a)：活塞位于下止点时，活塞顶部以上空间的容积称为气缸总容积，一般用 V_a 表示，单位为 L。气缸总容积等于气缸工作容积与燃烧室容积之和，即

$$V_a=V_h+V_c$$

(8)发动机排量(V_L)：发动机各气缸工作容积的总和称为发动机的工作容积，也称为发动机排量，一般用 V_L 表示，单位为 L。若发动机的气缸数为 i，则有 $V_L=V_h\times i$。

(9)压缩比：压缩比是发动机中一个非常重要的概念。活塞从下止点移动到上止点时，气缸内气体被压缩的程度，即气缸总容积与燃烧室容积之比，称为压缩比，一般用 ε 表示。其计算公式为

$$\varepsilon=\frac{V_a}{V_c}=\frac{V_h+V_c}{V_c}=1+\frac{V_h}{V_c}$$

压缩比越大，压缩终了时气缸内气体的压力和温度就越高。汽油机的压缩比一般为9～11，柴油机的压缩比一般为16～22。

(10)工作循环：在气缸内进行的、将燃料燃烧的热能转化为机械能的一系列连续过程，称为发动机的工作循环。发动机的每一个工作循环都包括进气、压缩、做功和排气四个过程。

四、汽车发动机的工作原理

图 2-26 为单缸四冲程汽油发动机的工作循环示意图。四冲程发动机的曲轴每转两圈，活塞就在上、下止点间往复运动四个行程，历经进气、压缩、做功和排气四个行程，即完成一个工作循环。

(一)进气行程

曲轴旋转带动活塞从上止点向下止点运动，这时进气门打开，排气门关闭。随着活塞的下移，活塞顶部空间增大，当气缸内压力降低到小于外界大气压力时，在气缸内产生真空吸力，空气和燃油形成的可燃混合气通过进气门被吸入气缸，直至活塞向下运动到下止点，进气门关闭，停止进气，进气行程才结束。在进气行程结束时，由于受空气滤清器、进气管道和进气门等阻力的影响，气缸内气体压力略低于大气压力，一般为0.075～0.09 MPa；同时，受残余废气和高温机件加热的影响，气缸内温度可达 370～400 K。

实际上，汽油机的进气门在活塞到达上止点之前已经打开，并且延迟到下止点之后才关闭，以便吸入更多的可燃混合气。

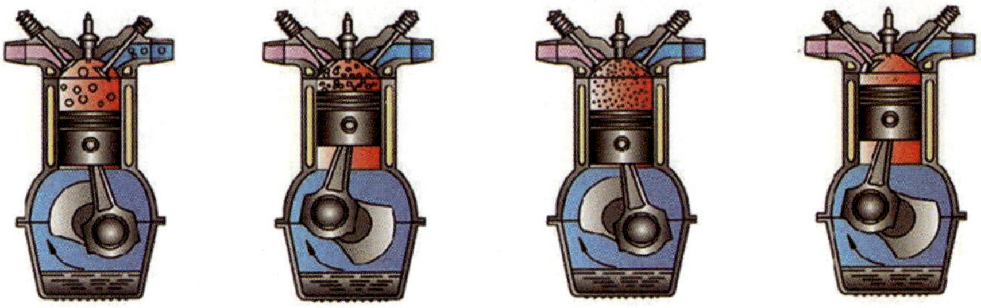

图 2-26 单缸四冲程汽油发动机的工作循环示意图

(二)压缩行程

进气行程结束时，曲轴继续旋转，带动活塞从下止点向上止点运动，此时进气门、排气门都关闭，气缸封闭，可燃混合气被压缩，其压力和温度不断升高。当活塞到达上止点时，压缩行程结束，此时可燃混合气的压力一般为 0.68～1.47 MPa，温度为 600～700 K。压缩比越大，压缩终了时气缸内的气体压力和温度越高，则燃烧速度越快，热效率越高，发动机的动力性和经济性越好。但压缩比太高，则容易引起爆燃。爆燃是由于气体的压力和温度过高，可燃混合气在没有被点燃的情况下自行燃烧，且火焰以高于正常燃烧数倍的速度向外传播，造成尖锐的敲击声，会使发动机过热、功率下降、燃油消耗量增加、机件损坏以及 NO_x 排放量增加等。

(三)做功行程

做功行程包括燃烧过程和膨胀过程。在这一行程中，进气门和排气门仍然处于关闭状态。当活塞位于压缩行程接近上止点时，火花塞发出电火花点燃可燃混合气，可燃混合气迅速燃烧后产生大量的热量，使气缸内的气体温度和压力急剧升高，最高压力为3～5 MPa，温度为 2200～2800 K。高温高压状态下的气体膨胀，推动活塞从上止点向下止点运动，并通过连杆使曲轴旋转且输出做功，除了用于维持发动机本身继续运转外，其余用于对外做功。随着活塞继续向下运动，气缸内的容积增加，气体的压力和温度降低，当活塞运动到下止点时，做功行程结束，此时气体压力降低到 0.3～0.5 MPa，温度降低到 1500～1700 K。

(四)排气行程

可燃混合气燃烧后形成的废气必须从气缸中排出去，以便进行下一个进气行程。在做功行程接近终了时，排气门开启，进气门仍然关闭，靠废气的压力先进行自由排气。当活塞到达下止点并向上止点运动时，继续把废气强制排放到大气中去，在活塞越过上止点后，排气门关闭，排气行程结束。

实际上，在汽油机的排气行程中，排气门提前打开、延迟关闭，以便排出更多的废气。由于燃烧室容积的存在，不可能将所有的废气排出气缸，而且受排气阻力的影响，在排气终了时气体压力仍高于大气压力，一般为 0.105～0.125 MPa，温度为 900～1200 K。曲轴继续旋转,带动活塞从上止点向下止点运动,又开始了下一个循环过程。如此周而复始,使发动机保持自行运转。

学习任务三　汽车底盘

一、传动系统

(一)传动系统的作用

汽车传动系统的基本作用是将发动机的动力传给驱动车轮,因为车用发动机作为汽车的动力源明显存在着一些不足之处,例如输出转矩太小、输出转速太高、转矩变化范围太窄、转矩变化趋势不好等,无法满足汽车复杂的使用条件要求。设置传动系统的目的就是克服上述缺陷,适应道路状况,提高运输生产率。

传动系统的作用具体如下:

(1)减速增矩:发动机输出的动力具有转速高、转矩小的特点,无法满足汽车行驶的基本需要。通过传动系统的主减速器,可以实现减速增矩,即传给驱动轮的动力比发动机输出的动力转速低、转矩大。

(2)变速变矩:发动机的最佳工作转速范围很小,但汽车行驶的速度和需要克服的阻力变化范围很大,通过传动系统的变速器,可以在发动机工作范围变化不大的情况下,满足汽车行驶速度变化大和克服各种行驶阻力的需要。

(3)实现倒车:发动机不能反转,但汽车除了前进外,还要倒车。在变速器中设置倒挡,汽车就可以实现倒车。

(4)中断动力:启动发动机、换挡过程中、行驶途中短时间停车(如等候交通信号灯)、汽车低速滑行等情况下,都需要中断传动系统的动力传递,利用变速器的空挡可以实现动力中断。

(5)差速功能:通过差速器来实现不同的车桥间或同一车桥两驱动轮行驶中(如汽车转向)的差速功能。

(二)传动系统的组成

传动系统由离合器、变速器、传动轴、万向节、主减速器、差速器和半轴等组成,如图2-27所示。

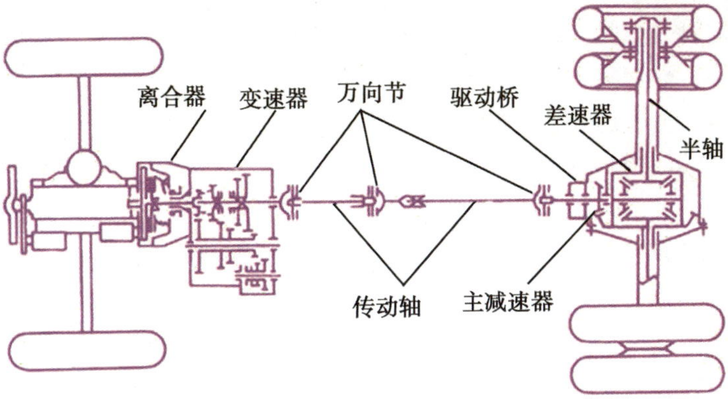

图 2-27　汽车传动系统的组成

1. 离合器

在机械传动系统中，离合器是连接发动机与变速器的部件，位于发动机与变速器之间的飞轮壳内，被固定在飞轮的后端面上，通过离合器从动盘的中心花键连接变速器的输入轴。离合器相当于一个动力开关，可以传递或切断发动机向变速器输入的动力。

离合器的主要作用有：①使发动机与传动系统逐渐接合，保证汽车平稳起步；②暂时切断发动机的动力传动，保证变速器换挡平顺；③限制传递的转矩，防止传动系统过载。如果离合器失效或工作不良，会造成汽车出现起步发抖、加速无力、挂不上挡等故障。

汽车传动系统中应用最广泛的是摩擦离合器。摩擦离合器是指利用主、从动部分的摩擦作用来传递转矩的离合器，由主动部分、从动部分、压紧机构、分离机构和操纵机构等组成，如图 2-28 所示。

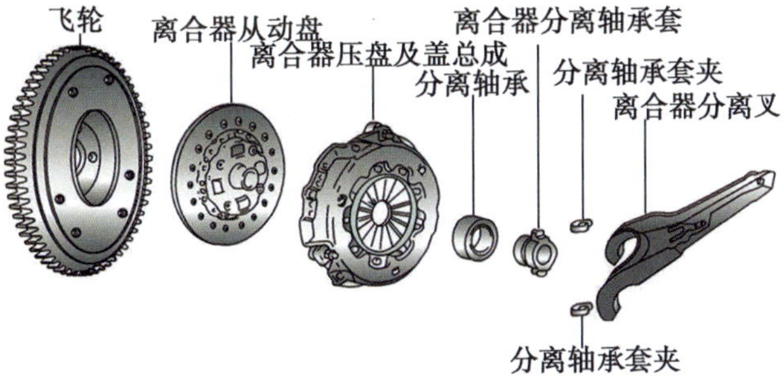

图 2-28　摩擦离合器的组成

离合器工作原理示意图如图 2-29 所示。离合器的工作过程如下：

(1)接合状态

在接合状态下，离合器操纵机构各部件在回位弹簧的作用下回到初始位置，如图 2-29(a)所示，分离杠杆内端与分离轴承之间保持一定的间隙，压紧弹簧将飞轮、从动盘和压盘三者压紧在一起。发动机的转矩经过飞轮及压盘，再通过从动盘的两个摩擦面的摩擦作用传给从动盘，最后由从动轴输入变速器中。

(2)分离过程

离合器分离时,驾驶员踩下离合器踏板,分离轴承在分离拨叉的推动下,先消除分离轴承与分离杠杆内端之间的间隙,然后推动分离杠杆内端前移,使分离杠杆外端带动压盘克服压紧弹簧的弹力后移。此时,摩擦作用消失,离合器的主、从动部分分离,动力传递中断。分离状态如图 2-29(b)所示。

(3)接合过程

离合器接合时,驾驶员缓慢抬起离合器踏板,在压紧弹簧的作用下,压盘向前移动并逐渐压紧从动盘,使接触面间的压力逐渐增加,摩擦力矩也逐渐增加。当飞轮、压盘和从动盘之间接合还不紧密时,所能传动的摩擦力矩较小,离合器的主、从动部分有转速差,离合器处于打滑状态;随着离合器踏板的逐渐抬起,飞轮、压盘和从动盘之间的压紧程度逐渐增强,主、从动部分的转速也渐趋相等。直到踏板完全抬起,离合器完全接合,主、从动部分之间的转速差消失,接合过程结束。

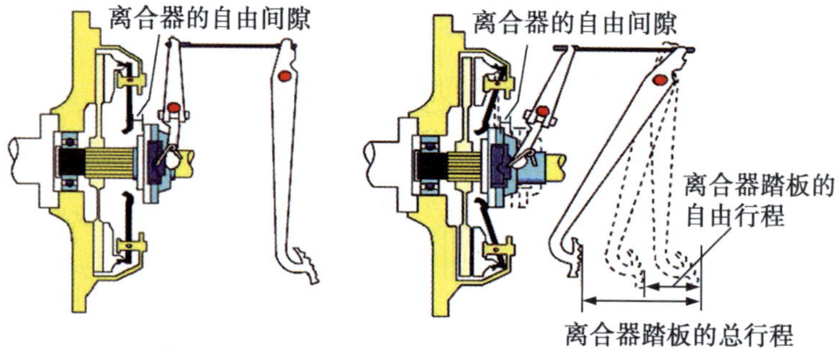

(a)接合状态　　(b)分离状态

图 2-29　离合器工作原理示意图

2. 变速器

汽车在实际使用中需要起步、怠速停车、低速或高速行驶、加速、减速、爬坡、倒车等,这就要求汽车的驱动力和车速能在相当大的范围内变化,而目前广泛采用的汽车发动机的输出转矩和转速变化范围较小。为了解决这一矛盾,在传动系统中设置了变速器及主减速器。

变速器的主要作用是变速变矩、实现倒车和中断发动机动力传递。

汽车变速器按照操控方式可分为手动变速器(Manual Transmission,MT)和自动变速器,自动变速器又分为液力自动变速器(Automatic Transmission,AT)、电控机械式自动变速器(Automated Manual Transmission,AMT)、无级变速器(Continuously Variable Transmission,CVT)、双离合器自动变速器(Dual-Clutch Transmission,DCT),而大众的双离合变速器叫 DSG(Direct Shift Gearbox,DSG)。

(1)手动变速器(MT)

手动变速器需要通过驾驶员用手操纵变速杆来选定挡位,可直接操纵变速器的换挡机构进行挡位变换,主要由变速传动机构(输入轴、输出轴、同步器、挡位齿轮等)和操纵机构(换挡杆、换挡拨叉等)组成。

手动变速器通常采用平行轴式,由齿轮传动的原理可知,一对齿数不同的齿轮啮合传动时可以变速变矩。变速器就是通过主、从动齿轮齿数的不同来实现变速变矩的。汽车手动变速器是通过多组一对或一对以上不同齿数的齿轮啮合来实现传动比的变化。变速器传动比小的挡位称为高挡，传动比大的挡位称为低挡。齿轮安装在不同的平行轴上，有的齿轮与轴固定在一起，有的齿轮空套在轴上，空套的齿轮通过接合装置将其固定来实现动力传递。

变速器的挡位数是指前进挡位的数目，如 6 挡变速器表示有 6 个前进挡位。一般变速器有 4～6 个挡位。对于重型和超重型汽车，为了得到更多的挡位，采用组合式变速器，变速器分为主、副两部分，主变速器挡位数一般为 4～5 个，副变速器挡位数一般为 2～4 个，这样可使变速器得到 8～20 个挡位。越野汽车的分动器也具有副变速器的作用，一般有 2 个挡位。

按照主要轴的数目变速器可分为两轴式变速器和三轴式变速器。两轴式变速器多应用在发动机前置前轮驱动（轿车）或发动机后置后轮驱动（客车）的汽车上，其特点是结构比较紧凑。第一轴和第二轴之间在前进挡位时只有一对齿轮啮合，在倒挡位时也只增加了一个中间齿轮，因而机械效率高，噪声小。三轴式变速器除有第一轴、第二轴外，还增设了中间轴。三轴式变速器的特点是空间布置比较灵活，传动比范围大，可设直接挡传动。图 2-30 所示为某汽车两轴式手动变速器。

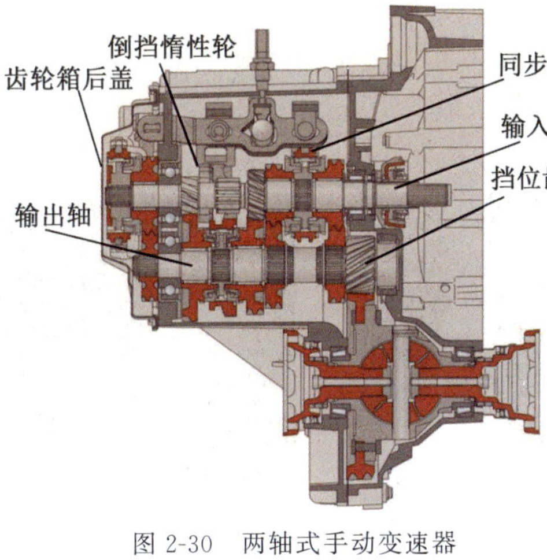

图 2-30　两轴式手动变速器

在换挡过程中，变速器必须使所选挡位待啮合的齿圈的圆周速度相等，才能平顺地啮合、挂上挡。因此，在变速器中装有同步器。同步器有常压式、惯性式、自增力式等类型，目前广泛采用的是惯性式同步器。

变速器操纵机构的主要作用是操纵变速齿轮换挡，保证准确、可靠地使变速器挂入所需要的挡位，并可以随时退到空挡。为了保证变速器可靠地工作，变速器操纵机构一般都设有换挡锁止装置，包括自锁装置、互锁装置和倒挡锁装置。自锁装置可以防止变速器自行挂挡或挂挡后自行脱挡，并能保持传动齿轮全齿长啮合；互锁装置可以防止变速器同时挂入两个挡位；倒挡锁装置可以防止误挂倒挡。

（2）液力自动变速器（AT）

液力自动变速器通过液力传动和行星齿轮组合的方式来实现自动变速，一般由液力变矩器、行星齿轮变速机构、液压控制系统、电子控制单元、冷却滤油装置等装置组成,如图 2-31 所示。安装液力自动变速器的车辆没有离合器,只需在特殊路况时操纵变速杆进行换挡,操作简单、便捷。但液力自动变速器的传动效率比手动变速器低,耗油量高于装配手动变速器的车辆。

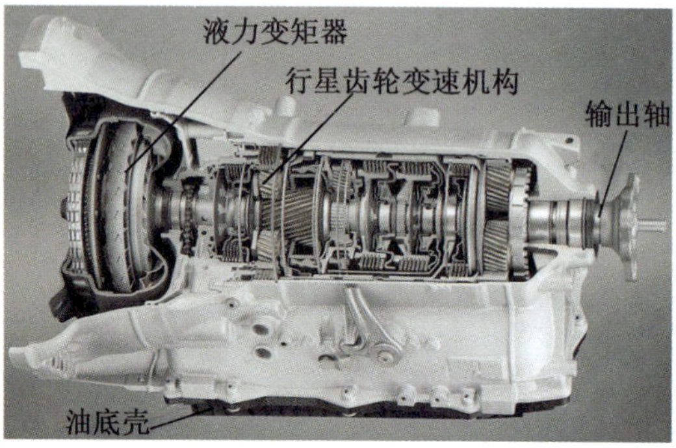

图 2-31　液力自动变速器

(3)电控机械式自动变速器(AMT)

电控机械式自动变速器是在机械变速箱(手动变速器)的基础上进行改造的,主要改变手动换挡操纵部分,即在总体传动结构不变的情况下通过加装微机控制的自动操纵系统来实现换挡的自动化。它揉合了液力自动变速器和手动变速器的优点,既具有液力自动变速器自动变速的优点,又保留了手动变速器齿轮传动的效率高、成本低、结构简单、制造容易的长处。图 2-32 为 AT 与 AMT 的变速杆。

(a)AT 的变速杆

(b)AMT 的变速杆

图 2-32　AT 与 AMT 的变速杆

(4)无级变速器(CVT)

无级变速器的结构比传统变速器简单,体积更小,其主要特点是变速比不是间断的点,而是一系列连续的值。因此,在换挡平顺性方面,无级变速器是表现最好的。换挡过程是在最大变速比范围内进行线性递增或递减,从而使发动机保持在合理转速上,输出功率和扭矩也保持恒定。无级变速器主要由带轮、钢带以及相关控制机构和润滑机构组成。其中,带轮又分为主动带轮和从动带轮,通过油压控制主动轮与从动轮的夹紧与放松,来改变带轮锥面与传动带啮合点的工作直径,从而改变传动比,实现无级变速。无级变速器的总体结构及换挡原理如图 2-33、图 2-34 所示。

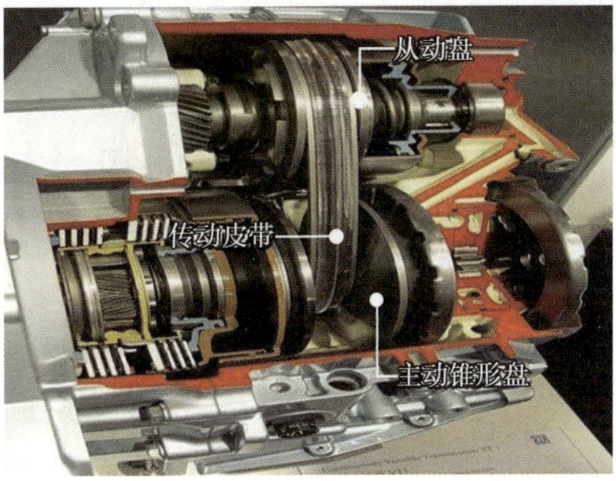

图 2-33 无级变速器的总体结构

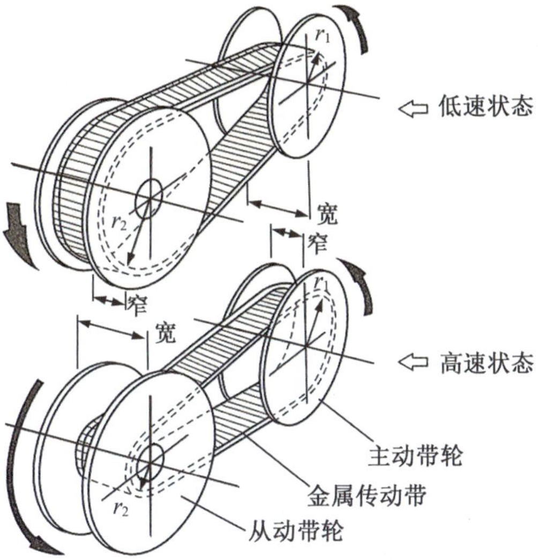

图 2-34 无级变速器的换挡原理

(5)双离合自动变速器(DCT)

双离合自动变速器是目前使用最为广泛的变速器之一,大部分公司称之为 DCT,大众公司称之为 DSG,保时捷公司称之为 PDK,其实原理都相同。顾名思义,双离合自动变速器拥有两个离合器,通过双离合控制模块实现各挡位不同传动比的齿轮箱切换或接合动力,再由机电控制模块协调各执行机构。双离合自动变速器的两个离合器分别对应两根输出轴,其中一根输出轴控制奇数挡,另一根输出轴则控制偶数挡。也就是说,在车辆以 1 挡行驶时,负责 2 挡传动的齿轮在控制机构的作用下就已准备就绪,随时准备切换至 2 挡,因而传动效率非常高,从而提高了燃油经济性。双离合自动变速器的结构如图 2-35 所示。双离合自动变速器综合了液力自动变速器和电控机械式自动变速器的优点,传动效率高,结构简单,生产成本较低,不仅保证了汽车的动力性和经济性,而且极大地改善了汽车运行的舒适性。

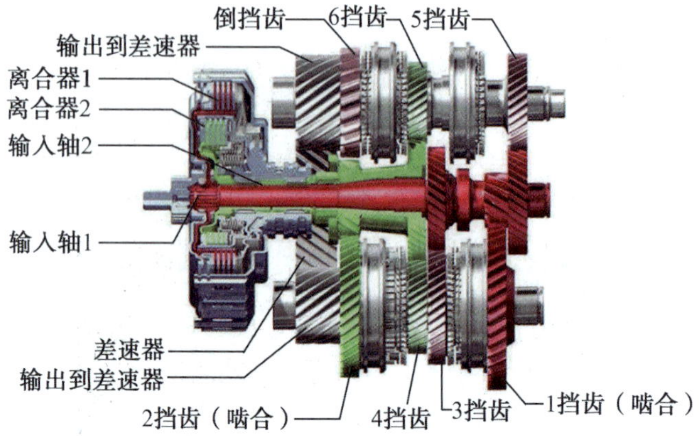

图 2-35 双离合自动变速器的结构

3. 万向传动装置

万向传动装置在汽车上应用的地方很多，结构也略有不同，但其功用都是一样的，即在轴线相交且相互位置经常发生变化的两转轴之间传递动力。

万向传动装置在汽车上的应用主要有以下几个方面：

(1)变速器(或分动器)与驱动桥之间：当汽车的负荷变化或在不平路面行驶引起跳动时，安装万向传动装置(见图 2-36)会适应驱动桥输入轴与变速器输出轴之间的夹角和距离发生的变化。

(2)越野汽车变速器与分动器之间。

(3)汽车转向驱动桥的内、外半轴之间。

(4)断开式驱动桥的半轴之间。

(5)转向机构的转向轴和转向器之间等。

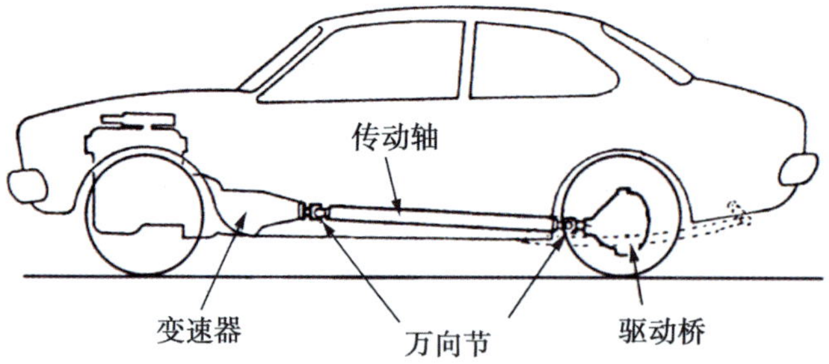

图 2-36 变速器与驱动桥之间的万向传动装置

万向传动装置主要包括万向节和传动轴。对于传动距离较远的分段式传动轴，为了提高传动轴的刚度，还设置有中间支承，如图 2-37 所示。

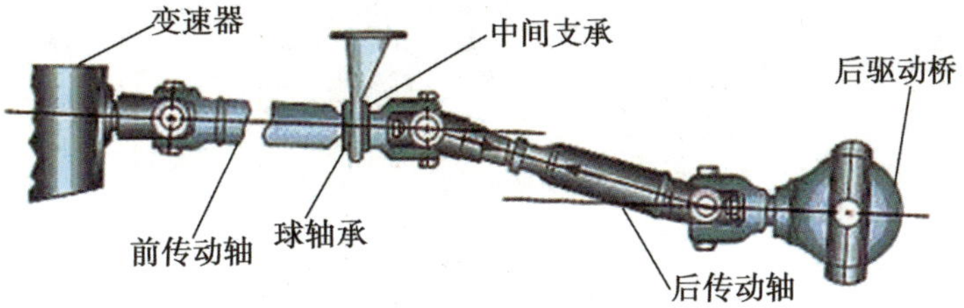

图 2-37　万向传动装置的组成

汽车上使用的万向节按刚度大小，可分为刚性万向节和柔性万向节。刚性万向节按速度特性又可分为不等速万向节（常用的为十字轴式）、准等速万向节（双联式和三销轴式）和等速万向节（包括球叉式和球笼式）。目前，在汽车上应用较多的是十字轴式刚性万向节（见图 2-38）和球笼式等速万向节（见图 2-39）。十字轴式刚性万向节主要用于发动机前置后轮驱动的变速器与驱动桥之间，等速万向节则主要用于发动机前置前轮驱动的内、外半轴之间。

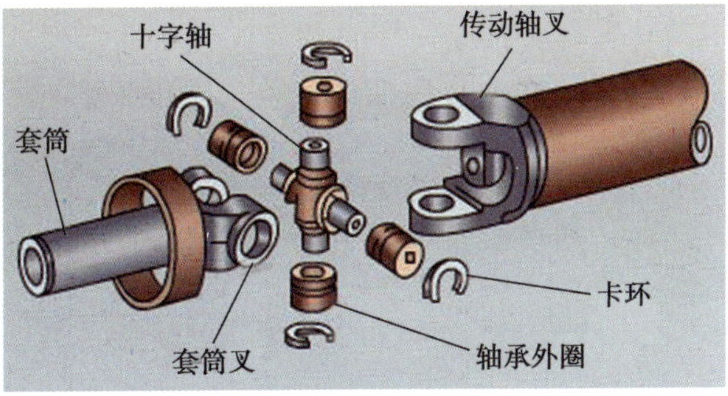

(a)十字轴式刚性万向节的结构

(b)十字轴式刚性万向节的应用

图 2-38　十字轴式刚性万向节的结构及应用

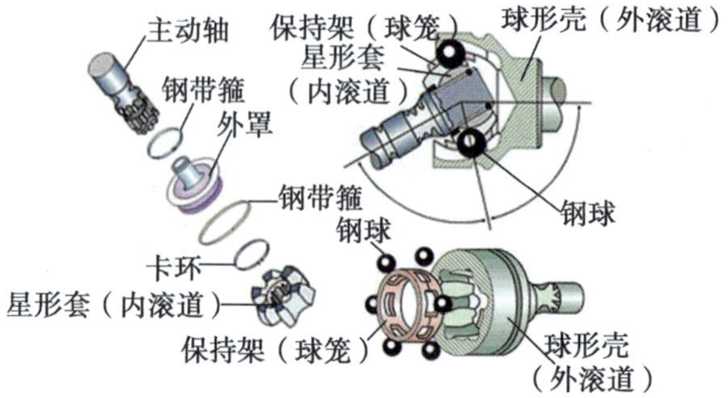

图 2-39　球笼式万向节的结构

传动轴是万向传动装置中的主要传力部件，通常用来连接变速器（或分动器）和驱动桥。在转向驱动桥和断开式驱动桥中，传动轴则用来连接差速器和驱动车轮。传动轴由传动轴管、伸缩套（伸缩花键）和万向节组成，如图 2-40 所示。传动轴有实心轴和空心轴之分。为了减轻传动轴的质量，节省材料，提高轴的强度、刚度，传动轴多为空心轴，一般用厚度为 1.5～3.0 mm 的薄钢板卷焊而成，超重型货车则直接采用无缝钢管。转向驱动桥、断开式驱动桥或微型汽车的传动轴通常制成实心轴。

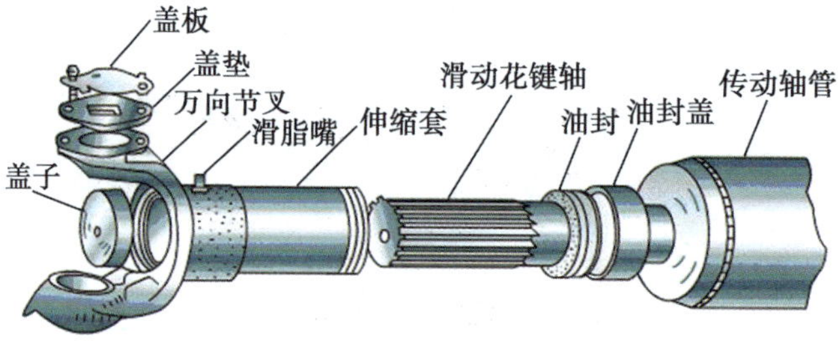

图 2-40　传动轴

4. 主减速器

主减速器是驱动桥内能够改变转矩和转速的机构，其主要作用如下：将万向传动装置传来的发动机转矩传给差速器；在动力的传动过程中，将转矩增大并相应降低转速；对于纵置发动机，还要将转矩的旋转方向改变 90°。主减速器由一对或几对减速齿轮副构成，动力由主动齿轮输入经从动齿轮输出，如图 2-41 所示。

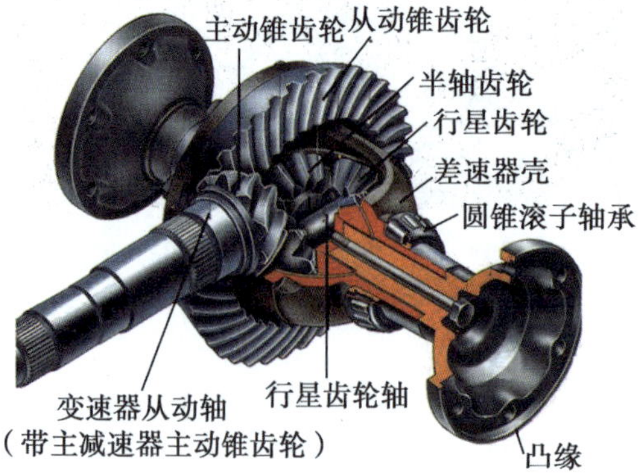

图 2-41　主减速器

5. 差速器

当汽车转弯行驶时，内外两侧车轮中心在同一时间内移过的曲线距离显然不同，即外侧车轮移过的距离大于内侧车轮，如图 2-42 所示。差速器的作用是将主减速器传来的动力传给左、右两半轴，并在必要时允许左、右半轴以不同转速旋转，使左、右驱动车轮相对地面纯滚动而不是滑动。

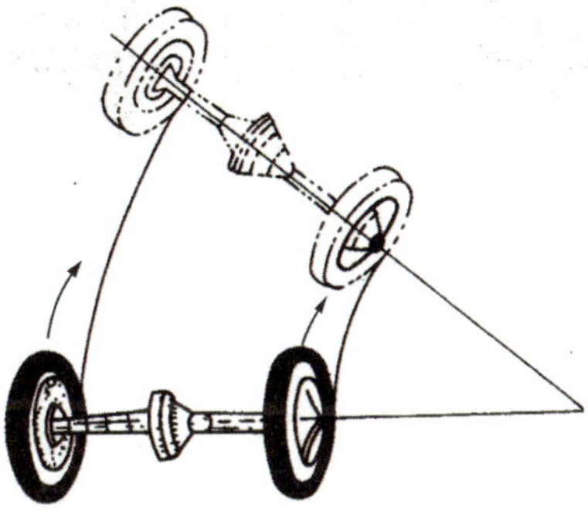

图 2-42　汽车转向时驱动车轮的运动

目前，汽车上广泛应用的是对称式锥齿轮差速器，主要由行星齿轮、行星齿轮轴、半轴齿轮、差速器壳等组成，如图 2-43 所示。

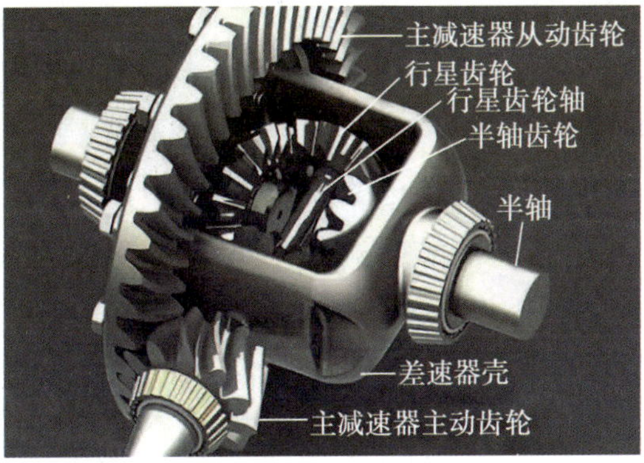

图 2-43　差速器

传动轴传过来的动力通过主减速器主动齿轮传递到从动齿轮上，从动齿轮带动差速器壳体转动，经过行星齿轮轴、行星齿轮、半轴齿轮、半轴，最后传给两侧驱动车轮，从而推动汽车前进。

差速器的工作原理如图 2-44 所示。当汽车直线行驶时，动力通过从动齿轮传递到行星齿轮，由于两侧驱动轮受到的阻力相同，行星齿轮不发生自转，通过半轴把动力传到两侧车轮，这时左、右车轮转速一样；当汽车转弯时，左、右车轮受到的阻力不同，这时行星齿轮绕着半轴公转的同时自转，使两侧车轮能够以不同的速度旋转，保证汽车顺利过弯。

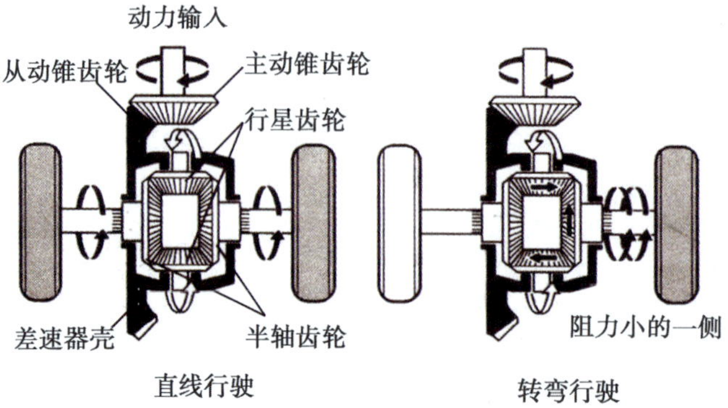

图 2-44 差速器的工作原理

6. 半轴

半轴是在差速器和驱动轮之间传递动力的轴，如图 2-45 所示。内端一般制有外花键与半轴齿轮连接，外端与驱动轮的轮毂相连。因其传递的转矩较大，故常制成实心轴。如果半轴断裂则汽车无法起步、行驶。半轴的结构因驱动桥结构形式的不同而异。非断开式驱动桥中的半轴为一根整体刚性轴，而转向驱动桥和断开式驱动桥中的半轴则分段并用万向节连接。非断开式驱动桥中常采用全浮式支承和半浮式支承两种形式。

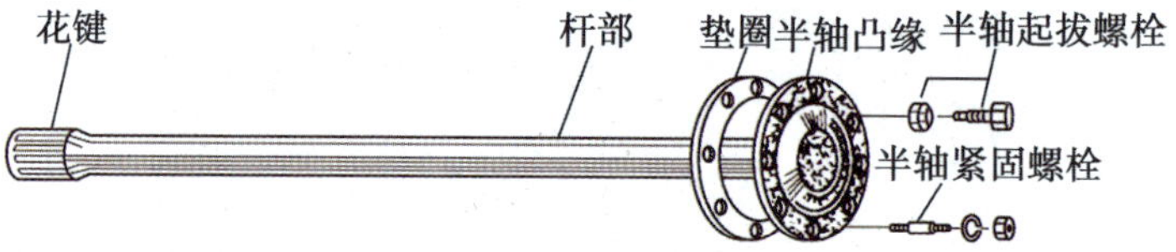

图 2-45 半轴

(三)传动系统的布置形式

传动系统的布置形式与发动机的安装位置及汽车的驱动方式有关。对于常见车辆，大多采用四轮设置，即前后轴两排，其中驱动轮用于驱动车辆前进。一般常见的传动系统的布置形式有发动机前置后轮驱动(FR)、发动机前置前轮驱动(FF)、发动机后置后轮驱动(RR)、发动机中置后轮驱动(MR)、发动机前置四轮驱动(4WD)等，如图 2-46 所示。

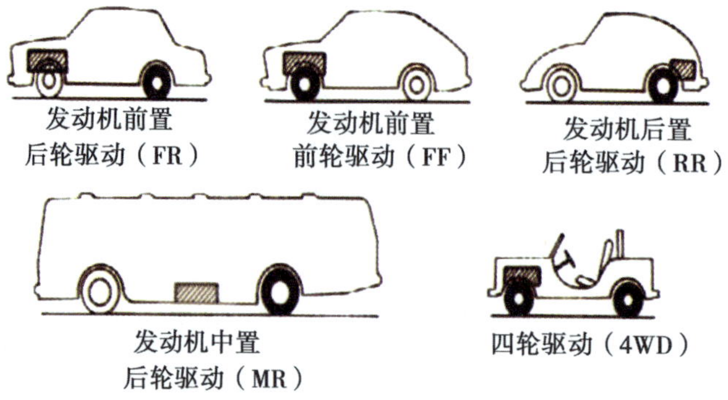

图 2-46 传动系统的布置形式

1. 前置后驱(FR)

前置后驱是指发动机前置、前轮转向、后轮驱动的布置形式。这是一种传统的驱动形式，发动机输出的动力通过离合器、变速器、传动轴输送到后驱动桥上，驱动后轮使汽车行驶。多数跑车、赛车以及货车使用这种驱动形式。

前置后驱的优点：在良好的路面上启动、加速或爬坡时，驱动轮的负荷增大，其牵引性能比前置前驱优越；轴荷分配比较均匀，因而具有良好的操纵稳定性和行驶平顺性，有利于延长轮胎的使用寿命；转向轮是从动轮，转向机构结构简单、便于维修。

前置后驱的缺点：由于采用传动轴装置，车重增加，降低了传动系统的传动效率，在一定程度上影响了燃油经济性和动力性；由于后排地板中央凸起较高，降低了乘坐舒适性；在雪地或湿滑路面起步时，后轮推动车身，易发生甩尾现象。

2. 前置前驱(FF)

前置前驱是指发动机前置、前轮驱动、前轮转向的布置形式。目前大多数中、小型轿车都采用这种驱动形式，它将变速器和驱动桥做成了一体，固定在发动机旁，将动力直接输送到前轮驱动车辆行驶。

前置前驱的优点：结构紧凑，减轻了车重，动力传递效率高，从而提高了燃油经济性；省去了传动轴装置，后排地板没有很高的凸起，提高了乘坐舒适性；前置发动机可以增加前轴的负荷，提高了车辆高速行驶时的操纵稳定性和制动时的方向稳定性；汽车后部有足够大的后备箱空间。

前置前驱的缺点：起步、加速或爬坡时，前轮负荷减少，导致牵引力下降；前桥既是转向桥，又是驱动桥，结构及工艺复杂，制造成本高，维修保养困难；前桥负荷比后轴重，并且前轮又是转向轮，故前轮工作条件恶劣，轮胎寿命短。

3. 后置后驱(RR)

后置后驱是指发动机布置在汽车后部，与差速器和手动变速器连成一体，前轮转向、后轮驱动的布置形式。后置后驱多用于大、中型客车和高性能跑车上。

后置后驱的优点：横摆力矩小，车辆操控非常灵活，具有良好的启动和爬坡性能；由于发动机、变速器和差速器连成一体，所以力的传递路线很短，传递效率更高，前轮负荷小，转向更轻。

后置后驱的缺点：直线行驶性能稍差，侧风敏感性高，转弯时容易导致转向过度；发动机噪声大，散热差，变速器结构复杂；后备箱空间很小；油箱难以布置在安全区域。

4. 中置后驱(MR)

中置后驱是指发动机布置在前后轴的中间，前轮转向、后轮驱动的布置形式。大多数运动型轿车和方程式赛车，以及大、中型客车都采用该形式。

中置后驱的优点：可获得最佳的轴荷分配，质量集中，车身平摆方向的惯性力矩小，操纵稳定性较好，行驶平顺性较好；发动机临近驱动桥，无须传动轴，从而减轻了车重，具有较高的传动效率。

中置后驱的缺点：发动机的布置占据了车厢和后备箱的一部分空间，所以车内空间非常小，通常车厢内只能安放两张座椅；发动机的隔音和绝热效果差，乘坐舒适性有所降低。

5. 四轮驱动(4WD)

四轮驱动是指汽车前后轮都有驱动力,可根据行驶路面状态不同将发动机输出转矩按不同比例分布在前后所有的车轮上,以提高汽车的行驶能力,一般用 4×4 或 4WD 来表示。四轮驱动分为全时四驱、适时四驱和分时四驱。

(1)全时四驱(Full-Time 4WD)

车辆在整个行驶过程中一直保持四轮驱动的模式,行驶时将发动机输出扭矩按 50∶50设定在前后轮上,使前后排车轮保持等量的转矩。常见于硬派越野车,如奔驰 G 级。图 2-47 为全时四驱汽车的结构简图,发动机输出的转矩经分动器传递给前后轮。

全时四驱的优点:具有良好的越野性能和操控性能;高速转向时更容易操控,具有较好的运动性能和安全性能。全时四驱的缺点:结构较复杂,成本高,油耗高,经济性不好。

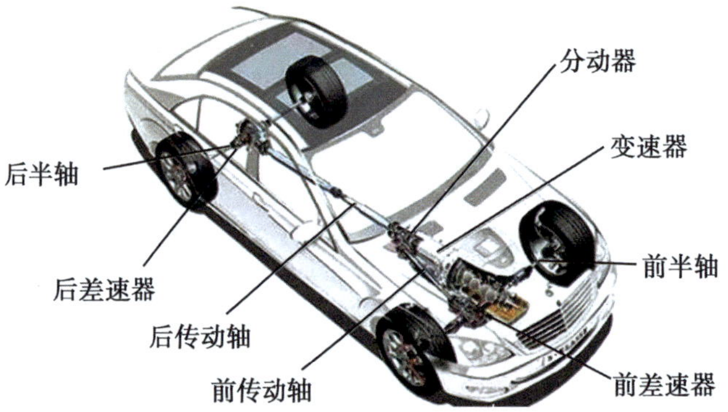

图 2-47　全时四驱汽车的结构

(2)适时四驱(Real-Time 4WD)

适时四驱汽车的驱动模式由计算机控制,正常路面一般采用两轮驱动,如果路面不良或驱动轮打滑,计算机会自动监测并立即将发动机输出扭矩分配给其他两轮,切换到四轮驱动状态。常用于城市 SUV 车型,如本田 CRV、丰田 RAV4 等。图 2-48 为适时四驱汽车的结构简图。

适时四驱的优点:结构简单,成本低,油耗低,可有效降低整车质量。适时四驱的缺点:由于结构本身的缺陷,无法将 50%以上的动力传递给后轴,主动安全控制方面不及全时四驱,越野能力较差。

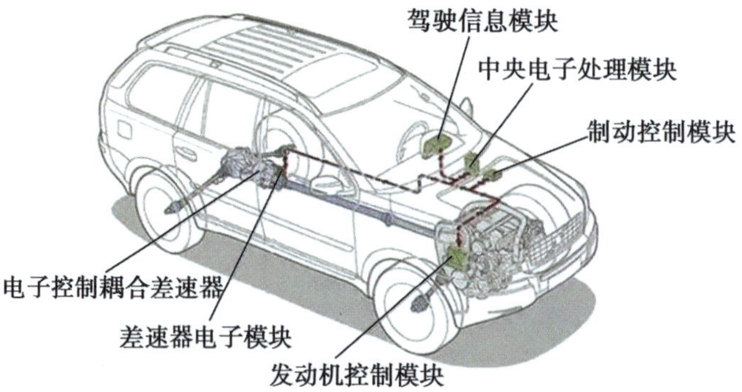

图 2-48　适时四驱汽车的结构

(3)分时四驱(Part-Time 4WD)

驾驶员根据路面情况,通过接通或断开分动器来变换两轮驱动或四轮驱动模式,从而实现两驱和四驱自由转换。分时四驱是一般越野车或四驱 SUV 最常见的驱动模式,如 Jeep 牧马人、丰田 FJ 酷路泽等。良好路面以两驱(2H,即高速两驱)行驶,接通分动器以后,前后桥刚性连接,四轮没有转速差,一般带有 4L(低速四驱)和 4H(高速四驱)模式。在良好路面上,4L 和 4H 都不能高速行驶,否则会导致差速器损坏或者发生翻车事故。图 2-49 为分时四驱汽车的结构简图。

分时四驱的优点:技术成熟,结构简单,可靠性好,成本低;正常驾驶时采用两轮驱动的模式,经济性好;恶劣路况下,四轮驱动通过性好。分时四驱的缺点:对公路行驶的意义不大,机械结构比较复杂,对驾驶员的技术、地形的判断经验要求很高。

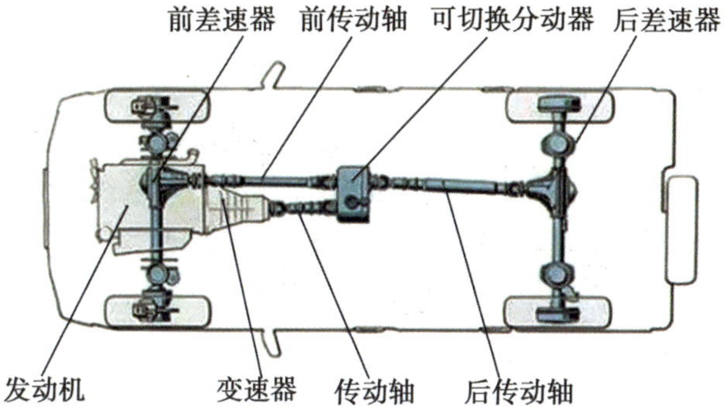

图 2-49 分时四驱汽车的结构

二、行驶系统

汽车行驶系统由车架、悬架、车桥和车轮等组成,如图 2-50 所示。车轮通过轴承安装在车桥两边,车桥通过悬架与车架(或车身)连接,车架(或车身)是整车的装配基体。行驶系统的作用为:支承汽车的质量,承受、传递路面作用在车轮上的各种力的作用;接收传动系统传来的转矩并将其转化为汽车行驶的牵引力;缓和冲击,减少振动,保证汽车平顺行驶。

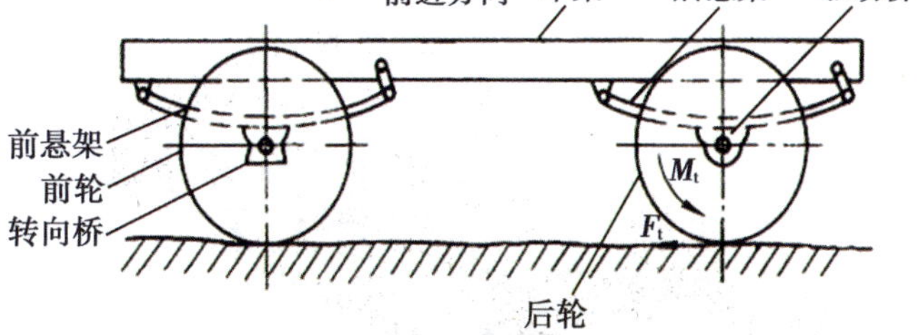

图 2-50 汽车行驶系统的组成

(一)车架

车架俗称大梁,是汽车的装配基体,汽车绝大多数的零部件、总成都要安装在车架上。车架不仅要承受各零部件、总成的载荷,还要承受汽车行驶时来自路面的各种复杂载荷的作用力,如汽车加速、制动时的纵向力,汽车转弯、侧坡行驶时的侧向力,路况不佳的路面传来的冲击等。车架的作用可以概括为两点:一是支承、连接汽车各零部件、总成;二是承受车内外各种载荷的作用力。

汽车上采用的车架有四种类型:边梁式车架、中梁式车架、综合式车架和无梁式车架。目前,汽车上多采用边梁式车架和无梁式车架。

1.边梁式车架

边梁式车架如图 2-51 所示,它由两根纵梁和若干根横梁构成。纵梁和横梁之间通过铆接或焊接的方法连接起来。这种车架结构简单,便于整车的布置,所以在汽车上应用广泛。

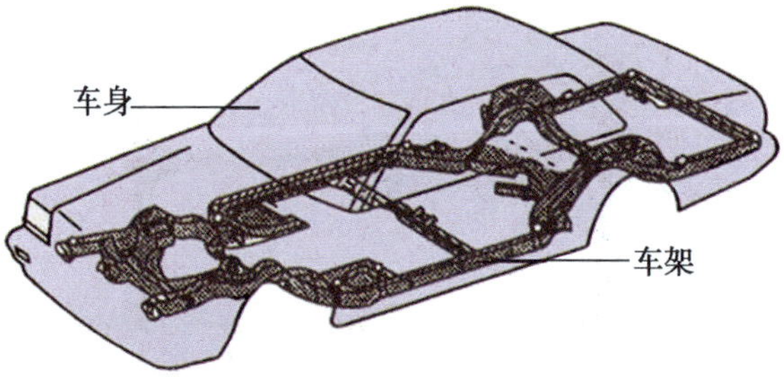

图 2-51　边梁式车架

边梁式车架纵梁的结构具有以下特点:①从宽度上看有前窄后宽、前宽后窄和前后等宽三种形式。前窄使前轮具有足够的偏转角度,提高了车辆的机动性能;后窄用于重型车辆,便于布置双胎。②从平面度上看有水平的和弯曲的两种形式,水平的纵梁便于零部件、总成的安装和布置,弯曲的纵梁可以降低车辆重心。③从断面形状上看有槽形、Z 字形、工字形和箱形四种。在满足质量小的前提下,这些形状主要是为了使车架具有足够的强度和刚度,以承受各种载荷。横梁多为槽形。

2.无梁式车架

无梁式车架用车身兼作车架,汽车的所有零部件、总成都安装在车身上,车身要承受各种载荷的作用力,因而这种车身又称为承载式车身,广泛用于轿车和客车。承载式车身如图 2-52 所示。

图 2-52　承载式车身

3. 中梁式车架和综合式车架

中梁式车架和综合式车架分别如图 2-53 和图 2-54 所示。由于这两种车架结构复杂，加工制造及维修都很困难，所以目前很少应用。

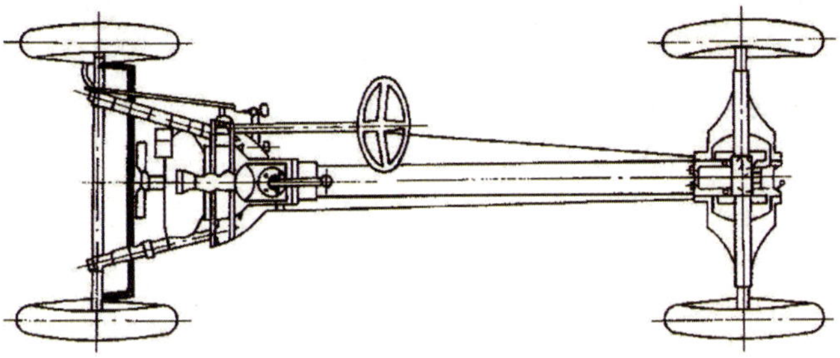

图 2-53 中梁式车架

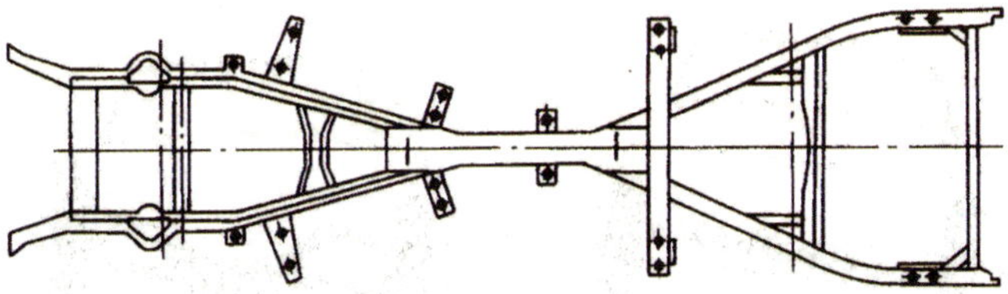

图 2-54 综合式车架

(二)悬架

1. 悬架的组成

悬架是车架(或车身)与车桥(或车轮)之间一切传力连接装置的总称。现代汽车的悬架虽有不同的结构形式，但一般都由弹性元件、减震器、导向机构等组成，轿车一般还有横向稳定器。悬架的组成如图 2-55 所示。

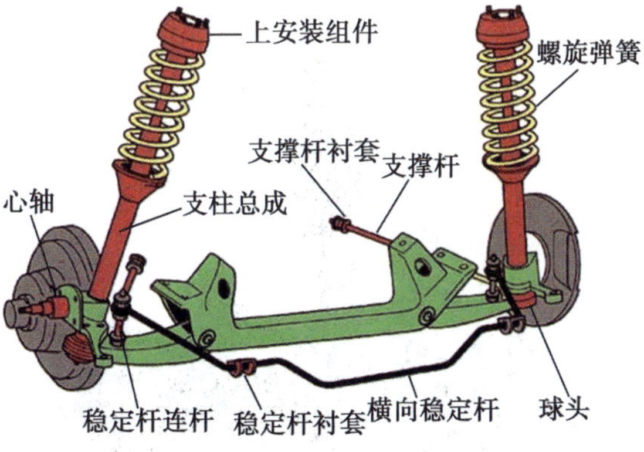

图 2-55 悬架的组成

弹性元件在车架(或车身)与车桥(或车轮)之间做弹性连接，可以缓和由于路面不平带来的冲击，承受和传递垂直载荷。弹性元件有钢板弹簧、空气弹簧、螺旋弹簧以及扭杆弹簧等形式，现代轿车悬架系统多采用螺旋弹簧和扭杆弹簧，个别高级轿车使用空气弹簧。

减震器可以迅速衰减由于路面冲击产生的振动；导向机构包括纵向推力杆和横向推力杆，主要用于传递纵向载荷和横向载荷，并保证车轮相对于车架（或车身）的运动关系；横向稳定器可以防止车身在转向等情况下发生过大的横向倾斜。只有悬架系统软硬合适才能使车辆乘坐舒适、操纵稳定。

2. 悬架的分类

汽车悬架分为非独立悬架和独立悬架两种类型，如图 2-56 所示。

非独立悬架的结构特点是两侧车轮安装在一根整体式车桥上，车轮和车桥一起通过弹性悬架悬挂在车架（或车身）下面，所以当一侧车轮发生位置变化后会导致另一侧车轮的位置也发生变化。非独立悬架广泛应用于货车的前、后悬架和轿车的后悬架。

独立悬架的两侧车轮分别独立地与车架（或车身）弹性相连，与其配用的车桥为断开式车桥，所以两侧车轮的运动是相对独立、互不影响的。现代汽车，特别是轿车，广泛采用独立悬架。

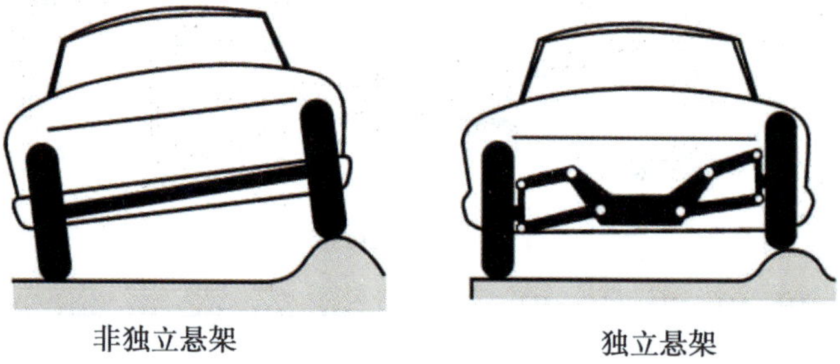

图 2-56 非独立悬架与独立悬架的示意图

常见的悬架有麦弗逊式悬架、双叉臂式悬架、扭力梁式悬架、多连杆式悬架。

（1）麦弗逊式悬架

麦弗逊式悬架是最常见的一种悬架，是一种车轮沿主销轴线移动的悬架，如图2-57所示。

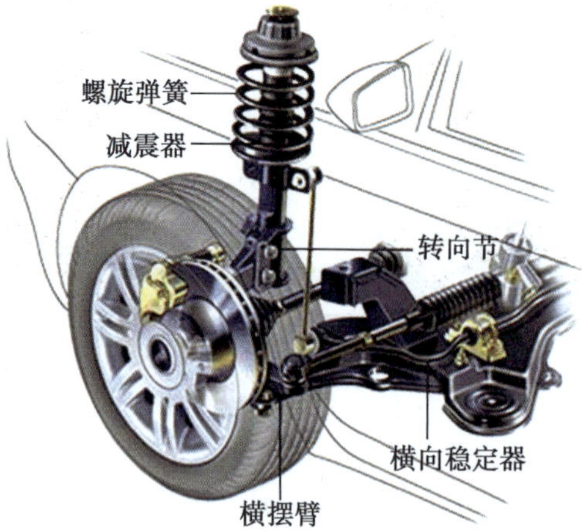

图 2-57 麦弗逊式悬架

麦弗逊式悬架的设计特点:因为结构简单,悬架质量轻,占用空间小,响应速度和回弹速度快,所以悬架的减震能力也相对较强。然而,麦弗逊式悬架的抗侧倾和抗制动点头能力弱,稳定性较差。目前,麦弗逊式悬架多用于家用轿车的前悬架。

(2)双叉臂式悬架

双叉臂式悬架通常采用上下不等长叉臂(上短下长),如图 2-58 所示。双叉臂式悬架可使车轮在上下运动时能自动改变外倾角并减小轮距变化和轮胎磨损,能自适应路面,轮胎接地面积大,贴地性好。由于双叉臂式悬架比麦弗逊式悬架多了一个上摇臂,需要占用较大的空间,而且定位参数较难确定。因此,小型轿车的前桥出于对空间和成本的考虑,较少采用此种悬架。

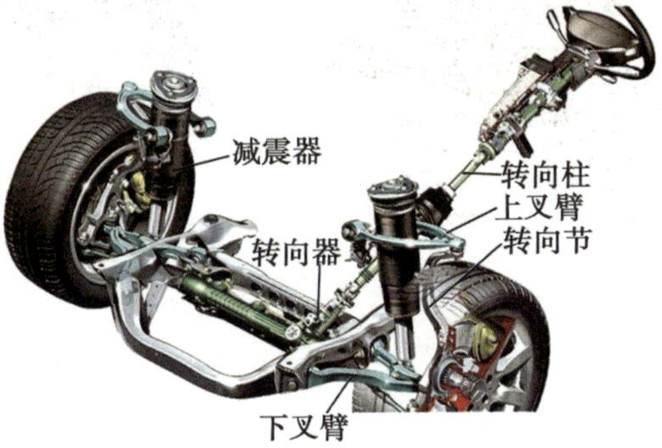

图 2-58　双叉臂式悬架

(3)扭力梁式悬架

扭力梁式悬架的结构中,两个车轮之间不是通过硬轴直接相连,而是通过一根扭力梁进行连接。扭力梁可以在一定范围内扭转,如图 2-59 所示。但当一个车轮遇到非平整路面时,两个车轮之间的扭力梁仍然会对另一侧车轮产生一定的干涉。严格来说,扭力梁式悬架属于半独立式悬架。扭力梁式悬架相对于独立悬架来说舒适性稍差一些,但其结构简单可靠,占空间小,维修费用低,所以扭力梁式悬架多用在小型车和紧凑型车的后桥上。

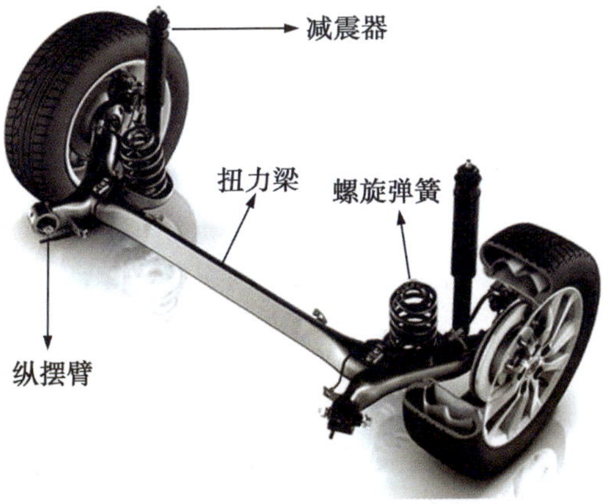

图 2-59　扭力梁式悬架

(4)多连杆式悬架

多连杆式悬架是由三根或三根以上的连杆组合在一起,把车轮和车身连接起来构成的悬架结构。多连杆式悬架可以提供多个方向的控制力,使车轮具有更加可靠的行驶轨迹。常见的有三连杆、四连杆、五连杆式等,前悬架一般为三连杆或四连杆式独立悬架,后悬架一般为四连杆或五连杆式后悬架。图 2-60 为五连杆式后悬架的结构图。

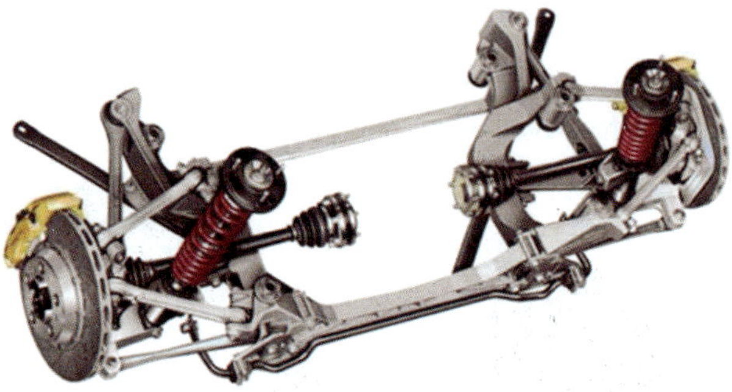

图 2-60　五连杆式后悬架

多连杆式悬架可使车辆在压缩时能自动调整车轮定位参数,使车轮与地面尽可能保持垂直,并最大限度地发挥轮胎抓地力,使车辆具有出色的操控性;在车辆转弯或制动时,多连轩式悬架可使后轮形成正前束,减少转向不足的情况,提高车辆的控制性能。但是,多连杆式悬架结构相对复杂,材料成本、研发实验成本以及制造成本远高于其他类型的悬架,而且其占用空间大。中小型车出于对成本和空间的考虑,极少使用这种悬架。

(三)车桥

车桥位于悬架与车轮之间,其两端安装车轮,通过悬架与车架(或车身)相连,作用是传递车架(或车身)与车轮之间各种载荷的作用力。

按照悬架结构,车桥分为整体式和断开式两种。整体式车桥的中部是刚性实心梁或空心梁,与非独立悬架配用;断开式车桥为活动关节式结构,与独立悬架配用。

按照车桥上车轮的作用,车桥分为转向桥、驱动桥、转向驱动桥和支持桥四种,其中转向桥和支持桥都属于从动桥。

在后轮驱动的汽车中,前桥不仅用于承载,还具有转向作用,称为转向桥;后桥不仅用于承载,还具有驱动的作用,称为驱动桥。

越野汽车和前轮驱动汽车的前桥,除了起到承载和转向的作用外,还兼具驱动作用,所以称为转向驱动桥。

只起支撑作用的车桥称为支持桥。挂车的车桥就是支持桥。支持桥除不能转向外,其他功能和结构都与转向桥相同。

(四)车轮和轮胎

汽车车轮总成由车轮和轮胎两大部分组成,是汽车行驶系统的重要部件,如图 2-61 所示。车轮和轮胎的主要作用:支承整车质量;缓和由路面传递来的冲击载荷;通过轮胎和路面之间的附着作用为汽车提供驱动力和制动力;产生平衡汽车转向离心力的侧向力，以便顺利转向；通过轮胎产生的自动回正力矩使车轮具有保持直线行驶的能力。车轮和轮胎(特别是轿车轮胎)还是汽车重要的安全件，几乎所有的汽车行驶性能都与轮胎有关。

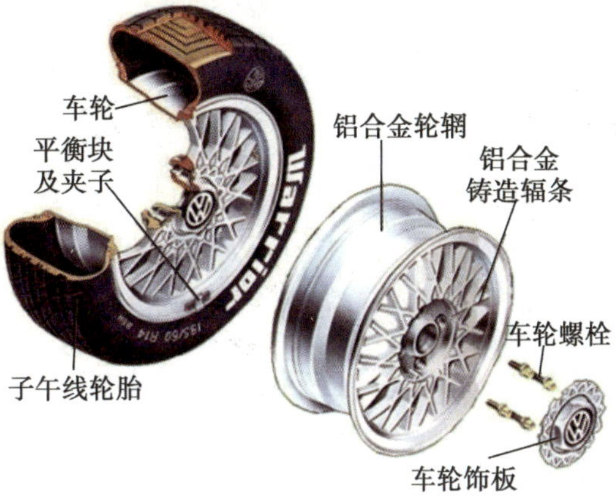

图 2-61　汽车车轮总成

1. 车轮

车轮是介于轮胎和车桥之间承受负荷的旋转组件，其作用是安装轮胎，承受轮胎与车桥之间的各种载荷的作用。

车轮一般由轮毂、轮辋和轮辐组成，如图 2-62 所示。轮毂通过圆锥滚子轴承装在车桥或转向节轴颈上，用于连接车轮与车桥。轮辋用于安装和固定轮胎。轮辐用于将轮毂和轮辋连接起来，并通过螺栓与轮毂连接起来。

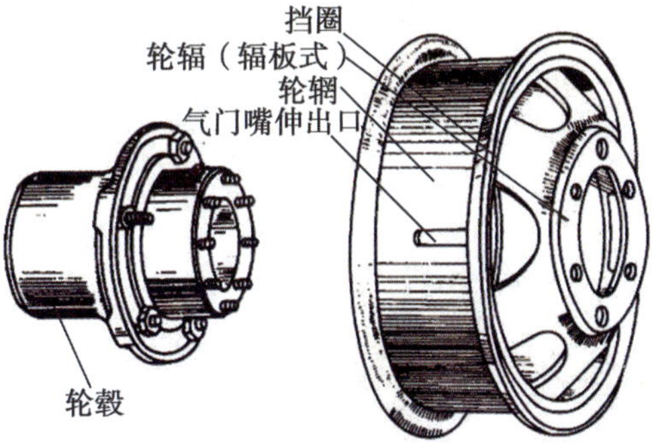

图 2-62　车轮的组成

2. 轮胎

现代汽车都采用充气式轮胎，轮胎安装在轮辋上，直接与路面接触。轮胎的作用：支承汽车的质量，承受路面传来的各种载荷的作用；和汽车悬架共同缓和汽车行驶中所受到的冲击，并衰减由此而产生的震动，以保证汽车有良好的乘坐舒适性和行驶平顺性；保证车轮和路面有良好的附着性，以提高汽车的动力性、制动性和通过性。

按照轮胎内空气压力的大小，轮胎分为高压胎(0.5～0.7 MPa)、低压胎(0.2～0.5 MPa)和超低压胎(0.2 MPa 以下)三种。低压胎具有弹性好、减震性能强、壁薄散热性好、与地面接触面积大、附着性好的优点，广泛应用于轿车。在松软路面上，超低压胎具有良好的通过能力，多用于越野汽车及部分高级轿车。

按照有无内胎，轮胎分为有内胎轮胎和无内胎轮胎(俗称真空胎)两种。图 2-63 为两种轮胎的结构对比。目前，轿车上普遍采用无内胎轮胎。

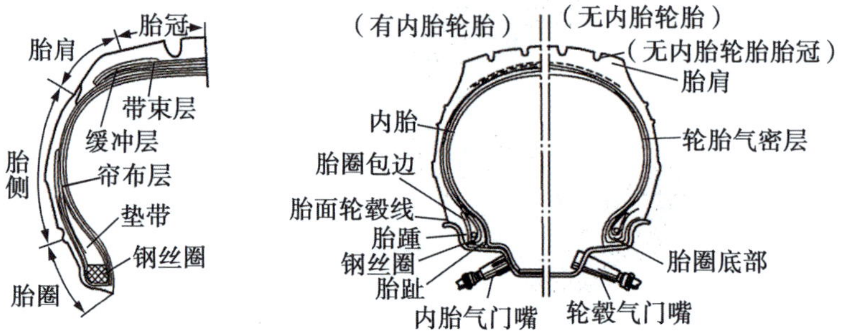

图 2-63　有内胎轮胎和无内胎轮胎的结构对比

按照胎体帘布层结构，轮胎分为斜交轮胎和子午线轮胎，如图 2-64 所示。目前，汽车上广泛采用子午线轮胎。

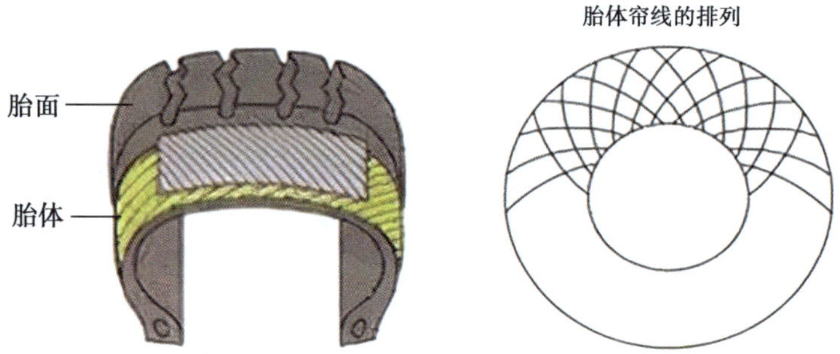

(a)斜交轮胎构造与胎体帘线排列

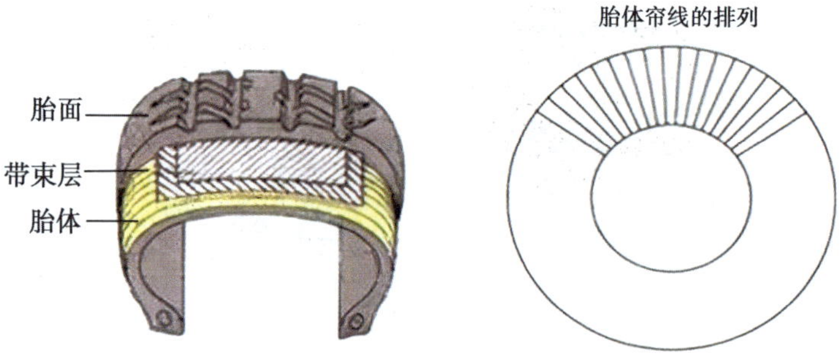

(b)子午线轮胎构造与胎体帘线排列

图 2-64　斜交轮胎和子午线轮胎的区别

世界著名的轮胎品牌主要有法国的米其林(Michelin)，美国的固特异(Goodyear)，日本的普利司通(Bridgestone)，英国的邓禄普(Dunlop)，意大利的倍耐力(Pirelli)，韩国的韩泰(Hankook)和锦湖(Kumho)，德国的马牌(Continental)，中国的回力、玲珑双星、赛轮、三角等。

三、转向系统

转向系统是指能够按照驾驶员对车辆行驶方向的要求，实现转向轮(一般是前轮)偏转和回位以控制行车方向的机构。汽车转向系统的功能就是按照驾驶员的意愿控制汽车的行驶方向，这对汽车的行驶安全至关重要。对转向系统的要求包括：①转向系统要工作可靠，操纵轻便；②转向系统应该能够减小路面传递到转向盘上的冲击，并保持适当的“路感”；③汽车一旦发生碰撞，转向装置应该能够减轻或避免对驾驶员的伤害。

(一)转向系统的分类

汽车转向系统按转向动力源的不同分为两大类：机械转向系统和动力转向系统。

机械转向系统：完全靠驾驶员的体力作为转向能源，系统的所有传动件都是机械的。

动力转向系统：除驾驶员的体力外，还需借用发动机或电动机的动力作为转向能源。

(二)机械转向系统

机械转向系统由转向操纵机构、转向器和转向传动机构三大部分组成，其结构如图2-65所示。

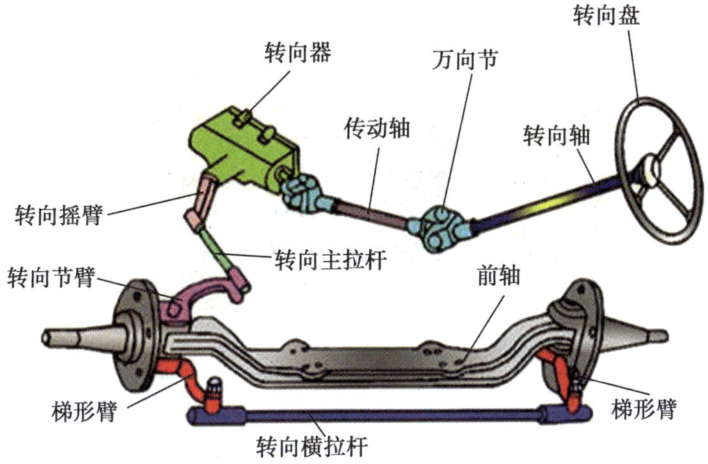

图 2-65　机械转向系统的结构简图

转向器是转向系统中减速增矩的传动装置，其作用是增大转向盘传到转向节的力并改变力的传递方向。现代汽车的转向器已演变定型，中型和重型汽车多采用循环球式转向器，小型车多采用齿轮齿条式转向器。

1. 齿轮齿条式转向器

齿轮齿条式转向器有两端输出式和中央(或单端)输出式两种结构形式，采用一级传动副，主动件是齿轮，从动件是齿条。

齿轮齿条式转向器利用齿轮顺时针或逆时针方向的转动带动齿条左右移动，再通过横拉杆推动转向节来实现转向，如图 2-66 所示。

图 2-66　齿轮齿条式转向器

2. 循环球式转向器

循环球式转向器由侧盖、底盖、壳体、钢球、带齿扇的摇臂轴、圆锥轴承、制有齿形的螺母以及转向螺杆等组成，如图 2-67 所示。

循环球式转向器采用两级传动副：第一级是螺杆与螺母，第二级是齿条与齿扇。循环球式转向器工作时，转向螺杆转动，在摩擦力的作用下所有钢球在螺母与螺杆之间形成“球流”，推动齿形螺母沿螺杆轴线前后移动；然后，通过齿条带动齿扇摆动，使摇臂轴旋转，带动摇臂摆动；最后，由传动机构传至转向轮，使转向轮偏转以实现转向。

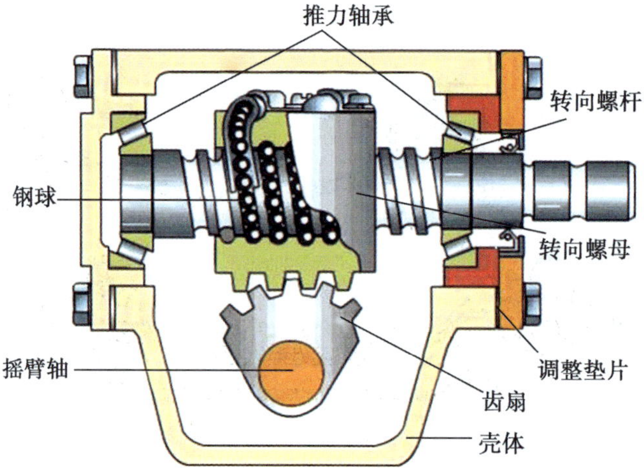

图 2-67　循环球式转向器

(三)动力转向系统

1. 液压助力转向系统(Hydraulic Power Steering，HPS)

为减轻驾驶员的体力负担，在机械转向系统的基础上增加了液压助力系统，其结构如图 2-68 所示。在机械系统的基础上，液压助力转向系统额外增加了一个液压系统，一般由液压油泵、V 形带轮、油管、供油装置、助力装置和控制阀组成。由于其工作可靠、技术成熟，至今仍被广泛应用。目前，液压助力转向系统在实际中应用得最多。按照控制阀的形式，液压助力转向系统可分为转阀式和滑阀式。

液压助力转向系统工作可靠，但是也存在很多固有的缺点：①选定参数完成设计后，转向传动比固定，不能调节和控制助力的特性，难以协调轻便性与路感的关系；②汽车的转向特性受驾驶员驾驶技术的严重影响；③经济性差，即使不转向时，油泵也一直在运转,增加了能量损失;④存在液压油泄漏的问题,会对环境造成污染;⑤低温工作性能较差等。

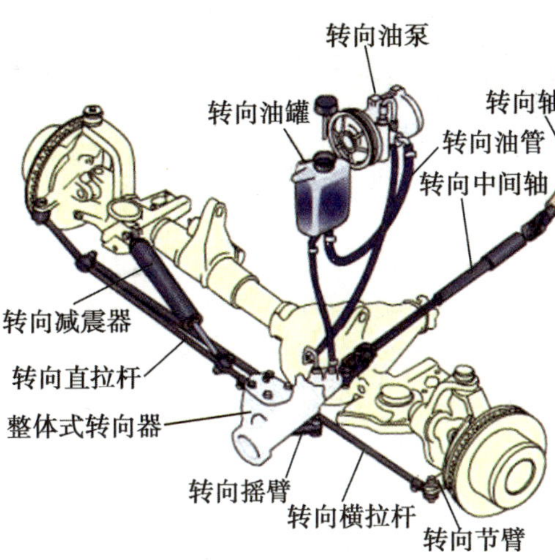

图 2-68　液压助力转向系统

2. 电动液压助力转向系统(Electro-Hydraulic Power Steering,EHPS)

电动液压助力转向系统是在液压助力系统的基础上发展起来的,其特点是转向油泵不再由发动机直接驱动,而是由电动机来驱动,并且在之前的基础上加装了电控系统,其助力特性可根据转向速率、车速等参数设计为可变助力特性,使驾驶员能够更轻松、便捷地操纵汽车。机械结构上,电动液压助力转向系统增加了液压反应装置和液流分配阀,新增的电控系统包括车速传感器、电磁阀、转向 ECU 等。EHPS 相比传统的 HPS 降低了能源损耗,但是与传统的 HPS 一样存在液压油泄漏的问题。

3. 电动助力转向系统(Electric Power Steering,EPS)

电动助力转向系统是机电一体化的产品,它由转矩传感器、转角传感器、车速传感器、电动机、电磁离合器、减速机构、电子控制单元等组成,如图 2-69 所示。

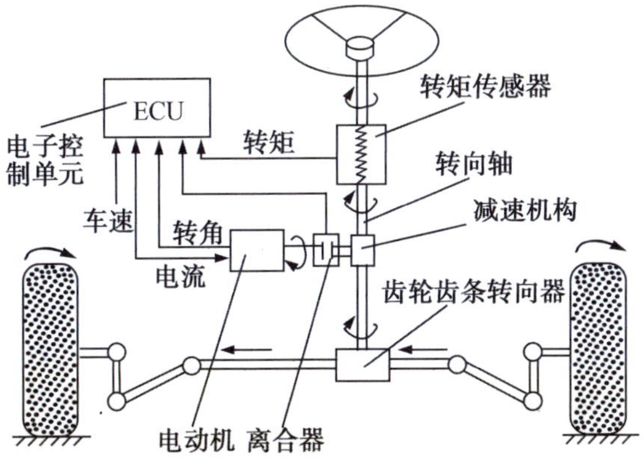

图 2-69　电动助力转向系统的结构简图

按照助力位置,电动助力转向系统分为转向轴助力式、齿轮助力式和齿条助力式三种，如图2-70所示。

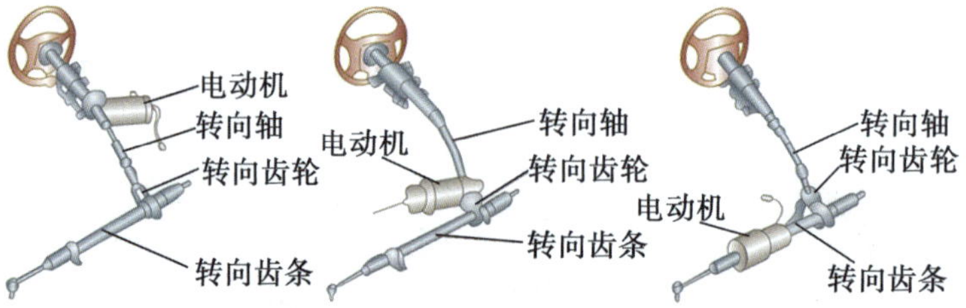

(a)转向轴助力式　(b)齿轮助力式　(c)齿条助力式

图 2-70　电动助力转向系统的分类

由于 EPS 改由电机提供助力，助力大小由电控单元(ECU)实时调节与控制，可以较好地解决汽车转向操纵时轻便性与灵敏性的矛盾。目前，电动助力转向系统主要应用在轿车上，并逐渐从微型轿车向更大型轿车和商务车发展。其优点有：

(1)EPS 能在各种行驶工况下提供最佳助力，减小由路面不平引起的对转向系统的扰动，改善汽车的转向特性，减轻汽车低速行驶时的转向操纵力，提高汽车高速行驶时的转向稳定性，进而提高汽车的主动安全性。

(2)电动机只在转向时提供助力，因而可以减少燃料消耗。

(3)由于直接由电动机提供助力，而电动机由蓄电池供电，因此 EPS 能否助力与发动机是否启动无关，即使在发动机熄火或出现故障时也能提供助力。

(4)EPS 取消了油泵、皮带、皮带轮、液压软管、液压油及密封件等零件，零件数量大大减少，因而其质量更轻，结构更紧凑，在安装位置选择方面也更容易，噪声也更低。

(5)EPS 没有液压回路，更容易调整和检测，装配自动化程度更高，并且可以通过设置不同的程序，快速与不同车型匹配，因而能缩短生产和开发周期；

(6)EPS 不存在渗油问题，解决了液压助力中液压油泄漏的问题，大大降低了保修成本，减小了对环境的污染，改善了其环保性；

(7)EPS 比 HPS、EHPS 具有更好的低温工作性能。

四、制动系统

(一)制动系统的作用

按照需要使汽车减速，或使汽车在最短距离内停车；下坡行驶时限制车速；使汽车可靠地停放在原地并保持不动。

(二)制动系统的分类

按照使用目的，制动系统分为行车制动装置、驻车制动装置、辅助制动装置和应急制动装置；按照使用能源，制动系统分为人力制动装置、伺服制动装置和动力制动装置；按照传动装置的布置，制动系统分为单回路制动装置和双回路制动装置。

(三)制动系统的基本组成

制动系统主要由供能装置、控制装置、传动装置和制动器四部分组成。

(1)供能装置：包括供给、调节制动所需能量以及改善传能介质状态的各种部件，如气压制动系统中的空气压缩机、液压制动系统中人的肌体。

(2)控制装置:包括产生制动动作和控制制动效果的各种部件,如制动踏板等。

(3)传动装置:将驾驶员或其他动力源的作用力传到制动器,同时控制制动器工作,从而获得所需的制动力矩,包括将制动能量传输到制动器的各个部件,如制动主缸、制动轮缸等。

(4)制动器:产生阻碍车辆的运动或运动趋势的力的部件。

较为完善的制动系统还包括制动力调节装置以及报警装置、压力保护装置等。

(四)制动系统的工作原理

以行车制动系统(盘式制动器)为例,其基本结构如图 2-71 所示。其工作原理是将汽车的动能通过摩擦转换成热能,释放到大气中。制动时,踩下制动踏板,制动主缸向各个制动轮缸供油,活塞在油压的作用下把摩擦材料压向制动盘从而实现制动。

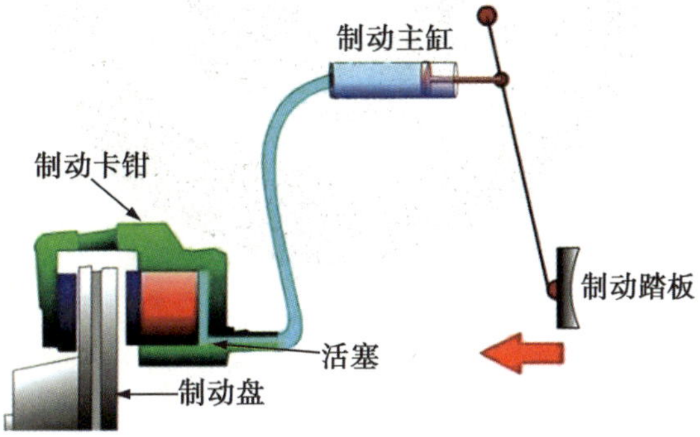

图 2-71 制动系统的基本结构

(五)车轮制动器

车轮制动器由旋转元件和固定元件两大部分组成。旋转元件与车轮相连接,固定元件与车桥相连接。制动器利用旋转元件和固定元件之间的摩擦,产生制动力。图 2-72 为常见的鼓式制动器和盘式制动器。当制动摩擦块或制动摩擦片压紧旋转的制动鼓或制动盘时,接触面之间产生摩擦,通过摩擦将汽车的动能转变为热能,并将热量散发到空气中,最终使车辆减速以至停车。

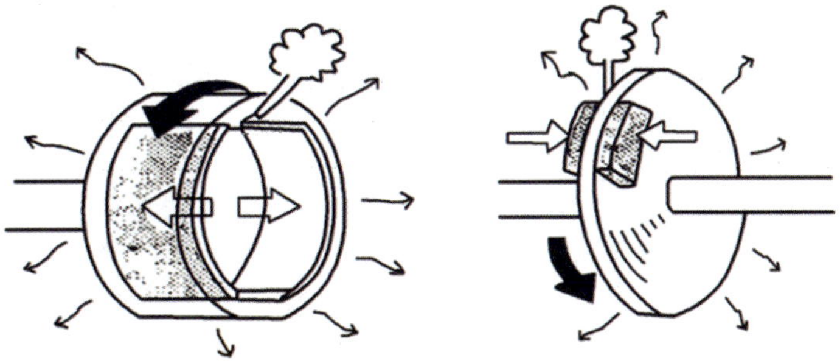

(a)鼓式制动器　　(b)盘式制动器

图 2-72 制动器制动原理示意图

目前,汽车上所用的车轮制动器主要有两种不同的形式:前盘后鼓式和全盘式。其中前盘后鼓式一般在后轮上采用鼓式制动器。

1. 鼓式制动器

鼓式制动器多为内张双蹄式，旋转元件是制动鼓，固定元件是制动蹄，其基本结构如图 2-73 所示。制动时，制动蹄在促动装置作用下向外张开，外表面的摩擦片压靠到制动鼓的内圆柱面上，对制动鼓产生制动摩擦力矩。

图 2-73　鼓式制动器的基本结构

2. 盘式制动器

盘式制动器根据其固定元件的结构形式可分为钳盘式制动器和全盘式制动器。钳盘式制动器广泛应用在轿车和轻型货车上，近年来前后轮都采用钳盘式制动器的结构日渐增多。全盘式制动器的固定元件的金属背板和摩擦片都做成圆盘形，因而其制动盘的全部工作面可同时与摩擦片接触。全盘式制动器由于制动钳的横向尺寸较大，主要应用在重型车上。

按制动钳固定在支架上的结构形式，钳盘式制动器可分为定钳盘式和浮钳盘式，如图 2-74 所示。

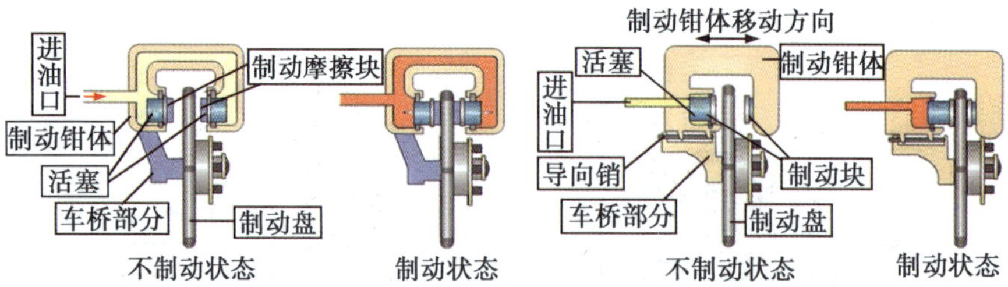

(a)定钳盘式制动器　(b)浮钳盘式制动器

图 2-74　盘式制动器的类型

(六)驻车制动

驻车制动俗称“手刹”，它的作用是在停车时锁住后轮(有的车型锁住的是传动轴)，给汽车一个阻力，使汽车不溜车。它的操作非常简单，停车后拉起驻车制动杆即可，如图 2-75 所示。有的车型也设计成用脚操作，即用脚踩下驻车制动踏板，如图 2-76 所示。

图 2-75　手操纵驻车制动

图 2-76　脚操纵驻车制动

现在，越来越多的车型采用电子控制的驻车制动系统（Electrical Park Brake，EPB，俗称“电子手刹”），EPB 将行车过程中的临时性制动功能和停车后的长时间制动功能整合在一起，并且由电子控制方式实现停车制动。EPB 的工作原理与机械式手刹相同，均是通过制动盘与摩擦片产生的摩擦力来控制停车制动，只不过控制方式从之前的机械式手刹拉杆变成了电子按钮，驻车时需要手动开启或关闭 EPB，如图 2-77 所示。

EPB 从基本的驻车功能延伸到自动驻车功能（AUTO HOLD），如图 2-78 所示。AUTO HOLD 在激活的情况下，能够避免车辆不必要的滑行，简单地说就是车辆不会溜车，即使平时在市区行驶，只要启用 AUTO HOLD 功能，便会启动相应的自动驻车功能。AUTO HOLD 可使车辆在等红灯或上下坡停车时自动启动四轮制动，即使在 D 挡或 N 挡状态下也无须一直踩刹车或使用手刹，车辆会始终处于静止状态。当需要解除静止状态时，也只需轻点油门即可。这一配置对于经常在城市里走走停停的车主来说非常实用，同时也减少了由车主麻痹大意造成的一些不必要的事故。

图 2-77　电子手刹

图 2-78　电子手刹与自动驻车

EPB＋AUTO HOLD 的使用方法：

1. 驻车制动操作方法

上车时，关闭车门，系好安全带，启动车辆，轻踩油门，EPB 自动解除；在激活 AUTO HOLD 的情况下，车辆停稳后，解开安全带或关闭发动机或开车门，EPB 驻车自动开启。有些车型，在不系安全带的情况下，也可以解除 EPB，主要是为了在移车时，提高操作的便利性。

2. 行车制动操作方法

在激活 AUTO HOLD 的情况下，行驶过程中，只要将车辆刹停，此时 AUTO HOLD 介入，无须换挡，便可以松开刹车，不用担心溜车，且踩油门即可前进。

3. 动态起步辅助系统

坡路驻车上车后，关闭车门，系好安全带，启动车辆时不会出现溜坡或向前冲的情况，轻踩油门，EPB 自动解除。

4. 动态启停功能

遇到紧急情况,可以长拉 EPB 按钮,将车辆稳稳刹停。当车速小于 7 km/h 时,车辆启动后轮制动电机,制动后轮;当车速不低于 7 km/h 时,ESP 主动介入,建立液压制动力来制动四轮。

(七)液压制动传动装置

液压制动传动装置由制动踏板、制动主缸、储液罐、制动轮缸、油管等组成,如图 2-79 所示。按照交通法规的要求,现代汽车的行车制动系统必须采用双管路制动传动装置,若其中一套管路损坏,另一套仍起制动作用,从而提高了制动的可靠性和安全性。双管路液压制动传动装置是利用彼此独立的双腔制动主缸,通过两套独立管路,分别控制两桥或三桥的车轮制动器。常见的双管路布置方案有前后独立式和交叉式两种形式,如图 2-80 所示。

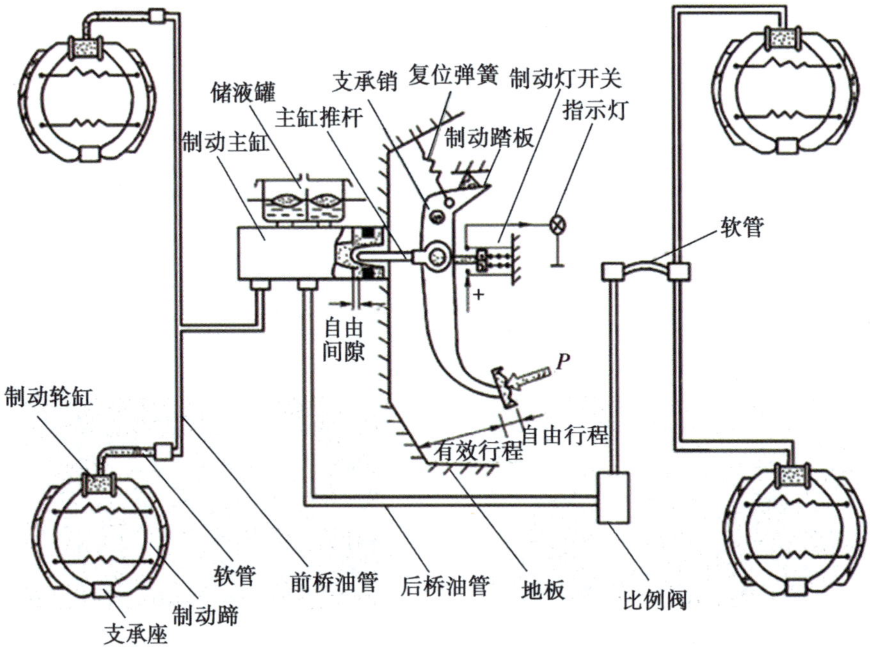

图 2-79 液压制动传动装置的组成

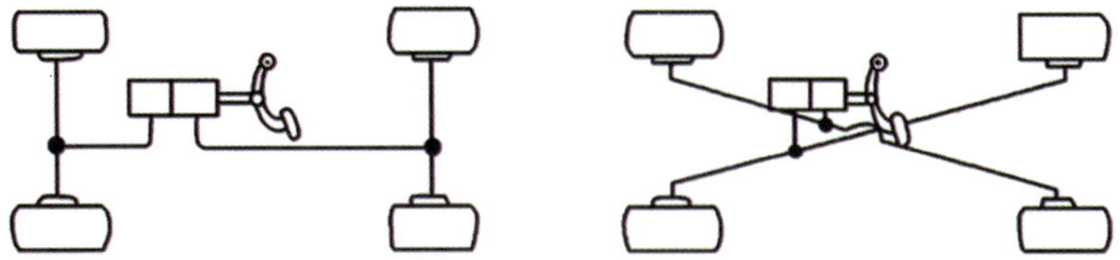

(a)前后布置　　(b)交叉布置

图 2-80 液压制动管路的布置形式

学习任务四　汽车车身

一、车身结构

车身作为车辆的重要组成部分，对整车的安全性、动力性、经济性、舒适性及操控性有着重要的影响，同时汽车的个性化也通过车身设计表现出来。车身的作用是为驾驶员和乘客提供一个舒适安全的环境，以及美化汽车。车身结构包括：车身壳体、车前板制件、车门、车窗、车身外部装饰件和内部装饰件、座椅以及通风、暖气、空调装置等。在货车和专用汽车上还有货箱和其他装备。按照车身受力情况，车身可分为非承载式车身和承载式车身两种。

（一）非承载式车身

非承载式车身的车型较少，多数是货车、专业越野车之类。非承载式车身的汽车有刚性车架，又称底盘大梁架。这种车架一般都是矩形或者梯形的，布置在车身的最底部，如图 2-81 所示。车架承载着整个车体，发动机、悬架和车身都安装在车架上。从理论上说，即使没有车身，单是一个车架行驶也没有问题。

这种结构最大的优点就是有独立的大梁，车架能够提供很强的车身刚性，有利于提高车辆的安全性，对于载重货车和越野车来说这一点非常重要。另外，驾驶过这种车的人应该有所体会，悬架对路面颠簸的反馈在车内感觉要轻很多，这是因为有些车的车身和底盘之间采用降低振动的方式连接在一起，所以在颠簸路面上时更平稳舒适。

图 2-81　非承载式车身

非承载式车身结构是一种历史非常悠久的底盘形式，早期几乎所有汽车都采用这种结构。其优点包括：①除了轮胎与悬架系统对整车的缓冲吸振作用外，挠性橡胶垫还可以起到辅助缓冲、适当吸收车架的扭转变形和降低噪声的作用，既延长了车身的使用寿命，又提高了乘坐舒适性，广泛应用于高级轿车和部分中级轿车；②底盘和车身可以分开装配，然后总装在一起，可以简化装配工艺，便于组织专业化协作；③车架作为整车的基础，便于汽车上各总成和部件的安装，易于更改车型和改装成其他用途的车辆；④车架对车身有一定的保护作用。

但是随着时代的发展，非承载式车身的缺点也暴露了出来。其缺点包括：①由于设计时不考虑车身承载，故必须保证车架有足够的强度和刚度，导致整车质量增加，经济性差；②由于底盘和车身之间装有车架，使整车高度增大；③车架是汽车上尺寸和质量最大的零件，需要一系列复杂而昂贵的制造设备。

(二)承载式车身

对于家用轿车来说，非承载式车身最大的问题就是车身质量太大。随着汽车技术的发展，人们取消了非承载式结构中独立的刚性车架，整个车身成为一个单体结构，这就是承载式车身，如图 2-82 所示。

图 2-82 承载式车身

承载式车身没有车架，车身就是发动机和底盘各总成的安装基体，承载全部载荷，并兼有车架的作用。为了缓和底盘零件安装部位的应力和确保车身刚度等，部分车辆安装有副车架，有的将底盘件一端安装在副车架上，也有的将其安装在车身上。

承载式车身的优点：①质量轻，整体弯曲和扭转刚度好；②车室地板低，车辆高度尺寸小，整车重心低；③以薄板加工为主，可焊接，易于批量生产。

承载式车身的缺点：①路面和发动机等部位传来的噪声及震动容易传入车身；②因为用整个车身来确保刚度，所以改造困难。

图 2-83 是一个承载式车身的车身组件，可以看到车身的外壳、车顶和地板以及通常所说的 A、B、C 三根柱都是连接在一起的。在冲压阶段，钢板先被冲压成不同的形状，然后焊接成一个完整的车身。这些部件按照功能可以大致分为两种：车身覆盖件和车身结构件。

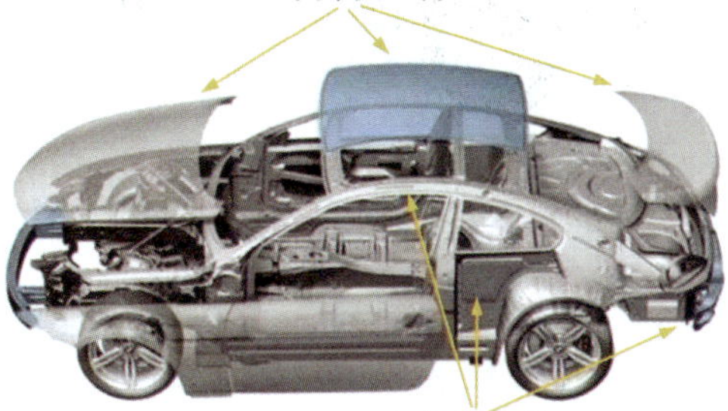

图 2-83 承载式车身组件

1. 车身覆盖件

所谓覆盖件就是覆盖在车身表面的部件，基本上从车外看到的部分都属于车身覆盖件，例如车门、车顶、翼子板等(见图 2-84)，它们通常起到美观和遮风挡雨的作用，一般都用厚度不超过1 mm的钢板冲压而成。我们平时所说的某辆车钢板的厚薄指的就是这些部位。实际上这些部位对于车身强度的影响很有限，所以不能从车身覆盖件的厚薄来判断车辆的碰撞安全性。较厚的钢板在抵御轻度剐蹭方面还是要更强一些。

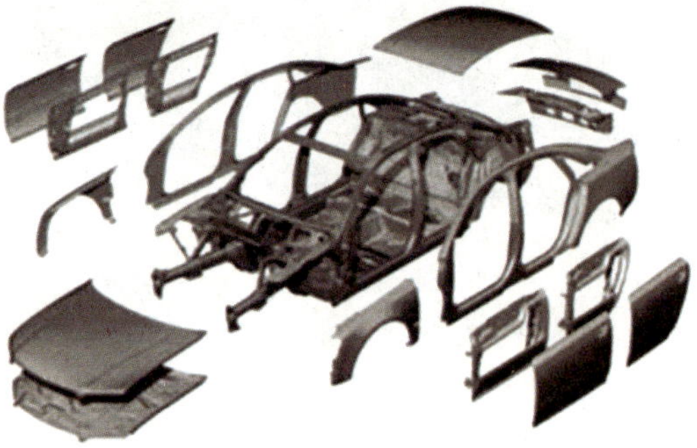

图 2-84　车身覆盖件

2. 车身结构件

车身结构件隐藏在车身覆盖件之下，对车身起到支承和抗冲击的作用。分布在车身各处的钢梁是车身结构件的一种。图 2-85 就是典型的车身钢梁，它由钢板围成一个闭合断面结构，钢板的厚度和材质规格都要比车身覆盖件的要求高很多，而且为了在碰撞时有效吸收撞击能量，这些钢梁还会将不同强度的钢材焊接在一起，形成有效的溃缩吸能区。还有一些钢梁不是闭合断面结构，它们在轻量化的原则下被设计成各种不同形状以承受特定方向上的力。承载式车身各部分强度示意图如图 2-85 所示。

图 2-85　承载式车身各部分强度示意图

二、车身材料

车身可以由多种材料组成，如钢、铝、复合材料、非金属材料等。图 2-86 为车身材料结构示意图。

车身的不同位置要求使用的材质不一样。例如，驾驶室的框架（如横梁，纵梁，A、B、C 柱等），为了保证驾乘空间尽量不变形，须采用高强度、超高强度的金属材料；前后翼子板、引擎盖等，为了可以吸收撞击力，可以使用强度相对较低的金属材料；车辆内饰一般采用各种织物、皮革、塑料等材料；车内衬垫一般采用纸板、软木、石棉、泡沫塑料等材料。

车身作为汽车的重要组成部分，在汽车轻量化的原则下，许多汽车生产厂家也在车身上做文章，推出了各种轻量化车身。图 2-87 为奇瑞捷豹的全铝车身，图 2-88 为宝马 i3

的碳纤维车身。

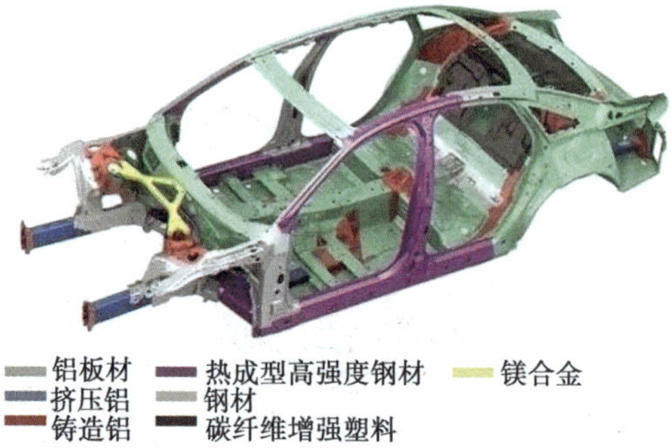

图 2-86　车身材料结构示意图

图 2-87　奇瑞捷豹的全铝车身

图 2-88　宝马 i3 的碳纤维车身

三、车身造型

车身造型是根据汽车整体设计的多方面要求来塑造的最理想的车身形状。车身造型设计是汽车外部和车厢内部造型设计的总和，它不是对汽车的简单装饰，而是运用艺术的手法科学地表现出汽车的功能、材料、工艺和结构特点。车身造型的目的是以它的美去吸引和打动消费者，使其产生拥有这种车的欲望。车身造型设计是车身设计的最初步骤，是整车设计最初阶段的一项综合构思，但却是决定产品命运的关键。车身造型设计已成为汽车产品最有力的竞争手段之一。

20 世纪前半叶，汽车的基本构造已经全部发明出来，汽车设计者们开始着手从汽车外部造型上进行改进，并相继引入了空气动力学、流体力学、人体工程学、工程材料学和工业美学等概念，力求使汽车从外形上满足不同年龄、不同阶层，甚至不同文化背景的人的需求，使汽车成为科学与艺术相结合的最佳表现形式，最终达到完美的境界。汽车车身型式在发展过程中主要经历了马车型汽车、厢型汽车、甲壳虫型汽车、船型汽车、鱼型汽车以及楔型汽车等几个阶段。

(一)马车型汽车

我国古代早有“轿车”一词，是指用骡马拉的轿子。西方汽车大量进入我国时，正是封闭式方形汽车在西方流行之时。那时汽车的形状与我国古代的“轿子”相似，于是，人们就将当时的汽车称为轿车。

最早的汽车车身造型就是将马车车厢直接移植于汽车上，被称为无马的马车。德国奔驰汽车公司于1894年生产的维洛牌(VELO)汽车就是马车型汽车的典型(见图2-89)。

图2-89　奔驰汽车公司于1894年生产的维洛牌(VELO)汽车

(二)厢型汽车

厢型汽车的车身犹如箱子。早在汽车发明之前就有“Sedan”一词，它是指欧洲贵族乘用的一种豪华马车，不仅装饰讲究，而且是封闭式的，可防风、雨和灰尘，提高了汽车的安全性。18世纪，厢型汽车传到美国后，也只有纽约、费城等少数大城市中的富人才有资格享用。1908年，福特推出T型车时(见图2-90)，车身由原来的敞开式改为封闭式，其舒适性、安全性都有很大的提高。福特将“封闭式汽车”(Closed Car)称为Sedan。著名的福特T型车是厢型汽车的佼佼者(也有人将其分类为“马型汽车”)。从1920年开始，汽车车身由以敞篷为主转变成以封闭的厢型车身为主。

图2-90　福特T型车

（三）流线型汽车

受到马车的影响，厢型汽车的车身高，空气阻力很大，大大妨碍了汽车前进的速度。为提高汽车车速，设计师们开始应用空气动力学的原理来减少风阻系数，并研究出了一种新的车型——流线型。车身截面从四方形变为椭圆形，从而减小了迎风面积。1934年，美国克莱斯勒公司生产的气流牌小客车（见图 2-91），首先采用了流线型的车身外形。此后出现的流线型汽车有 1936 年的福特林肯和风牌流线型轿车、1937 年的福特 V8、1937 年的菲亚特和 1955 年的雪铁龙等。

图 2-91　克莱斯勒的气流牌小客车

（四）甲壳虫型汽车

德国大众汽车公司的甲壳虫汽车，是甲壳虫型车身汽车的典型代表。1937 年，费迪南德·波尔舍开始设计类似于甲壳虫外形的汽车，最大限度地发挥了甲壳虫外形阻力小的长处。甲壳虫型汽车成为同类车的车中之王，甲壳虫也成为该车的代名词。第一代甲壳虫汽车如图 2-92 所示。由于第二次世界大战甲壳虫型汽车，甲壳虫型汽车直到 1949 年才真正大批量生产，并开始畅销世界各地。同时，甲壳虫汽车以一种车型累计生产超过 2150 万辆的纪录而著称于世。

图 2-92　1938 年大众的第一代甲壳虫汽车

甲壳虫型汽车打破了福特 T 型汽车的产量纪录，它们有一个共同点：都是“行驶的机器”，不讲究豪华。两者的基本结构在它们的“一生”中都没有改动。2019 年 7 月 10 日，“萌系车鼻祖”大众最后一辆甲壳虫汽车在墨西哥 Puebla 工厂下线，标志着历经 81 年生产、三代设计的甲壳虫车型将正式停产。第三代甲壳虫汽车如图 2-93 所示。甲壳虫汽车可谓是大众品牌的成名之作，它的经典成为一种情怀的象征，承载了很多车主的青春回忆。

图 2-93　第三代甲壳虫汽车

(五)船型汽车

甲壳虫型汽车也有明显的缺点：一是乘员活动空间狭小，后排乘客头顶上部几乎碰到了车顶；二是车身对横向风力不稳定，受风后容易使汽车偏离原来的行驶轨迹，在汽车高速行驶时容易发生危险。因此，后来被船型汽车取代。船型汽车改变了以往汽车造型的模式，使前翼子板和发动机罩、后翼子板和行李舱盖融于一体，前照灯和散热器罩也形成一个平滑的面，车室位于车的中部，整个造型很像一只小船，所以人们把这类车称为船型汽车。1949 年，福特汽车公司的 V8 轿车首先开创了船型车身的车型。船型车身的重要特点是开始应用人体工程学来设计车身，把乘坐位置放在振动最小的汽车中部；发动机在前部，行李舱在后部，取消了单独的翼子板，扩大了汽车的内部空间，同时也减小了汽车侧面的空气阻力，解决了甲壳虫型汽车对横向风不稳定的问题。因此，船型汽车受到了广泛的欢迎，一直盛行不衰。常见的奥迪 100C 型轿车(见图 2-94)就是船型汽车，其风阻系数只有 0.30。

图 2-94　奥迪 100C 船型汽车

(六)鱼型汽车

船型汽车的尾部过分向后伸出，在汽车高速行驶时会产生较强的空气涡流作用。为了克服这一缺陷，设计师们又研发出了像鱼的脊背一样的鱼型汽车(见图 2-95)。1952 年，美国通用汽车公司的“别克”牌轿车开创了鱼型汽车的时代。鱼型汽车和甲壳虫型汽车很相似，但仔细观察会发现鱼型汽车的背部和地面所形成的角度比较小，尾部较长，围绕车身的气流也比较平顺，涡流阻力相对较小。另外，鱼型汽车由船型汽车演变而来，基本上保留了船型汽车的长处，诸如车室宽大、视野开阔、车身侧面的形状阻力较小、造型更具有动感、乘坐舒适等。另外，鱼型汽车还特别增大了行李舱的容积，更适合家庭外出旅行等使用。

图 2-95　鱼型汽车

鱼型汽车也存在着一些致命的弱点：一是由于鱼型车身汽车的后窗玻璃倾斜得过于厉害，致使玻璃的表面积增大了 1～2 倍，强度有所下降，产生了结构上的缺陷；二是当汽车高速行驶时汽车的升力较大，鱼型汽车发动机前置，车身重心相对前移。一般来讲，横向风的风压中心和车身重心接近。但由于鱼型汽车的造型关系，在高速时会产生一种升力，使车轮附着力减小，从而抵挡不住横向风的吹袭，有发生偏航的危险。鉴于鱼型汽车的缺点，设计师们在鱼型汽车的尾部安上了一个上翘的“鸭尾巴”，以此来克服一部分空气的升力，这便是鱼型鸭尾式汽车(见图 2-96)。

图 2-96　鱼型鸭尾式汽车

(七)楔型汽车

虽然鱼型鸭尾式汽车部分地克服了汽车高速行驶时的空气升力，但未从根本上解决鱼型汽车的升力问题。在经过大量的探求和试验后，设计师们最终找到了一种新车型——楔型。这种车型就是将车身整体向前下方倾斜，车身后部像刀切一样平直，这种造型能有效地克服升力。

1963 年，司蒂倍克・阿本提第一次设计了楔型汽车，阿本提楔型汽车诞生于船型汽车盛行的时代，与船型汽车的外形形成鲜明的对比。因此，未能起到引导车身外形向前发展的作用。1968 年，通用公司的奥兹莫比尔・托罗纳多改进和发展了楔型汽车。1968 年，楔型汽车又被凯迪拉克高级轿车埃尔多采用。楔型造型主要应用在赛车上，这是因为赛车首先考虑流体力学(空气动力学)等问题对汽车的影响，车身可以完全按楔型制造，把乘坐的舒适性作为次要问题考虑。楔型车身造型对于高速行驶的汽车来说，无论是从其造型的简练、动感方面，还是从对空气动力学的体现方面，都比较符合现代人的主观要求，具有极强的现代气息，给人以美好的享受和速度的快感。日本丰田汽车公司的 MR2 型中置发动机跑车(见图 2-97)尾部装有扰流板，可以称之为楔型汽车的代表。

图 2-97　丰田 MR2 楔型汽车

汽车车身发展到鱼型，关于空气阻力的问题就已经基本解决了。楔型继承了这一成果，并有效地克服了鱼型汽车的升力问题，使汽车的行驶稳定性有了显著提高，成为目前较为理想的车身造型。未来，小客车的造型必然是在楔型车的基础上加以改进。

学习任务五　汽车电气

现代汽车电气设备的种类和数量都很多，但总的来说，可以分为三大部分：电源、用电设备和全车电路以及配电装置。

一、汽车电源系统

汽车电源包括蓄电池、发电机及电压调节器。蓄电池的作用是在发动机不工作时，向启动机及其他用电设备供电。发动机启动后，发电机作为电源向用电设备供电，同时也给蓄电池充电。电压调节器的作用是在发电机工作时，保持其输出电压的稳定。

（一）蓄电池

蓄电池不仅可以为汽车供电，还可以储存电能。汽车电源系统的额定电压有 12 V 和 24 V 两种，中小型车普遍采用 12 V 电源，重型车多采用 24 V 电源。车载蓄电池属于铅酸类电池，其正极是二氧化铅，负极是金属铅，电解液一般是硫酸水溶液。

常见的车载蓄电池有普通蓄电池、干荷蓄电池和免维护蓄电池三种。

(1)普通蓄电池：极板由铅和铅的氧化物构成，电解液是硫酸的水溶液。它的优点是电压稳定、价格便宜；缺点是比能低(即每千克蓄电池存储的电能)、使用寿命短和日常维护频繁。

(2)干荷蓄电池：全称是干式荷电铅酸蓄电池。它的特点是：负极板有较高的储电能力，在完全干燥状态下，能够长期(一般为两年)保存其在化学过程中所得到的电量；在规定的保存期内，如需使用，只需加入符合规定密度的电解液，静置 30 min 即可，不需进行初充电，是应急的理想电源。

(3)免维护蓄电池：由于自身结构的优势，电解液消耗量非常小，在使用寿命内基本不需要补充蒸馏水。它还具有耐震、耐高温、体积小、自放电小的特点，使用寿命一般为普通蓄电池的两倍。市场上的免维护蓄电池有两种：一种是在购买时一次性加满电解液，以后使用中不需要维护（添加补充液）；另一种是电池出厂时本身就已经加好电解液并封装，使用过程中不能加补充液。

随着发动机启停技术的发展，普通电池无法满足启停系统频繁重启发动机所需的频繁大电流放电的要求，而阀控式密封铅酸蓄电池可以满足发动机启停功能的需求。

阀控式密封铅酸蓄电池（Valve Regulated Lead Acid Battery，简称 VRLA 电池）如图 2-98 所示。VRLA 电池目前常见的有 AGM 电池（见图 2-99）和 EFB 电池（见图 2-100），两种都属于启停专用蓄电池，但其内部结构不同。

图 2-98　阀控式密封铅酸蓄电池

图 2-99　AGM 蓄电池

图 2-100　EFB 蓄电池

AGM 即吸附式玻璃纤维隔板技术，AGM 蓄电池采用贫液式设计，极板并没有浸泡在电解液中，除了极板内部吸有一部分电解液外，大部分电解液吸附在多孔的玻璃纤维隔板上，并采用紧装配的技术使极板充分接触电解液。隔板上有一定比例的孔隙（不被电解液占据），给正极析出的氧气提供了移向负极的通道，能保证氧气更好地扩散到负极，重新化合生成水。目前，德系、美系车型主推 AGM 技术。与普通蓄电池相比，AGM 蓄电池具有以下优点：①更长的使用寿命，循环充电能力是普通蓄电池的 3～4 倍。②卓越的启动能力，即使在欠充电条件下，仍能轻松启动车辆。③良好的低温启动性能。④能降低事故风险，无酸液渗漏，可减少环境污染。AGM 蓄电池具有以下缺点：①AGM 电池价格昂贵，比普通蓄电池贵三倍多。②不耐高温，AGM 蓄电池一般不能安装在发动机舱内，可以安装在座位下面或后备箱等常温环境中。

EFB 即增强型富液式蓄电池技术，是在传统电池技术基础上，通过调整活性物质配方，以提高电池深循环性能的技术。此外，EFB 能增强内部极群组装配强度，提高蓄电池寿命，使其具有更强的抗震性能。EFB能有效防止电池活性物质脱落，使蓄电池延长2倍以上深循环寿命，提高蓄电池的充电接受能力。EFB蓄电池耐高温，可安装在发动机舱内，而且能够完全达到启停系统的要求，比普通电池的寿命长3倍，性价比高，但价格比普通电池贵两倍多。目前，日系车型主推EFB技术。

与EFB蓄电池相比，AGM蓄电池具有更为优秀的深循环特性，能够满足带有启停系统、能量回收系统的车辆，以及高端豪华轿车的应用需求。而EFB蓄电池则具有成本低、适用温度范围广等特点，整体性能可满足入门级启停系统的需求，但不支持能量回收系统。

（二）发电机及电压调节器

汽车发电机（见图2-101）是汽车的主要电源，其作用是在发动机正常运转时，向所有用电设备（启动机除外）供电，同时给蓄电池充电。电压调节器的作用是在发电机转速和发电机上的负载发生变化时，自动控制发电机电压，使其保持恒定，防止发电机电压过高而烧坏用电设备和蓄电池过量充电，同时也防止发电机电压过低而导致用电设备工作失常和蓄电池充电不足。现代轿车发电机的电压调节器一般安装在发电机的内部，在此不多赘述。

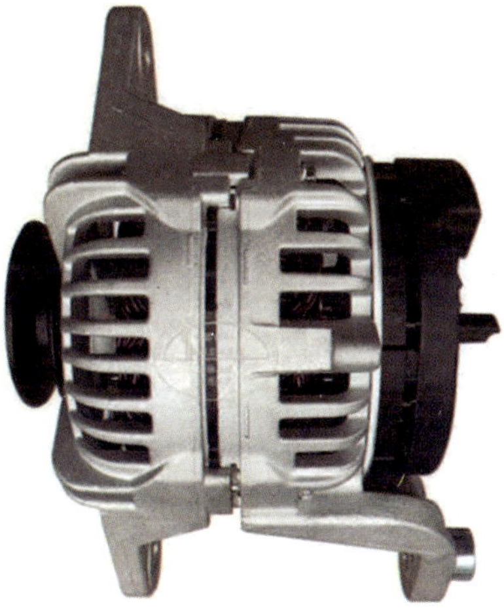

图2-101　汽车发电机

汽车用发电机可分为直流发电机和交流发电机。交流发电机在许多方面优于直流发电机，目前直流发电机已被淘汰。交流发电机按照总体结构分为以下五类：

（1）普通交流发电机又称为硅整流发电机，使用时需要配装电压调节器，如JF132（EQ140用）。

（2）整体式交流发电机是由发电机和调节器制成的发电机，例如别克轿车的发动机上装配的CS型发电机（包括CS-121、CS-130和CS-144三种不同的型号）。

（3）带泵的交流发电机是带真空泵的交流发电机，常用于无真空源的柴油机，如JFZB292发电机。

（4）无刷交流发电机是不需要电刷的发电机，如JFW1913。

(5)永磁交流发电机是用永磁铁制成的发电机。

根据中华人民共和国汽车行业标准《汽车电气设备产品型号编制方法》(QC/T 73—93)的规定,国产汽车交流发电机型号由产品代号、电压等级代号、电流等级代号、设计序号和变形代号5部分组成。

(1)产品代号:用中文字母表示。例如,JF代表普通交流发电机,JFZ代表整体式交流发电机,JFB代表带泵的交流发电机,JFW代表无刷交流发电机。

(2)电压等级代号:用一位阿拉伯数字表示。例如,1表示12 V系统,2表示24 V系统,6表示6 V系统。

(3)电流等级代号:也用一位阿拉伯数字表示,等级不同,输出电流值不同。

(4)设计序号:用1～2位阿拉伯数字表示,表示产品设计的先后顺序。

(5)变形代号:交流发电机以调整臂位置作为变形代号,从驱动端看,调整臂在左端用Z表示,调整臂在右端用Y表示,调整臂在中间不加标记。

例如,桑塔纳2000轿车选用的JFZl913Z型交流发电机,是一款电压等级为12 V、电流等级不小于90 A、第13次设计、调整臂在左边的整体式交流发电机。

二、汽车用电设备

汽车用电设备有启动系统、点火系统、照明系统、信号装置、仪表及报警装置、辅助电气设备和汽车控制电子系统等。

(1)启动系统:主要包括启动机及其控制电路,作用是启动发动机。

(2)点火系统:用来产生电火花,点燃汽油机中的可燃混合气。

(3)照明系统:包括车内和车外的照明灯具,提供车辆安全行驶的必要照明。

(4)信号装置:包括音响信号和灯光信号两类,提供行车所必需的信号。

(5)仪表及报警装置:用来监测发动机及汽车的工作情况,使驾驶员能够通过仪表、报警装置及时监视发动机和汽车运行的各种参数及异常情况,确保汽车正常运行,主要包括车速里程表、发动机转速表、水温表、燃油表、电压(电流)表、机油压力表、气压表和各种报警灯等。

(6)辅助电气设备:包括风窗电动刮水器、风窗洗涤器、汽车空调系统、汽车视听设备、车窗玻璃电动升降器、电动座椅、电动天窗、电动后视镜等。车用辅助电气设备有日益增多的趋势,主要向舒适、娱乐、安全等方面发展。车辆的豪华程度越高,辅助电气设备就越多。

(7)汽车电子控制系统:主要指利用微机控制的各个系统。

发动机的微机控制系统主要有汽油喷射发动机集中控制系统和电控柴油喷射系统,用于实现发动机的低油耗、低污染,提高汽车的动力性、经济性。

底盘的电子控制系统用于提高汽车的舒适性、安全性和动力性等,主要有电控自动变速器、电控悬架、制动防抱死/防滑控制系统(ABS/ASR)、电控动力转向、牵引力控制、巡航控制等。

车身的电子控制技术包括汽车安全、舒适性控制和信息通信系统,主要有安全气囊、安全带、中央防盗门锁、全自动空调、多功能电动座椅、多媒体界面、电动车窗和满足多种用电设备需求的新型电源管理系统，还有导航系统、车载网络系统、状态监测与故障诊断系统等。

总之，随着汽车电子技术的不断发展，将有越来越多的电子设备应用在汽车上，以提高汽车的安全性、舒适性和方便性。

三、全车电路及配电装置

全车电路及配电装置包括中央接线盒、保险装置、继电器、电气线束及插接件、电路开关等，它们使全车电路构成一个统一的整体。

现代汽车所采用的电控系统越来越多，所占的比例也越来越大，且汽车电控系统往往自成系统，将电子控制与机械装置相结合，形成了较为典型的机电一体化系统。

学习任务六　汽车主流技术

一、汽车发动机技术

（一）汽油机燃油喷射技术

目前，汽油机燃油喷射的主流技术是进气歧管喷射技术，但缸内直喷技术也日渐普及，复合喷射技术也是未来的发展方向。

1. 进气歧管喷射技术（PFI）

进气歧管喷射（Port Fuel Injection，PFI）技术是指喷油器安装在进气歧管上，把汽油喷入进气歧管中，喷入的汽油和空气在进气歧管中混合，在进气行程中被吸入气缸，并燃烧做功。

按照喷油器的安装位置，进气道喷射分为进气道多点喷射（MFI）和进气总管喷射（SPI）。由于MFI对喷油压力要求不高，并且能够实现燃油供给量的精确控制，因而已成为汽油机的主流产品。但是，PFI是将燃油喷在进气道内，混合气形成过程中会出现燃油蒸发不完全的情况，在进气道上容易形成油膜，该部分燃油不能快速进入燃烧室，存在一段时间的延迟，从而导致瞬时燃油的燃烧情况不能实现精确控制。尤其在变工况与冷启动工况下，需要增加燃油的喷入量，导致较多的未燃氢氧化物进入大气，冷启动工况排放污染严重，燃油消耗增加。

2. 缸内直喷技术（GDI）

缸内直喷（Gasoline Direct Injection，GDI）技术将燃油直接喷射在缸内，并在气缸内直接与空气混合形成可燃混合气。ECU可以根据吸入的空气量精确地控制燃油的喷射量和喷射时间，高压的燃油喷射系统可以使油气的雾化和混合效率更加优异，使符合理论空燃比的混合气体燃烧更加充分，从而降低油耗，提高发动机的动力性能。

图2-102为进气歧管喷射与缸内直喷的结构对比。

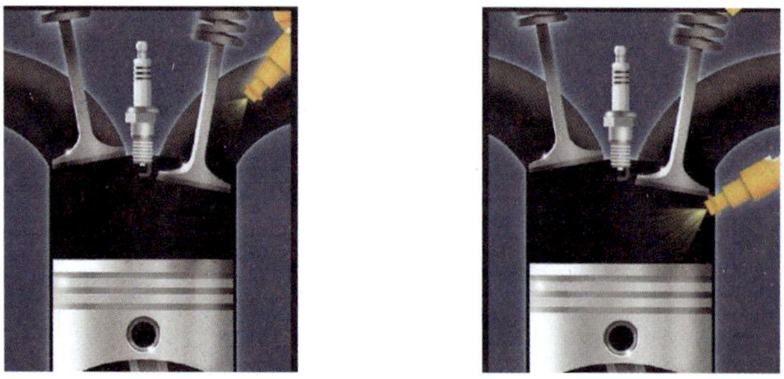

(a)进气歧管喷射　　(b)缸内直喷

图 2-102　进气歧管喷射与缸内直喷的结构对比

与进气歧管喷射相比,缸内直喷增加了高压油泵和高压油轨,有效地提高了燃油效率,使喷出来的油雾更加均匀、稀薄,降低了油耗,并且压缩比可以做得更大,实现分层燃烧。

虽然 GDI 汽油机有其无可替代的优势,但在低速低负荷工况下运行时,在缸内无法形成理想的混合气。而 PFI 汽油机存在节气门,导致经济性与动力性较低,因此人们综合两者的优点研究出了一种新型组合式汽油机,即进气管喷射与缸内直喷组合汽油机。

3. 复合喷射

复合喷射是在缸内直喷发动机的基础上,在进气管道上增加一套喷油装置,从而实现进气道喷射与缸内直喷组合的喷油方式。如图 2-103 是大众 EA888 发动机的复合喷射系统,可将发动机每次循环所需的燃油量分为两部分进行喷射:一部分用于 PFI 喷射,由进气管道进入气缸内,与空气形成均质稀薄的混合气分布到整个燃烧室;另一部分由缸内喷嘴直接喷入气缸内,该部分燃油将火花塞附近的混合气适当加浓。据相关研究表明,这种喷油方式有助于最佳混合气的形成,并且其排放也更为环保。

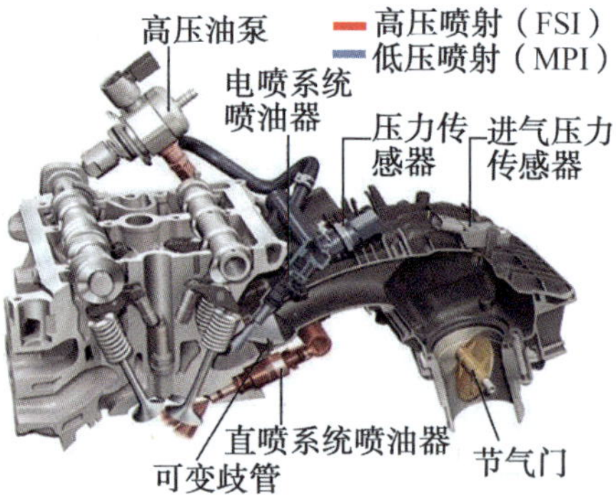

图 2-103　大众 EA888 发动机复合喷射系统的结构

(二)柴油机燃油喷射技术

现代先进的柴油机汽车一般采用电控高压共轨燃油喷射技术,该技术有助于减少有害废气的排放量,并能够降低燃油消耗,提高动力输出,是一项较为成功的控制污染排放的技术。它涉及电控、高压、共轨三项技术。

(1)电控指燃油喷射系统由柴油机 ECU 控制,ECU 对每个喷油器的喷油量、喷油时刻进行精确控制，使柴油机的燃料经济性和动力性达到最佳的平衡。传统柴油机由机械控制，控制精度无法得到保障。

(2)高压指喷油系统压力比传统柴油机要高出 2 倍多，最多能达到 200 MPa。压力大，雾化好，燃烧充分，从而提高动力性，达到节油的目的。

(3)共轨喷射是指在由高压油泵、压力传感器和电子控制单元(ECU)组成的闭环系统中，将喷射压力的产生和喷射过程彼此完全分开的一种供油方式。由高压油泵把高压燃油输送到共轨管，通过油压传感器、压力调节阀实现对共轨管内的油压的精确控制，使高压油管压力大小与发动机的转速无关，大幅度减小柴油机供油压力随发动机转速变化的程度，使柴油机运转更加平顺，从而优化柴油机的综合性能。

柴油机电控高压共轨燃油喷射系统的组成如图 2-104 所示，它主要由燃油供给系统和电子控制系统两大部分组成。

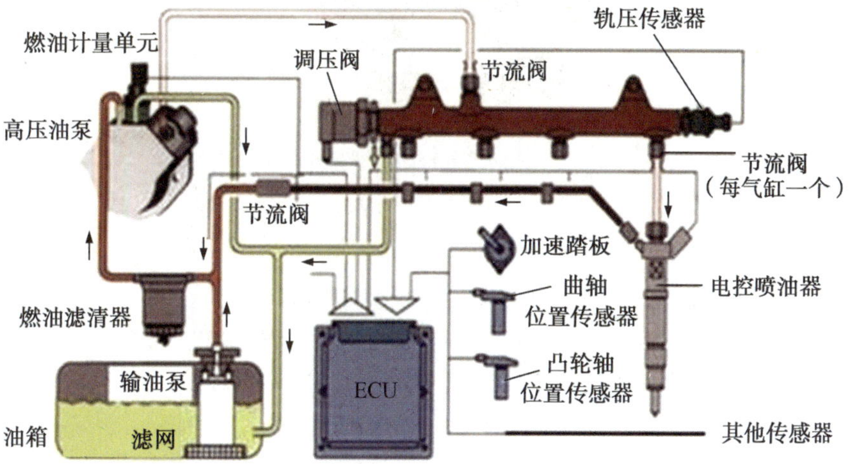

图 2-104　柴油机电控高压共轨燃油喷射系统

燃油供给系统的主要作用是向高压油泵输送足够的燃油。电子控制系统借助传感器和数据导线获取驾驶员的要求以及柴油机和车辆的实时工况信息，对这些信息按照预设程序进行处理，向执行器发出相应的控制和调节指令，对柴油机的运作进行控制和调节。

(三)发动机增压技术

发动机增压技术就是将空气预先压缩增压后供入气缸，以提高空气密度、增加进气量，可以增大空燃比，改善燃油经济性。同时，进气量增加后也可适当增加燃油喷射量，从而提升发动机功率。因此，发动机增压技术可以改善燃油经济性，提升车辆加速性能。目前，发动机增压技术主要有涡轮增压技术、机械增压技术和复合增压技术。

1. 涡轮增压技术

涡轮增压技术指在普通发动机上加装涡轮增压器，利用发动机排放的高温、高速废气作为动力，驱动涡轮增压器对新鲜空气进行增压。其工作原理如图 2-105 所示。从排气歧管排出的高温、高速废气带动涡轮转动，此时涡轮作为主动轮带动同轴的泵轮转动。

泵轮实质上就是一个空气压缩机，将来自空气滤清器的新鲜空气压缩后送到进气管。

涡轮增压系统主要是利用发动机产生的废气的能量带动压缩机来实现对进气的增压，在工作过程中基本不会消耗发动机的动力，并且可以实现小排量、大功率、低油耗，因此得到了广泛的应用。但它有一个缺点：在低速时涡轮不能及时介入，有一定的动力输出滞后性，即“涡轮迟滞”现象。

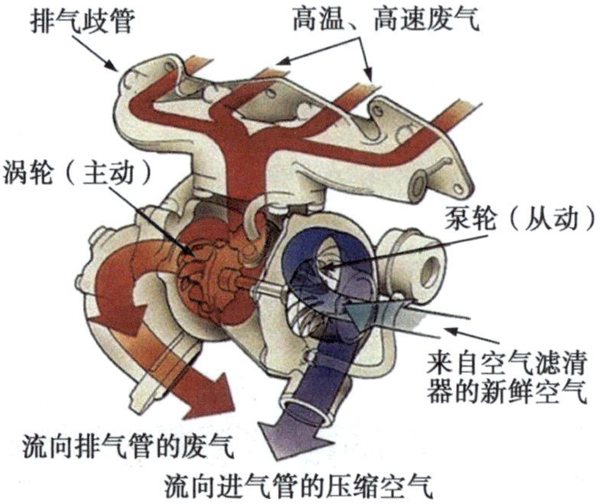

图 2-105　涡轮增压技术原理示意图

2. 机械增压技术

机械增压技术就是在普通发动机上加装机械增压器，利用发动机曲轴的转动带动机械式空气压缩机工作，从而对新鲜空气进行增压。其工作原理如图 2-106 所示。发动机曲轴输出的动力通过皮带驱动空气压缩机工作，来自空气滤清器的新鲜空气经压缩后变成高温高压气体。为了减少高温对气体膨胀的影响，通常会增加一个中冷器，负责将高温高压的空气冷却到低温高压状态，再充入气缸参与燃烧。试验表明，在相同的空燃比条件下，增压空气温度每下降 10 ℃，发动机功率能提高 3%～5%，还能降低氮氧化合物的排放，改善发动机的低速性能。目前，中冷器已成为发动机增压系统的重要组成部件，在机械增压发动机及涡轮增压发动机上广泛应用。按照中冷器的冷却方式，发动机可分为水冷式与风冷式。

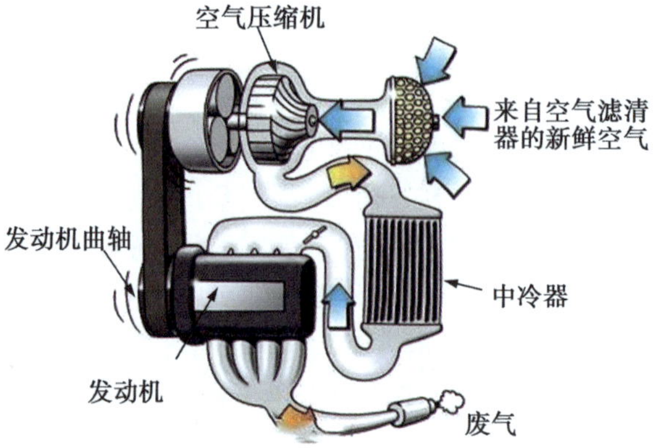

图 2-106　机械增压技术原理示意图

由于机械增压器是由曲轴直接带动的，只要发动机运转，增压器就开始工作。同时，机械增压器的转速与发动机的转速完全连动，空气压缩量随着发动机的转速线性上升。机械增压器的最大优点是“全时介入”，所以它既没有涡轮增压发动机介入那一刻的唐突，也没有涡轮增压发动机的低速迟滞，发动机在低转速时有比较好的动力输出，并且汽车加速时的感受相当线性，装有机械增压器的汽车深受高端客户的欢迎。机械增压器的缺点是在工作过程中会消耗发动机的动力，特别是在发动机高速运转时，动力损耗很大，而发动机动力提升并不明显，汽车的燃油经济性降低，这也是机械增压器没有广泛应用的重要原因之一。机械增压器一般应用在基础排量很大、对油耗不太敏感的大排量高端发动机上，比如奔驰 6.0 L V12 发动机、奥迪 3.0 L V6 发动机、捷豹 4.0 L V8 发动机等。

3. 复合增压技术

为了解决涡轮增压系统低转速时扭矩不足和涡轮迟滞，以及机械增压系统高速时动力损耗大等问题，汽车工程师相继开发了“双涡轮增压技术”“涡轮机械双增压技术”等复合增压技术。

双涡轮增压技术就是由一个低速涡轮和一个高速涡轮共同组成发动机进气增压系统的技术。在发动机低速运转时，低速涡轮作为主要增压器介入工作；当发动机转速提升以后，高速涡轮开始介入工作并提供更高的进气压力。双涡轮增压技术通常应用在较大排量的发动机上，比如宝马 3.0 L 直列 6 缸发动机。

涡轮机械双增压技术就是由一个涡轮增压器和一个机械增压器共同组成发动机进气增压系统的技术。在发动机低速运转时，机械增压器起主要作用；在发动机高速运转时，涡轮增压器起主要作用，从而保证发动机在低速和高速时都能有较好的增压效果。涡轮机械双增压发动机在德系车上应用较多，比如大众高尔夫 GT 上装备的 1.4 L TSI 发动机。

(四)发动机可变气门技术

发动机可变气门技术包括可变气门正时与可变气门升程两种技术。目前，多数汽车厂商采用其中一种技术或两种技术同时采用，只不过叫法和技术实现手段不同，例如丰田称其为 VVT-i、本田称其为 i-VTEC、奥迪称其为 AVS、宝马称其为 Valvetronic、日产称其为 CVTC、三菱称其为 MIVEC、马自达称其为 S-VT 等。

1. 发动机可变气门正时技术(Variable Valve Timing，VVT)

所谓气门正时，可以简单理解为气门开启和关闭的时刻。理论上在进气行程中，活塞由上止点移至下止点时，进气门打开，排气门关闭；在排气行程中，活塞由下止点移至上止点时，进气门关闭，排气门打开。在实际的发动机工作过程中，为了增大气缸内的进气量，进气门需要提前开启、延迟关闭；同样的，为了使气缸内的废气排得更干净，排气门也需要提前开启、延迟关闭，这样才能保证发动机有效运作。这种延长气门开启时间的做法，必然会出现一个进气门和排气门同时开启的时刻，配气相位上称其为气门重叠角。

发动机在高转速时，每个气缸在一个工作循环内，吸气和排气的时间是非常短的，要想达到高的充气效率，就必须延长气缸的吸气和排气时间，也就是增大气门重叠角；而发动机在低转速时，过大的气门重叠角则容易使废气倒灌，吸气量反而会下降，从而导致发动机怠速不稳，低速扭矩偏低。固定的气门正时很难同时满足发动机高转速和低转速两种工况的需求，所以可变气门正时应运而生。可变气门正时系统是一种改变气门开启时间的电控系统，通过在不同转速下为车辆匹配更合理的气门开启或关闭时刻，来增强车辆扭矩输出的均衡性，提高发动机功率并降低车辆的油耗。可变气门正时机构示例如图 2-107 所示。

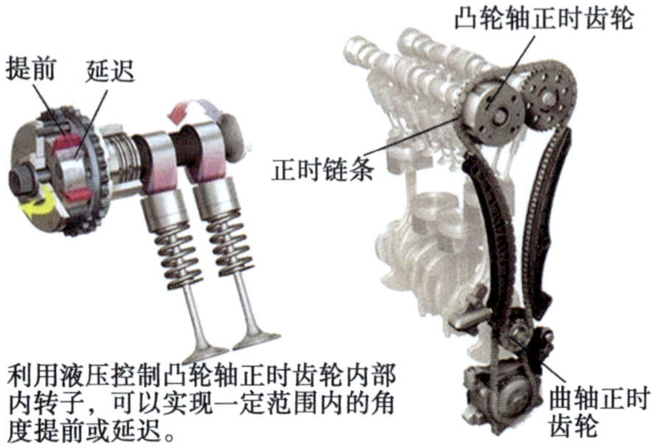

图 2-107　可变气门正时机构示例

丰田 VVT-i 智能可变气门正时系统(Variable Valve Timing-intelligent)已被广泛应用，其原理是：在凸轮轴上加装一套液力机构，通过 ECU 的控制，在一定角度范围内对气门的开启、关闭的时间进行调节(提前、延迟或保持不变)。凸轮轴的正时齿轮的外转子与正时链条或正时皮带相连，内转子与凸轮轴相连，外转子可以通过液压油间接带动内转子，从而实现一定范围内的角度提前或延迟，如图 2-108 所示。

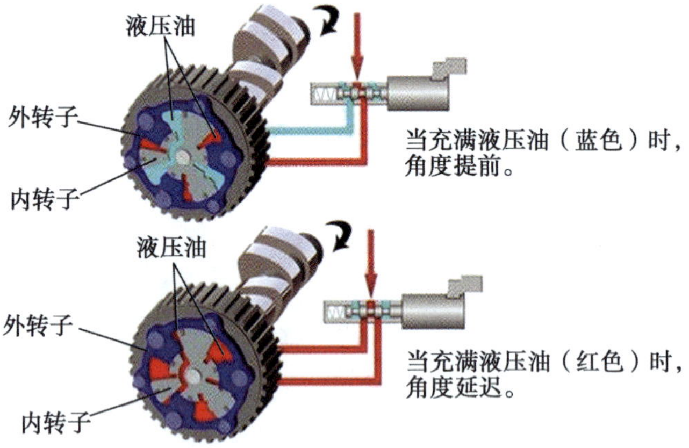

图 2-108　丰田 VVT-i 智能可变气门正时系统示意图

2. 可变气门升程技术(Variable Valve Lift，VVL)

影响发动机动力的实质与单位时间内进入气缸内的氧气量有关，而可变气门正时系统只能改变气门的开启和关闭时间，却不能改变单位时间内的进气量，而可变气门升程技术能满足这个需求。如果把发动机的气门看作房子的一扇“门”的话，气门正时可以理解为“门”打开和关闭的时间，气门升程则相当于“门”打开的大小。

传统的汽油发动机的气门升程是固定不可变的，也就是凸轮轴的凸轮型线只有一种，这导致气门升程不可能使发动机在高速区和低速区得到良好的响应。传统汽油发动机的气门升程——凸轮型线设计是对发动机在全工况下的平衡性选择，发动机既得不到最佳的高速效率，也得不到最佳的低速扭矩，但得到了全工况下最平衡的性能。可变气门升程技术可以使发动机在高速区和低速区都得到满足需求的气门升程，从而改善发动机的高速功率和低速扭矩。可变气门升程机构示例如图 2-109 所示。这种可变气门升程系统主要通过切换凸轮轴上的低角度凸轮和高角度凸轮来实现气门的可变升程。

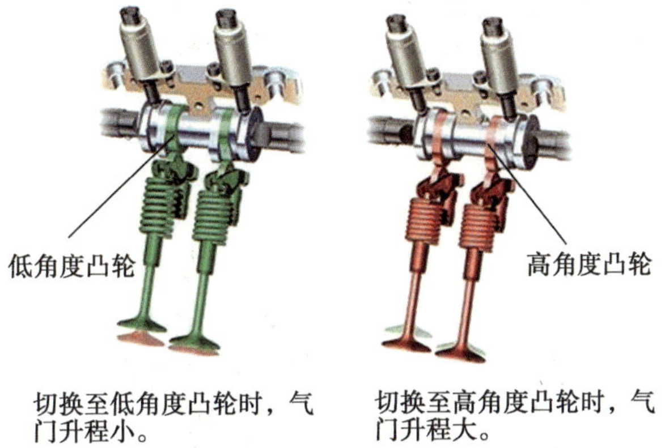

图 2-109　可变气门升程机构示例

奥迪可变气门升程系统主要通过切换凸轮轴上两组高度不同的凸轮来改变气门的升程，并通过安装在凸轮轴上的螺旋沟槽套筒来实现凸轮轴的左右移动，进而切换凸轮轴上的高低凸轮。其结构如图 2-110 所示。

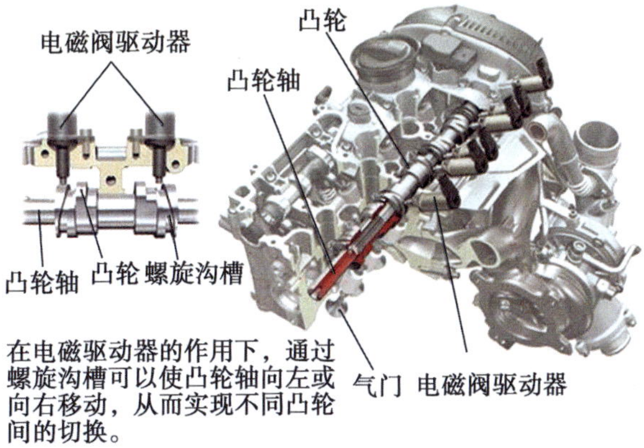

图 2-110　奥迪可变气门升程系统的结构示意图

奥迪可变气门升程系统的工作原理如图 2-111 所示。当发动机处于高负荷时，电磁驱动器使凸轮轴向右移动，切换到高角度凸轮，从而增大气门的升程；当发动机处于低负荷时，电磁驱动器使凸轮轴向左移动，切换到低角度凸轮，从而减小气门的升程。

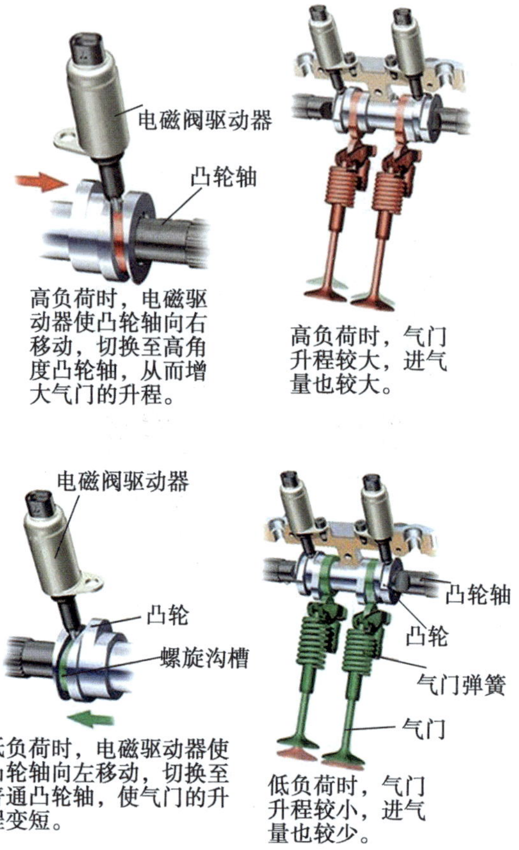

图 2-111　奥迪可变气门升程系统的工作原理示意图

3. 可变气门正时升程控制技术(Variable Valve Timing and Lift Electronic Control, VTEC)

1989 年，本田公司推出了自行研制的“可变气门正时和气门升程电子控制系统”(VTEC)，这是世界上第一个能同时控制气门开闭时间及升程的气门控制系统。本田的 VTEC 发动机有“可变气门发动机的代名词”之称，它不仅有输出功率大的特点，还具有低转速时尾气排放环保、低油耗的特点。

本田的 VTEC 发动机可以看作是在传统进气机构的基础上增加了一个中间摇臂和高角度凸轮。VTEC 发动机通过三根摇臂的分离与接合来实现高、低角度凸轮的切换，从而改变气门的升程。其工作示意图如图 2-112 所示。当发动机处于低负荷时，三根摇臂处于分离状态，低角度凸轮两边的摇臂来控制气门的开闭，气门升程量小；当发动机处于高负荷时，三根摇臂接合为一体，由高角度凸轮驱动中间摇臂，气门升程量大。值得注意的是，高、低角度凸轮的切换改变了气门升程，凸轮轮廓线的不同改变了气门正时。但是，这种改变是有级别的。气门重叠角与最大气门升程在凸轮切换前是固定的数值 A，切换后是固定的数值 B，不能做到连续可变，类似于有级变速器换挡。

i-VTEC 是本田在 VTEC 技术的基础上增加了一个可变气门正时控制的装置，可以实现连续改变气门正时，类似于无级变速器换挡。

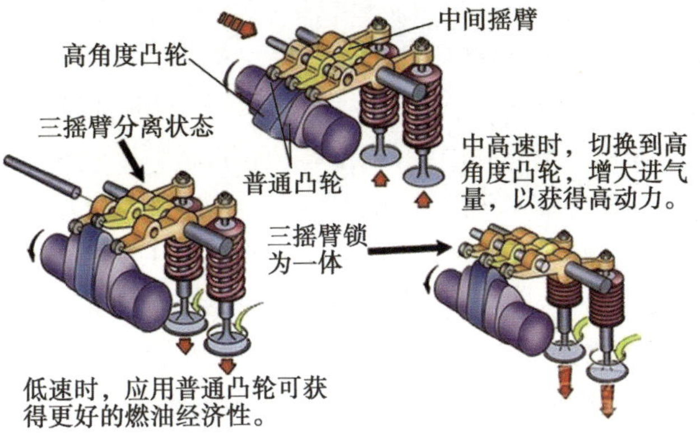

图 2-112　本田 VTEC 系统的工作示意图

(五)发动机可变气缸技术

发动机可变气缸技术是指能够根据道路情况或者驾驶员驾驶状态，对发动机气缸工作状态进行调节的一项节能技术，在不需要大功率输出时，控制关闭一部分气缸，以减少燃料消耗。通常情况下，该技术用于多气缸大排量发动机，如 V6、V8、V12 等发动机。因为这类汽车在日常行驶时并不需要大功率的输出，特别是在越来越拥堵的城市，大排量多气缸的搭配就显得有点浪费，而小排量又无法满足人们对于驾驶乐趣的需求。于是，为了解决这一矛盾，可变气缸技术应运而生。当然，今天的小排量发动机领域也开始应用可变气缸技术。

目前，具有代表性的可变气缸技术有 VCM、MDS、DOD、ACT 等。

1. VCM

VCM(Variable Cylinder Management，VCM)是本田公司研发的一种可变气缸管理技术，它可以在汽车行驶时将发动机的个别气缸关闭，让一台排量为 3.5 L 的 V6 发动机在 3 缸、4 缸、6 缸之间变化，排量则在 1.75～3.5 L 变化，如图 2-113 所示。这项技术的发动机安装在第 8 代和第 9 代本田雅阁汽车(3.5 L)上。VCM 在关闭部分气缸后，仍会让不工作的那部分气缸继续运转，其目的是让所有气缸都得到均匀磨损；并且火花塞会继续点火，以保持火花塞的温度，防止气缸重新投入工作时因不完全燃烧而产生火花塞油污。

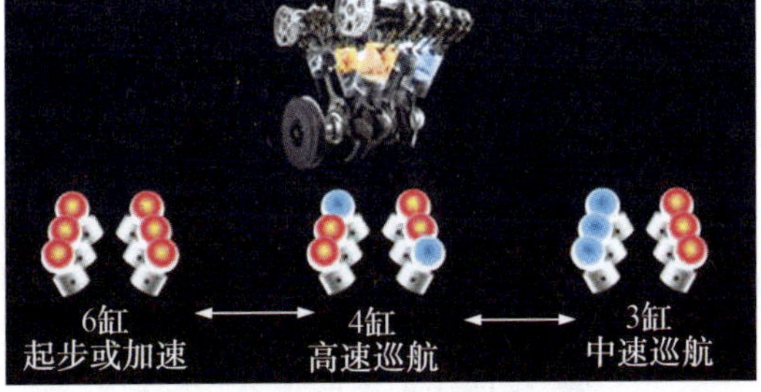

图 2-113　本田可变气缸管理技术

2. MDS

MDS(Multi-Displacement System,MDS)是为克莱斯勒 5.7 L 的 HemiV8 发动机量身打造的多级可变排量控制系统。所谓的 MDS,实质上与其他的可变排量技术一样,都是依靠关闭相应的气缸来达到节省能耗的目的。通过对发动机负荷、工况的判断,能够以 4 缸或 8 缸运转,发动机对称关闭 4 个气缸,剩下的 4 个气缸组成了一台 V4 发动机,使发动机依然能够保持较好的平顺性,如图 2-114 所示。MDS 使发动机工作气缸在 8 缸和 4 缸之间切换,它最大的优点就是提高了发动机的燃料经济性。克莱斯勒对其进行的长期测试表明,在市区和高速公路上行驶时,MDS 的使用率分别为 17% 和 48%,总体平均使用率为 40%,这样在各种行驶条件下,预计燃料经济性总体将提高 10%。

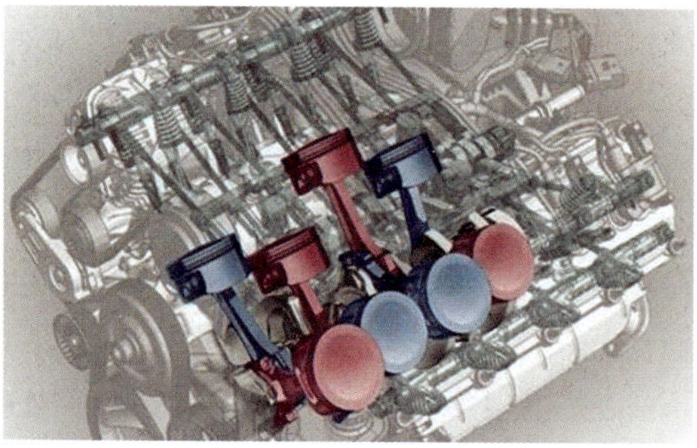

图 2-114 克莱斯勒 MDS 可变气缸技术

3. DOD

DOD(Displacement On Demand,DOD)即可变排量技术,根据需要控制发动机排量,在 3 缸和 6 缸、4 缸和 8 缸、6 缸和 12 缸间主动切换,以实现更好的燃油经济性。君越 3.0 L V6 发动机拥有可变排量控制技术,中央处理器会根据各传感器收集到的信息进行综合分析和判断。当发动机的载荷较小时,电脑发出指令,停止半数气缸工作;而当驾驶员踩下油门加速,或车辆在自动巡航时遇到上大坡的情况时,电脑迅速反应,使所有气缸投入工作。这项 6 缸/3 缸智能切换排量技术可降低 2%~8% 的燃油能耗。

4. ACT

ACT(Active Cylinder Management,ACT)即主动式可变气缸管理系统,是德国大众公司研制的主动式可变气缸管理系统,首次实现了可变气缸技术在小排量 4 缸发动机上使用。该系统可在发动机低负荷运转状态下关闭第 2 缸和第 3 缸,因此能够将欧盟行驶循环的百公里油耗降低 0.4 L 左右;在三挡或四挡以 50 km/h 的速度匀速行驶时,百公里节油量可达 1 L。

(六)发动机可变压缩比技术

可变压缩比(Variable Compression Ratio,VCR)技术是一种动态调整内燃机压缩比的技术。在不同的负载情况下,可变压缩比技术可以提高燃料效率。高负载时需要较低的压缩比,而低负载时需要较高的压缩比。

萨博开发的 SVC 发动机以改变压缩比来控制发动机的燃油消耗量,其核心技术是在缸体与缸盖之间安装楔形滑块,缸体可以沿滑块的斜面运动,使得燃烧室与活塞顶面的相对位置发生变化，改变燃烧室的容积，从而改变压缩比。其压缩比范围可在 8∶1～14∶1 之间变化。在发动机小负荷时，采用高压缩比以节约燃油；在发动机大负荷时，采用低压缩比，并辅以机械增压器以实现大功率和高扭矩输出。萨博 SVC 发动机是 1.6 L 的 5 缸发动机，最大功率为 166 kW，最大扭矩为 305 N·m，综合油耗比常规发动机降低 30%。

日产汽车公司于 1998 年开始研发可变压缩比涡轮增压发动机，历经 20 年，在 2018 年开发出首款正式量产的可变压缩比涡轮增压发动机(VC-TURBO)，并将其应用到英菲尼迪 QX50 及全新一代东风日产天籁中，其结构如图 2-115 所示。有别于传统发动机的曲柄连杆结构，VC-TURBO 独创多连杆系统，实现发动机压缩比由 8∶1(高性能)到 14∶1(高效能)之间的智能无级切换，峰值扭矩为 380 N·m，最大功率为 185 kW，工作过程如图 2-116 所示。

图 2-115　日产 VC-TURBO 的结构

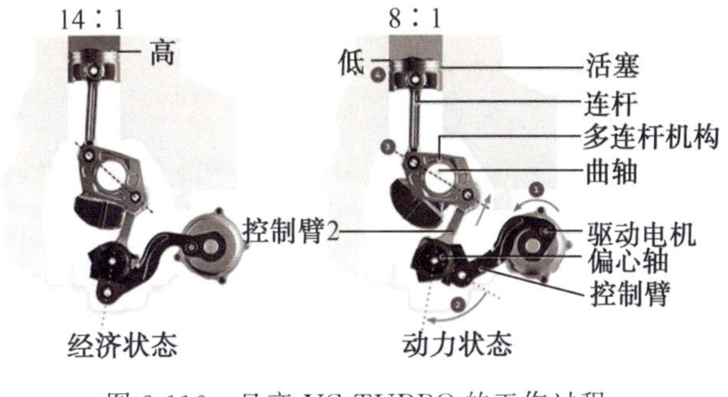

图 2-116　日产 VC-TURBO 的工作过程

(七)发动机自动启停系统

发动机自动启停系统就是当车辆在行驶过程中需要临时停车(例如等红灯或交通堵塞)时发动机自动熄火，当汽车需要继续前进时系统自动重启发动机的一套系统。图 2-117是发动机自动启停系统的开关按钮。它通过在传统发动机上增加一个具有怠速启停功能的加强电机，使汽车在满足怠速停车条件时，发动机完全熄灭不工作；当整车需要启动前进时，怠速启停电机系统迅速响应驾驶员的启动命令，快速启动发动机，瞬时衔接，从而大大减少了油耗和废气排放。

图 2-117 发动机自动启停系统的开关按钮

具体的使用方法如下：对于手动挡汽车，当遇到红灯或塞车时，驾驶员制动使车辆停下来后，将挡位换入空挡并完全释放离合器踏板，这时控制系统会自动将发动机熄火，节省了怠速运转浪费的燃料；当绿灯放行后，驾驶员踩下离合器，发动机自动重新启动，挂入挡位后即可前行。对于自动挡汽车，行驶中只要直接踩制动踏板，车辆完全停止约 2 s 后发动机就会自动熄火，一直踩着制动踏板，发动机就会保持关闭；只要一松开制动踏板，或者转动方向盘，发动机又会马上自动点火，可以立即踩油门起步，整个过程都处于 D 挡状态。

为了应对全球各国排放法规的不断加严，世界各大汽车生产商都已推出装备自动启停系统的车辆。发动机自动启停技术能够减少不必要的燃油消耗，降低尾气排放，提高燃油经济性。在城市道路中等待信号灯或道路拥堵时，发动机自动启停系统能够降低发动机怠速空转时间。据通用公司介绍，搭载发动机自动启停系统以后，实际情况下节油可以达到 10%左右，百公里还可以减少 15.1 g 的二氧化碳排放量，大大减少了油耗和废气排放。德国博世公司的实验则表明，搭载发动机自动启停系统的汽车平均节油 8%～15%，道路越拥堵，效果就越明显。中国汽车技术研究中心测试的节油效率可以达到 7%～27%。

发动机自动启停系统的特点：需要更耐用的启动机、性能更优异的蓄电池。一般的启动机设计允许通过很大的工作电流，但使用时间很短，反复使用启动机容易造成启动机过热损坏，因此具备自动启停功能的启动机必须比普通启动机耐用很多；自动启停功能使蓄电池大电流放电频次大大增加，对电池的寿命影响很大，普通蓄电池无法满足频繁大电流放电，因此必须使用专门设计的性能和结构更优良的启停蓄电池。

启停系统使用注意事项：

(1)坡道情况下避免使用启停系统，以减少松开刹车时，车辆来不及打火而产生滑动危险，同时避免启动机克服上坡阻力。

(2)无规律走走停停的情况下建议关闭启停系统，以减少频繁启停震动的不适和发动机过度磨损。

(3)开空调时尽可能不用启停系统，防止启停系统工作时发动机熄火而导致空调不制冷，降低乘坐舒适性。

(4)低速泊车时停用启停系统，防止前后移动时发动机频繁启停工作，不利于快速完成泊车。

(5)启停系统熄火时,仅为启停短时间熄火,会随时启动,此时添加燃油非常危险,因此必须等车辆完全熄火断电后再加注燃油。

(6)亮油灯时建议关闭启停系统,频繁启停会使燃油系统不断重建燃油压力,增加燃油泵压力,导致燃油泵过热烧毁。

(7)涉水行驶时,必须关闭启停系统。

二、汽车底盘技术

(一)碳纤维传动轴

碳纤维传动轴如图 2-118 所示。与金属传动轴相比,其质量更轻,但传递的转矩更大。用相同粗细的两根传动轴放置在扭力机上进行试验,当扭力机施加的扭矩达到 1376 N·m时,金属传动轴明显变形,而碳纤维传动轴在扭矩达到 4700 N·m 左右时才发生断裂,如图 2-119 所示。

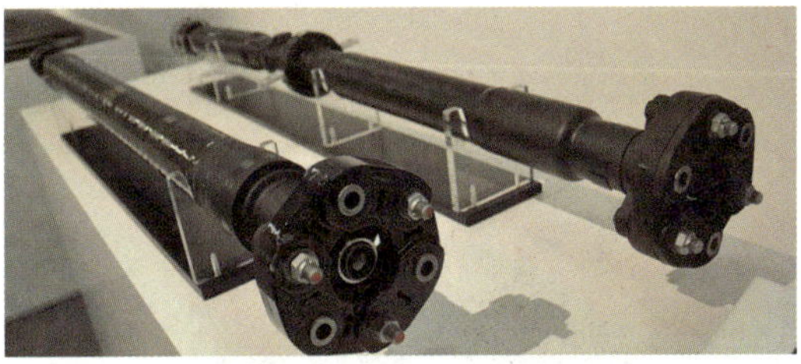

图 2-118 碳纤维传动轴

图 2-119 金属传动轴和碳纤维传动轴扭矩试验

阿尔法·罗密欧 Virtù 限量版全系标配碳纤维传动轴,如图 2-120 所示。

图 2-120 阿尔法·罗密欧 Virtù 碳纤维传动轴

(二)限滑差速器

普通差速器有一个弊端——由于车轮悬空而导致空转。车轮一旦悬空,差速器将动力源源不断地传给没有阻力的空转车轮时,车辆不但不能向前运动,还会导致大量的动力流失。限滑差速器可解决此类问题。

限滑差速器(Limited Slip Differential,LSD)的主要功能是在工作时使左右车轮一同运转,而且将左右车轮的转速差控制在一定范围之内,以保证车辆正常行进。根据实现方式以及机件结构的不同,LSD可细分为转扭感应式、转速感应式、电子控制式等多种形式。虽然实现限滑差速的过程不同,但最终目的是一致的。

1. 转扭感应式限滑差速器

转扭感应式限滑差速器是借由蜗轮蜗杆传动的自锁功能(蜗杆可以向蜗轮传递扭矩,而蜗轮向蜗杆施以扭矩时齿轮间摩擦力大于所传递的扭矩,无法旋转)来实现限滑功能。此类限滑差速器的典型代表是托森差速器,如图2-121所示。

图2-121　转扭感应式限滑差速器

2. 转速感应式限滑差速器

转速感应式限滑差速器分为黏性耦合式和液力多片离合器式,由多片离合器加上硅油组合而成。硅油摩擦受热膨胀后,迫使离合器片接合来锁定轮间转速差。此类限滑差速器的典型代表是博格华纳的Haldex差速器,如图2-122所示。

图2-122　转速感应式限滑差速器

3. 电子控制式限滑差速器

电子控制式限滑差速器在普通开放式差速器的基础上加装多片离合器作为扭矩的分配,由电子控制离合片组提供变阻器般的开闭操控,每秒可执行上百次调节过程,如图

2-123 所示。

图 2-123　电子控制式限滑差速器

当一辆装有 LSD 的汽车的一只驱动轮发生空转时，LSD 会控制两只车轮的动力输出，阻止空转的车轮继续空转，使另一只车轮也有足够大的动力，从而帮助车辆前进；在加速过弯时，输出扭力和离心力迫使车辆内轮扬起而离开地面或使汽车出现打滑现象，但 LSD 装置也会将动力尽量转移到外侧车轮，因此可以帮助驾驶员提高过弯的速度，以此加强汽车的操控性能。

(三)电控主动悬架

主动悬架系统能改善车辆的乘坐舒适性和操作稳定性，主动悬架在其结构中植入了可人工或自动控制发力的调节机构，并能根据路面情况自动调节减震器的刚度和阻尼，以获得更好的行驶舒适性。从悬架的组成种类来看，电控主动悬架大致又可以分为两大类：一类是电子控制式主动液压悬架，它能通过车载电脑计算出悬架受力大小和加速度，利用液压减震器的伸缩来保持车身平衡，其最大特点在于可手动调节悬架高度，并能自动调节减震器的刚度和阻尼；另一类是电子控制式空气悬架，它也是通过车载电脑计算悬架的受力和感应路面的情况，适时调整空气减震器的刚度和阻尼系数，令车身的震动始终保持在一定范围内，其特点是软硬程度和车身高度可以自行调节控制，空气弹簧和减震器令舒适性更好。这两类电控主动悬架的共同点是：都能实现车身高度调节，都能通过改变减震器的阻尼来抑制车身姿态的变化。

(四)空气悬架

一辆高品质的汽车既要拥有轿车的舒适性，又要兼顾越野车的通过性，空气悬架系统是实现这一目标的最佳选择。根据路况和距离传感器的信号，行车电脑会判断出车身的高度变化，再控制空气压缩机和排气阀门，使弹簧自动压缩或伸长，从而降低或升高底盘离地间隙，以增加高速时的车身稳定性或复杂路况下汽车的通过性。

空气悬架系统包括空气压缩机、蓄压器、控制单元、前后桥车身高度传感器、3 个不同方向的车身加速度传感器以及 4 个空气弹簧伸张加速度传感器等，如图 2-124 所示。

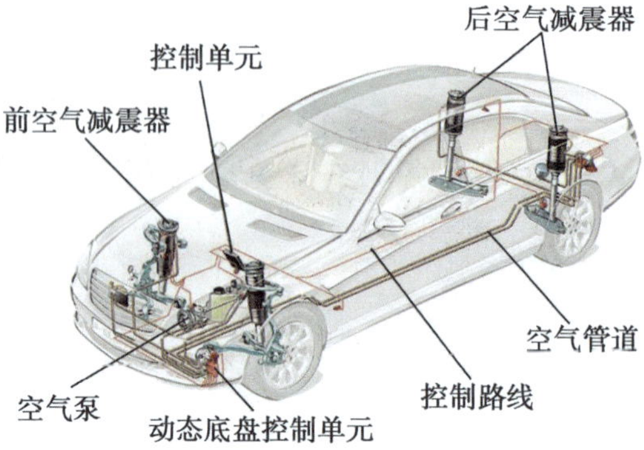

图 2-124　空气悬架控制系统示意图

空气悬架主要包括压缩空气的空气弹簧和阻尼可变的减震器两部分。与传统钢制汽车悬架系统相比较，空气悬架具有很多优势，最重要的一点就是弹簧的弹性系数，即弹簧的软硬能根据需要自动调节。例如，高速行驶时，悬架可以变硬，以提高车身稳定性；长时间低速行驶时，控制单元会认为正在经过颠簸路面，悬架变软，以提高减震舒适性。

另外，车轮受地面冲击产生的加速度也是空气弹簧自动调节时考虑的参数之一。例如，高速过弯时，外侧车轮的空气弹簧和减震器就会自动变硬，以减小车身的侧倾；紧急制动时，电子模块也会对前轮的弹簧和减震器硬度进行加强，以减小车身的惯性前倾。因此，装有空气弹簧的车型比其他汽车拥有更高的操控极限和舒适度。

空气悬架还将传统的底盘升降技术融入其中。高速行驶时，车身高度自动降低，从而提高贴地性能，确保良好的高速行驶稳定性，降低风阻和油耗。慢速通过颠簸路面时，底盘自动升高，以提高通过性能。另外，空气悬架系统还能自动保持车身水平高度，无论是空载还是满载，车身高度都能恒定不变，这样在任何载荷下，悬架系统的弹簧行程都保持一定，从而使减震特性基本不受影响。图 2-125 为奔驰轿车的空气悬架。

图 2-125　奔驰轿车的空气悬架

(五)轮胎新技术

1. 轮胎智能传感技术

住友橡胶工业株式会社的轮胎智能传感技术“SENSING CORE”(核心传感)是一项将轮胎本身转换为传感器的新技术，无须额外增加硬件传感器，通过软件算法解析轮胎滚动产生的速度信号，检测路面打滑和轮胎荷载等信息，并将所获得的监测数据由云平台汇总到大数据中，其他获取到这一数据反馈的车辆便能够提前预知到由道路状况或轮胎状况所引发的危险，从而避免隐患。轮胎智能传感技术是一项促进实现自动驾驶和安全出行的重要技术之一。

2. 无气轮胎技术

米其林集团和通用汽车公司联合推出了新一代无气轮胎——米其林无气轮胎(具有独特的防刺破轮胎系统)，计划于 2024 年之前引入乘用车。米其林无气轮胎如图 2-126 所示，该轮胎由复合橡胶与树脂填充的玻璃纤维混合而成，为镂空实体设计、非封闭式充气形态。米其林集团强调，虽然无气轮胎看起来不美观，但行驶舒适性与传统轮胎一致。

图 2-126　米其林无气轮胎

3. ENLITEN 技术

ENLITEN 技术是普利司通公司推出的一项全新技术，这是一种新型的轻型轮胎技术，可以减少轮胎用料，降低轮胎滚动阻力，帮助车辆减少二氧化碳的排放量。与此同时，该技术还能保证轮胎拥有和标准原装轮胎相同的磨损寿命。据说，应用 ENLITEN 技术的轮胎提升了车辆的操控性和稳定性，增加了驾驶乐趣。

4. 自充气轮胎

图 2-127 是德国马牌轮胎公司研发的一款自充气轮胎，该轮胎在其中三个辐条内部分别装有相关电子设备的微型泵、系统控制单元和为微型泵供电的电池，上面有遮盖空腔的盖子。它的工作原理是将蠕动泵集成到轮胎外层，通过接触的路面进行胎压测定，并能自动调高或调低胎压，非常智能化。

图 2-127　马牌自充气轮胎

5. “i-sealant”系列智修复防漏气轮胎

2019 年 11 月，正新轮胎公司推出了“i-sealant”系列智修复防漏气轮胎，这款新型轮胎的胎面部位在遇到刺扎等情况后，可迅速自我修复刺扎伤口，阻止漏气，使轮胎在刺扎后还能安全行驶。这项技术可以大幅度减少爆胎事故的发生，保障驾驶安全性；对于消费者而言，它可以减少更换或修补轮胎的步骤，延长轮胎的使用寿命，节省维修成本和时间。

6. RFID 智能轮胎

图 2-128 是赛轮集团研发的一款带“电子身份证”的轮胎——射频识别(RFID)智能轮胎。RFID 智能轮胎在制造过程中写入轮胎全生命周期的重要信息，可实现对轮胎压力、温度、速度等信息的传输，并对信息进行准确的判断和应急处理，让轮胎更“智慧”、会“说话”目前，对公交系统供应的产品已经全部使用 RFID 智能轮胎。

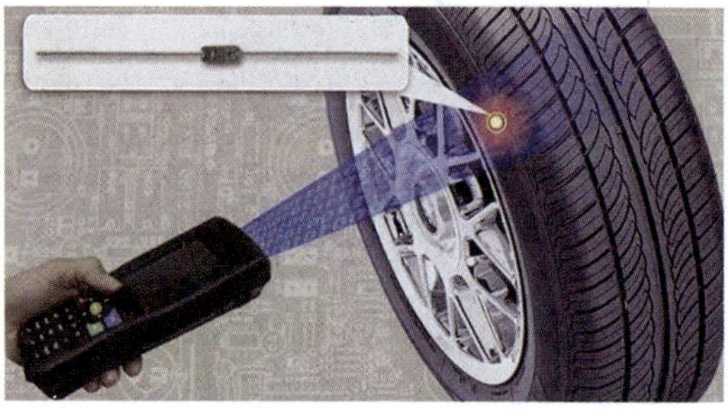

图 2-128　RFID 智能轮胎

7. 摩擦纳米发电轮胎

图 2-129 是玲珑轮胎公司开发的摩擦纳米发电轮胎，其利用特殊装置收集轮胎与地面摩擦散发出的能量，然后利用控制装置将能量重新配置后传输给汽车。

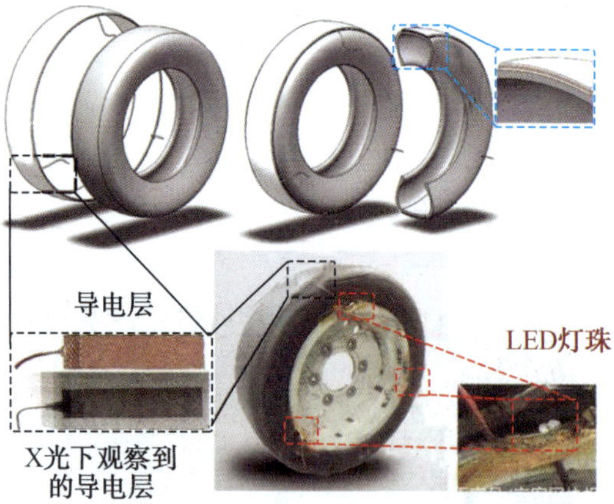

图 2-129　摩擦纳米发电轮胎

(六)四轮转向系统

四轮转向(4 Wheel Steering，4WS)系统除了前轮是转向轮外，后两轮也是转向轮，即四轮转向。其主要目的是提高汽车在高速行驶或在侧向风力作用时的操作稳定性，以及低速行驶时的操纵轻便性，减小在停车场停车时的转弯半径。四轮转向主要有两种方式：当后轮转向与前轮转向方向相同时，称为同向位转向；当后轮转向与前轮转向方向相反时，称为逆向位转向。

该系统有四个主要部件：前轮定位传感器、可转向的整体准双曲面后轴、电动机驱动的执行器以及一个控制单元，如图 2-130 所示。前轮定位传感器和车辆速度传感器连续不断地向控制单元报告数据，控制单元根据报告的数据确定后轮合适的转向角度。该系统有三种主要运行方式：负相、中相和正相。低速行驶时，后轮转弯方向与前轮相反，这就是负相。中速行驶时，后轮笔直，保持中相。高速行驶时，后轮处于正相，和前轮转弯方向相同。

图 2-130　四轮转向系统

目前，四轮转向系统被很多公司采用，其中大多应用在了大型车辆上，也有一些 SUV 以及跑车具有四轮转向的功能。但四轮转向系统也受到了电子稳定控制系统和横向偏摆控制系统的威胁，因为这两种装置都能够像四轮转向系统一样纠正转向不足和转向过度，而不会导致成本和质量增加过多等不利影响。

（七）线控技术

线控技术（X-by-Wire）是将驾驶员的动作转化为电信号传递给控制单元，控制单元计算后输出控制指令并发送给执行器执行的技术。在控制单元和执行器之间，线控技术用电子装置取代传统的机械连接装置或液压气压连接装置。线控系统源自飞机控制系统（Fly-by-Wire）。飞机控制系统是一种线传控制系统，它将飞机驾驶员的操纵、操作命令转换成电信号，利用计算机控制飞机飞行。这种控制方式引入到汽车驾驶上，就有了线控驱动（Drive-by-Wire）；引入到制动上，就有了线控制动（Brake-by-Wire）；引入到转向上，就有了线控转向（Steer-by-Wire）。它们统称为线控技术。

1. 线控转向（Steer-by-Wire）

线控转向系统由转向盘位置传感器、力反馈电动机、转向执行机构、转向 ECU、轮胎角速度传感器和环境传感器等部件组成。

2. 线控悬架（Suspension-by-Wire）

线控悬架系统由模式选择开关、传感器、悬架 ECU、可调阻尼减震器、高度控制阀和弹性元件等部件组成。线控悬架除了具有传统悬架的功能以外，还可以根据不同的路面条件、不同的载重量、不同的行车速度等行驶状况调节减震器阻尼力的大小，控制弹性元件的刚度、车身高度和姿势。

3. 线控制动(Brake-by-Wire)

线控制动系统由供能装置、控制装置、传动装置和制动器四部分组成。ECU 对制动系统进行整体控制,电子制动器有各自的控制单元,制动踏板和制动器之间通过总线连接来传递信号。

4. 线控油门(Throttle-by-Wire)

线控油门系统由油门位置传感器、力反馈电动机、油门 ECU、油门作动器控制模块、油门作动器和环境传感器等组成。

线控技术的优点:无须直接操作机械部件;操纵控制手动完成,可以取消转向盘、转向柱和脚踏板,减少了碰撞时的潜在危险,提高了安全性和舒适性;制动、转向、加速等过程中的驾驶特性可以个性化设定,可以设计不同的程序供用户选择;取消了许多机械连接装置、液压装置和气压装置,简化了结构和生产工艺,提供了更大的设计空间;电子元件响应速度更快等。

线控技术的缺点:存在电子设备的可靠性问题,如电磁干扰、器件失效、软件程序稳定性差等;如果没有机械冗余,一旦电路失效,就会导致灾难性的后果,如油门、转向、制动失灵等。

三、汽车车身技术

随着对汽车性能的要求越来越高,轻量化、节能降耗和降低排放污染是汽车发展的趋势,而轻量化必须从改进汽车的材料出发,研制性能更好、材质更轻的汽车材料,减少能源消耗,进而降低排放污染。汽车材料的发展是汽车技术发展的重要方面,新材料工艺对汽车工业的发展至关重要,而汽车车身轻量化是在保证车身的强度和安全的前提下,尽可能地降低汽车车身质量,同时还要将汽车车身的制造成本控制在合理范围内。

(一)镀锌钢板

随着汽车工业的发展,为了提高车体使用寿命和车体材料的抗腐蚀性能,镀锌钢板得到了广泛使用。目前,汽车车身制造主要采用电阻点焊方法,与无镀层钢板相比,镀锌钢板在点焊过程中还存在以下问题:

(1)先于钢板熔化的锌层会形成锌环而分流,易使焊接电流密度减小。

(2)镀锌表面烧损、污染电极而使电极寿命降低。

(3)锌层电阻率低,接触电阻小。

(4)容易产生焊接飞溅、裂纹及气孔等缺陷。

(二)高强度钢板

高强度钢板是在低碳钢内加入适当的微量元素,经各种处理轧制而成,其抗拉强度高达 420 N/mm^2,是普通低碳钢板的 2～3 倍;其拉延性能极好,可轧制成很薄的钢板,是车身轻量化的重要材料,对减重和改进车身性能有良好的作用。

低合金高强度钢板的品种主要有含磷高强度冷轧钢板、烘烤硬化冷轧钢板、冷轧双相钢板、超低碳高强度冷轧钢板和轻量化迭层钢板等，车身设计师可根据板制零件受力情况和形状复杂程度来选择钢板品种。

1. 含磷高强度冷轧钢板

含磷高强度冷轧钢板主要用于轿车外板、车门、顶盖和行李箱盖升板，也可用于载货汽车驾驶室的冲压件，其主要特点为：

(1)具有较高的强度，比普通冷轧钢板高 15%～25%。

(2)具有良好的强度和塑性平衡，即随着强度的增加，伸长率和应变硬化指数下降甚微。

(3)具有良好的耐腐蚀性，比普通冷轧钢板的耐腐蚀性高 20%。

(4)具有良好的点焊性能。

2. 烘烤硬化冷轧钢板

经过冲压、拉延变形及烤漆高温时效处理，烘烤硬化冷轧钢板的屈服强度得以提高。这种简称为 BH(Baking Hardening)钢板的烘烤硬化钢板既薄又有足够的强度，是车身外板轻量化设计首选材料之一。

3. 冷轧双相钢板

冷轧双相钢板具有连续屈服、屈强比低、加工硬化高、高强度及高塑性的特点，经烤漆后其强度可进一步提高，适用于形状复杂且要求强度高的车身零件，主要用于要求拉伸性能好的承力零部件，如车门加强板、保险杠等。

4. 超低碳高强度冷轧钢板

在超低碳钢(C≤0.005%)中加入适量的钛或铌形成超低碳高强度冷轧钢板，以保证钢板的深冲性能，再添加适量的磷以提高钢板的强度。超低碳高强度冷轧钢板实现了深冲性与高强度的结合，特别适用于一些形状复杂而强度要求高的冲压零件。

5. 轻量化迭层钢板

轻量化迭层钢板是在两层超薄钢板之间压入塑料的复合材料的钢板，表层钢板厚度为 0.2～0.3 mm，塑料层的厚度占总厚度的 25%～65%。与具有同样刚度的单层钢板相比，轻量化迭层钢板的质量只有其质量的 57%。轻量化迭层钢板的隔热防震性能良好，主要用于发动机罩、行李箱盖、车身底板等部件，如图2-131所示。

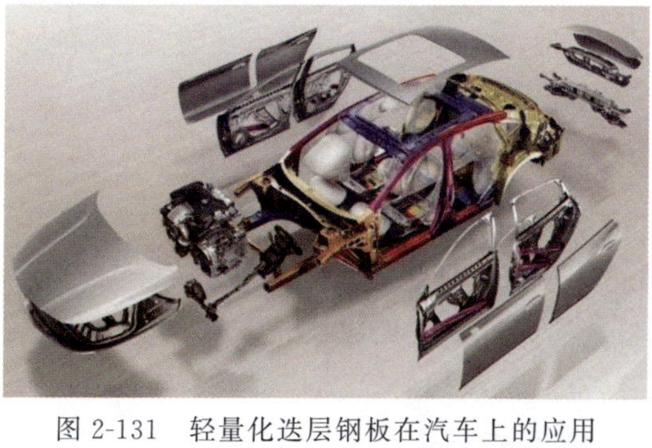

图 2-131　轻量化迭层钢板在汽车上的应用

(三)铝合金

与汽车钢板相比,铝合金具有密度小(2.7 g/cm³)、比强度高、耐锈蚀、热稳定性好、易成型以及可回收再生等优点。德国大众公司的新型奥迪 A2 型轿车采用了全铝车身骨架和外板的结构,使其总质量减少 135 kg,比传统钢材料车身轻 43%,平均油耗降至 3 L/100 km的水平。全新奥迪 A8 使用性能更好的大型铝铸件和液压成型部件,车身零件从 50 个减至 29 个,车身框架完全闭合。这种结构使车身的扭转刚度提高了 60%,比采用钢制车身的同类车型的质量减少了 50%。

根据车身结构设计的需要,可采用激光束压合成型工艺,将不同厚度的铝板或者用铝板与钢板复合成型,并在表面涂覆防腐蚀材料使车身结构轻量化且具有良好的耐腐蚀性。

铝合金在汽车上的应用如图 2-132 所示。

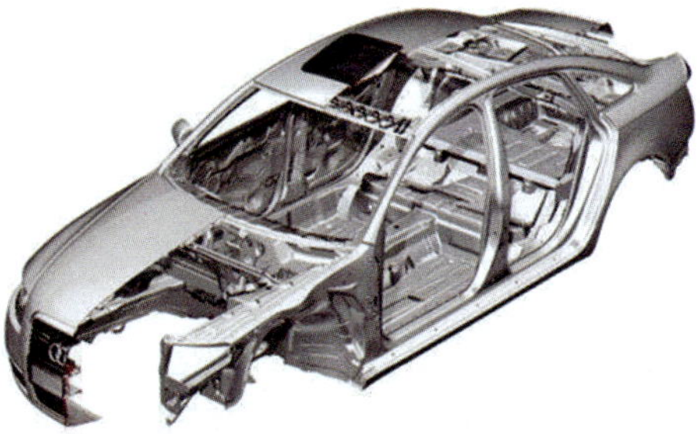

图 2-132　铝合金在汽车上的应用

(四)镁合金和钛合金

镁合金的密度为 1.8 g/cm³,仅为钢材密度的 35%,铝材密度的 66%。此外,它的比强度、比刚度高,阻尼性、导热性好,电磁屏蔽能力强,尺寸稳定性好,因此在航空工业和汽车工业中得到了广泛的应用。镁的储藏量十分丰富,它可从石棉、白云石、滑石中提取,特别是海水的盐分中镁的含量占 3.7%。近年来,镁合金的用量在世界范围内的增长率高达 20%。

镁合金的车门一般由成型铝材制成的门框和耐碰撞的镁合金骨架、内板组成。另外,还有一种镁合金制成的车门由内、外车门板和中间蜂窝状加强筋构成,每扇门的净质量比传统的钢制车门轻 10 kg,且刚度极高。随着压铸技术的发展,人们已可以制造出形状复杂的薄壁镁合金车身零件,如前挡板、后挡板、仪表盘、转向盘等。

钛的密度为 4.6 g/cm³,仅是铁的 1/2,但强度和硬度超过了钢,且不易生锈。用钛合金铸造的汽车发动机部件更轻、更坚固、更耐腐蚀,钛合金车身也可以承受更大的作用力。

(五)泡沫合金板

泡沫合金板由粉末合金制成,其特点如下:密度小,仅为 0.4～0.7 g/cm³;弹性好,当受力压缩变形后,可凭自身的弹性恢复原来的形状。泡沫合金板的种类繁多,除了泡沫铝合金板外,还有泡沫锌合金、泡沫锡合金、泡沫钢等,可根据不同的需要进行选择。由于泡沫合金板具有特殊的性能,特别是出众的低密度、良好的隔热吸震性能,因此深受汽车制造商的青睐。目前,汽车上用泡沫铝合金制成的零部件有A柱、B柱、防撞保险杠以及各加强肋等,如图2-133所示。

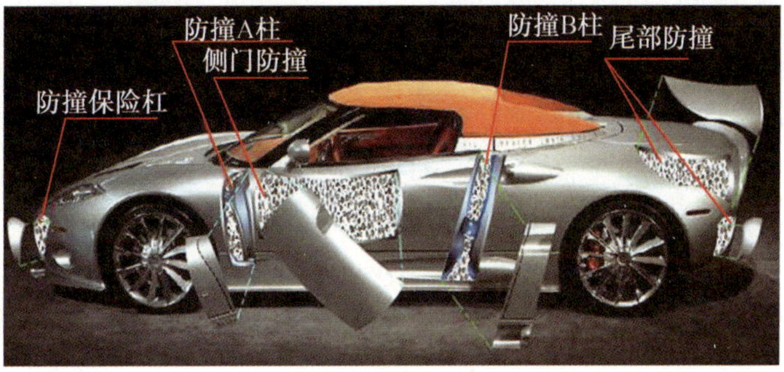

图2-133　泡沫铝合金在汽车上的应用

(六)蜂窝夹芯复合板

蜂窝夹芯复合板由两层薄面板和中间一层厚而轻的蜂窝组成。根据夹芯材料的不同,蜂窝夹芯复合板可分为纸蜂窝、玻璃布蜂窝和玻璃纤维增强树脂蜂窝、铝蜂窝等;面板可以采用玻璃钢、塑料、铝板和钢板等材料。由于蜂窝夹芯复合板具有轻质、比强度和比刚度高、抗震、隔热、隔音和阻燃等特点,因此在汽车车身上得到了广泛应用,如车身外板、车门、车架、保险杠和座椅框架等都广泛使用蜂窝夹芯复合板。英国发明了一种以聚丙烯为芯、钢板为面板的薄夹层板,用以替代钢制车身外板。该复合板使零件质量减轻50%~60%,且易于冲压成型。

(七)工程塑料

与通用塑料相比,工程塑料具有优良的机械性能、电性能、耐化学性、耐热性、耐磨性和尺寸稳定性等特点,且比要取代的金属材料轻,成型时能耗少,因而在汽车工业中被广泛采用,如图2-134所示。

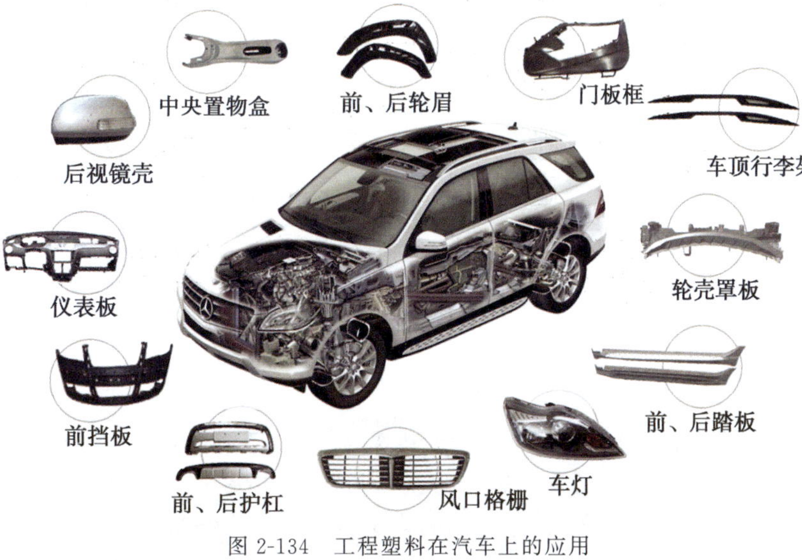

图2-134　工程塑料在汽车上的应用

(八)高强度纤维复合材料

高强度纤维复合材料，特别是碳纤维复合材料(Carbon Fiber Reinforced Plastic, CFRP)，具有质量小、高强度、高刚性、良好的耐蠕变与耐腐蚀性等特性，是很有前途的汽车用轻量化材料。

复合材料在车身外覆件上得到了大量的应用和推广，如由复合材料制成的发动机罩、翼子板、车门、车顶板、导流罩、车厢后挡板等零部件，甚至出现由全复合材料制成的卡车驾驶室和轿车车身。据统计，在欧美等国，汽车复合材料的用量占本国复合材料总产量的33%左右，并继续呈增长态势。复合材料作为汽车车身的外覆件，无论是设计还是生产制造、应用，都已经非常成熟，并已从车身外覆件的使用向汽车的内饰件和结构件方向发展。

四、汽车电子技术

(一)汽车防抱死制动系统

汽车防抱死制动系统(Anti-locked Braking System，ABS)是一种安全控制制动系统，目前已经成为轿车及客车的标准配置。ABS既有普通制动系统的制动功能，又能防止车轮制动抱死。紧急制动时，制动力过大使轮胎抱死后滑动，制动距离变长且汽车不受控制。防抱死制动系统可使汽车在制动过程中车轮滑移率保持在20%左右，此时轮胎处于边滚边滑状态，制动力最大，可以保证汽车的方向稳定性，防止产生侧滑和跑偏。

ABS通常由轮速传感器、制动压力调节器、电子控制单元(ECU)和ABS警示装置等组成，如图2-135所示。

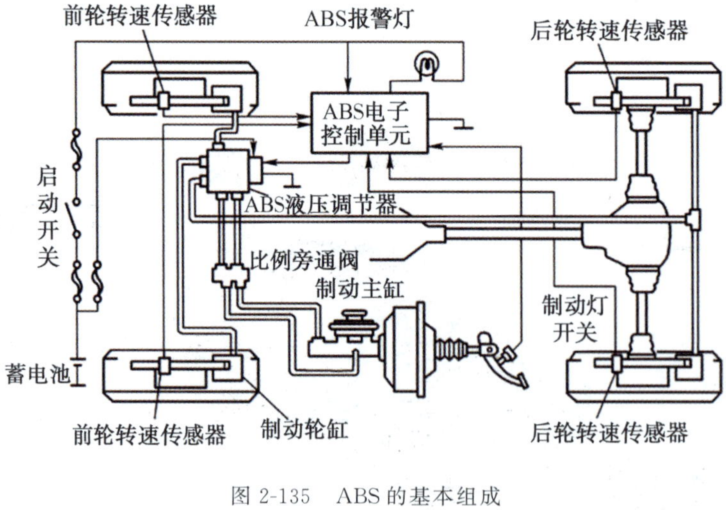

图2-135　ABS的基本组成

汽车制动时，轮速传感器将各个车轮的转速信号输入ECU；ECU根据每个车轮轮速传感器输入的信号对车轮的运动状态进行监测和判定，并形成响应的控制指令，再适时发出控制指令给制动压力调节器；制动压力调节器对各制动轮缸的制动压力进行调节，防止制动车轮抱死。ABS 的工作过程可分为常规制动、制动压力保持、制动压力减小和制动压力增大等阶段。

按照控制通道数目，ABS 可分为四通道、三通道、双通道和单通道四种形式，其布置形式却多种多样，如图 2-136、图 2-137、图 2-138 和图 2-139 所示。

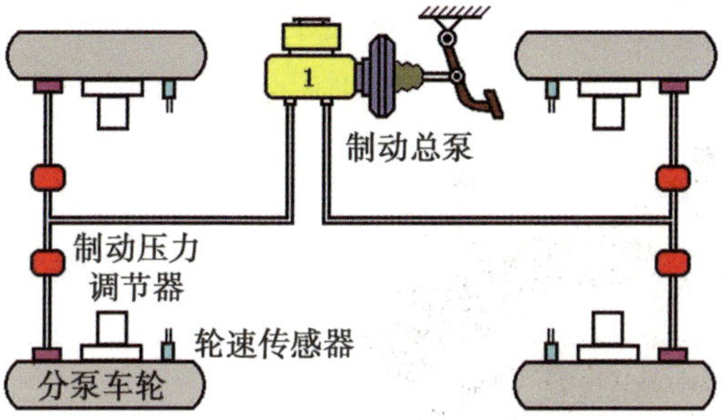

图 2-136　四传感器四通道控制 H 型(前后)ABS

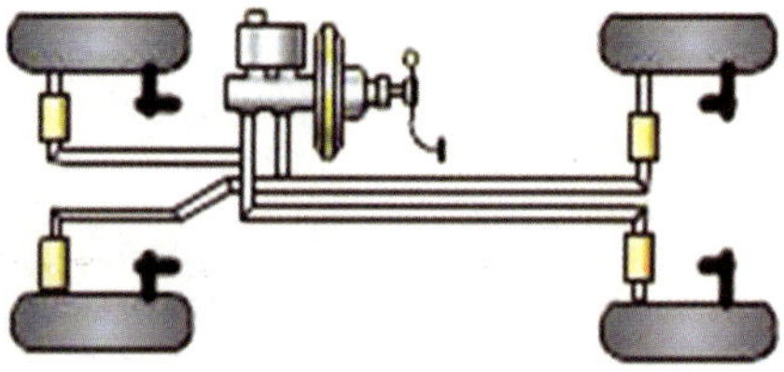

图 2-137　四传感器四通道控制 X 型(对角)ABS

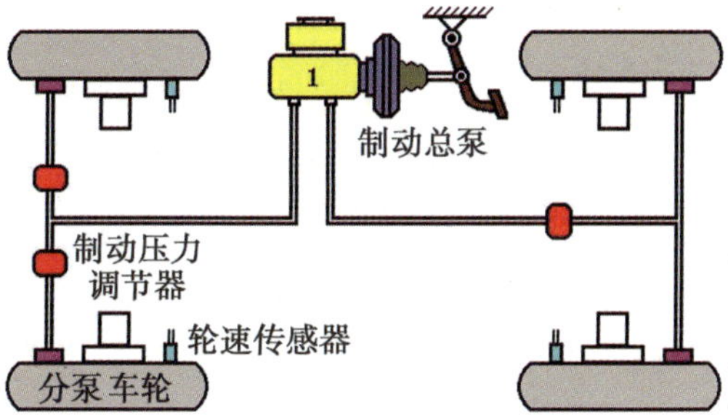

图 2-138　四传感器三通道控制 ABS

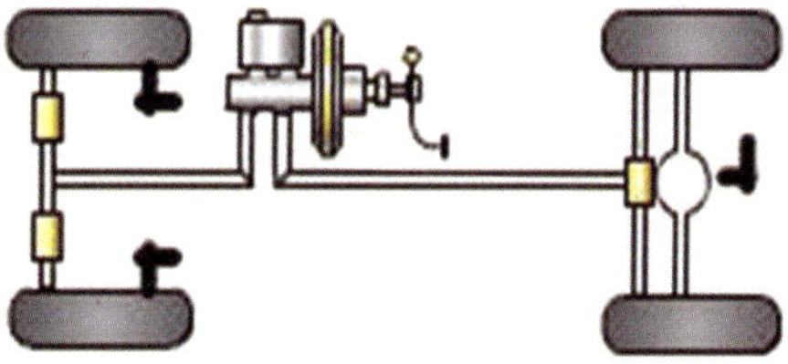

图 2-139　三传感器三通道控制 ABS

(二)汽车电子制动力分配系统

汽车电子制动力分配(Electric Brake force Distribution，EBD)系统是在 ABS 的基础上发展而来的，它可以在制动时控制制动力在各车轮间的分配，更好地利用车轮的附着系数。它不仅提高了汽车制动的稳定性和操纵性，而且使各个车轮能够获得更好的制动性能，缩短制动距离，提高安全性。

汽车制动时，EBD 系统会实时采集车轮转速、车轮阻力以及车轮载荷等信息，经计算得出不同车轮最合理的制动力并分配给每个车轮。制动开始时，EBD 系统会根据车轮垂直载荷和路面附着系数分配制动器制动力，充分利用路面附着系数，从而缩短制动距离，提高汽车的方向稳定性。同样，当制动被释放(加速)的时候，程序的应用恰好相反。

汽车直行制动时，由于存在惯性，车轮上的垂直载荷会从汽车后轮向前轮转移。此时，如果汽车没有安装 EBD 系统，后轮将先抱死拖滑，其滑移率将先达到 ABS 的控制范围。对于装有 EBD 系统的汽车，制动器制动力分配系数并不是固定值，而是先根据汽车的运动学参数和制动强度，实时计算出理想的值，然后合理地将制动力分配给每个车轮，并控制每个车轮的滑移率，使其保持在最佳滑移率范围之内，保证后轮不先于前轮抱死。这样，可平衡每个车轮的制动力，缩短制动距离，保持制动时的方向稳定性。

EBD 系统不仅可以对汽车前、后轮制动器的制动力进行分配，而且还可以根据汽车的行驶工况，实时、合理地将制动力分配给左、右车轮，防止汽车发生跑偏。另外，当汽车出现失稳趋势时，EBD 系统还可以通过调节某车轮的制动压力，来主动遏制此失稳状态，从而避免汽车发生倾斜甚至侧翻。基于车轮滑移率的 EBD 系统，无论车轮垂直载荷和路面附着条件怎样变化，都可迅速、合理地分配制动器制动力。有无 ABS+EBD 的制动效果对比如图 2-140 所示。

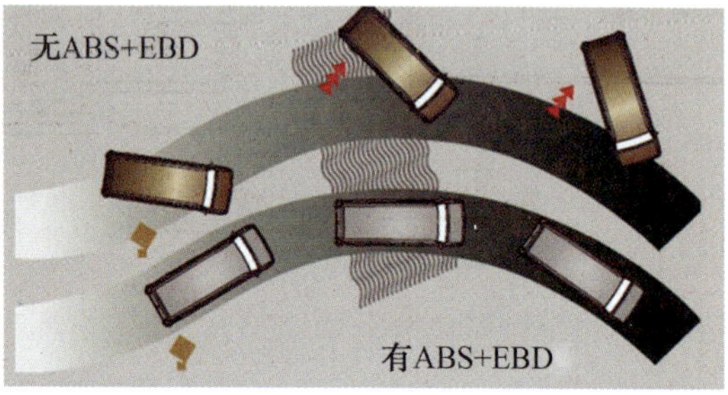

图 2-140　有无 ABS+EBD 的制动效果对比

(三)汽车驱动防滑系统

汽车驱动防滑系统(Acceleration Slip Regulation 或 Traction Control System)，简称 ASR 或 TCS(日系车型称它为 TRC 或 TRAC)，是 ABS 的延伸和扩展。两者通常配合使用，构成汽车行驶的主动安全系统。

对于行驶在湿滑路面上的汽车，如果没有 ASR，驱动轮容易打滑。如果该车是后轮驱动的车辆，则容易出现甩尾；如果该车是前驱动的车辆，则容易出现方向失控。如果有 ASR，则汽车在加速时就不会或减少出现这种现象。在转弯时，如果汽车的驱动轮打滑则会导致整车向一侧偏移，当有 ASR 时就会使车辆沿着正确的路线转向。

ASR 的作用是防止汽车在起步、加速和在湿滑路面上行驶时驱动轮打滑，特别是防止汽车在非对称路面上或转弯时驱动轮的空转，可以保持汽车行驶方向的稳定性、转向操纵能力，维持汽车的最佳制动力，提高汽车的平顺性。当车轮出现滑转时，通过对滑转车轮施加制动力或控制发动机的动力输出来抑制车轮的滑转，以避免汽车牵引力和行驶稳定性的下降。ASR 系统的作用效果如图 2-141 所示。

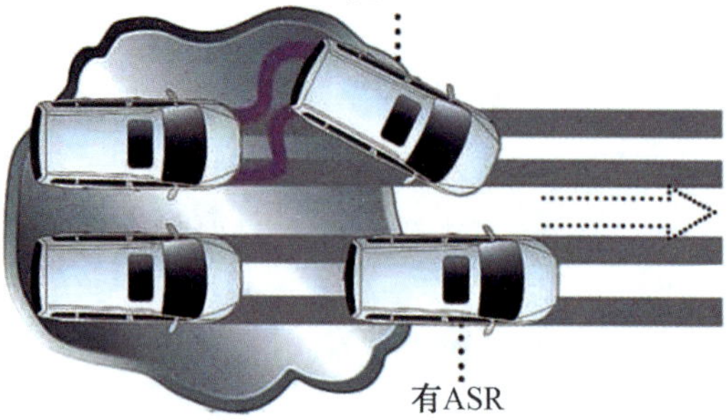

图 2-141　ASR 系统的作用效果

(四)汽车电子稳定控制系统

很多品牌的汽车都有汽车电子稳定控制系统,只是各厂家的命名不同。例如,大众系列汽车(采用德国博世公司的产品)称其为车身电子稳定系统(Electronic Stability Program,ESP),本田称其为车辆稳定辅助系统(Vehicle Stability Assist,VSA),丰田称其为车辆稳定控制系统(Vehicle Stability Control,VSC),日产称其为车辆动态控制系统(Vehicle Dynamic Control,VDC),宝马称其为动态稳定控制系统(Dynamic Stability Control,DSC)等。广义上说的电子稳定控制系统一般称为 ESP。

汽车电子稳定控制系统是新型的主动安全系统,是汽车 ABS 和 ASR 功能的进一步扩展,并在此基础上增加了车辆转向行驶时所需的横摆率传感器、横向加速度传感器和转向盘转角传感器,通过电子控制单元控制前后、左右车轮的驱动力和制动力,确保汽车行驶的侧向稳定性,如图 2-142 所示。

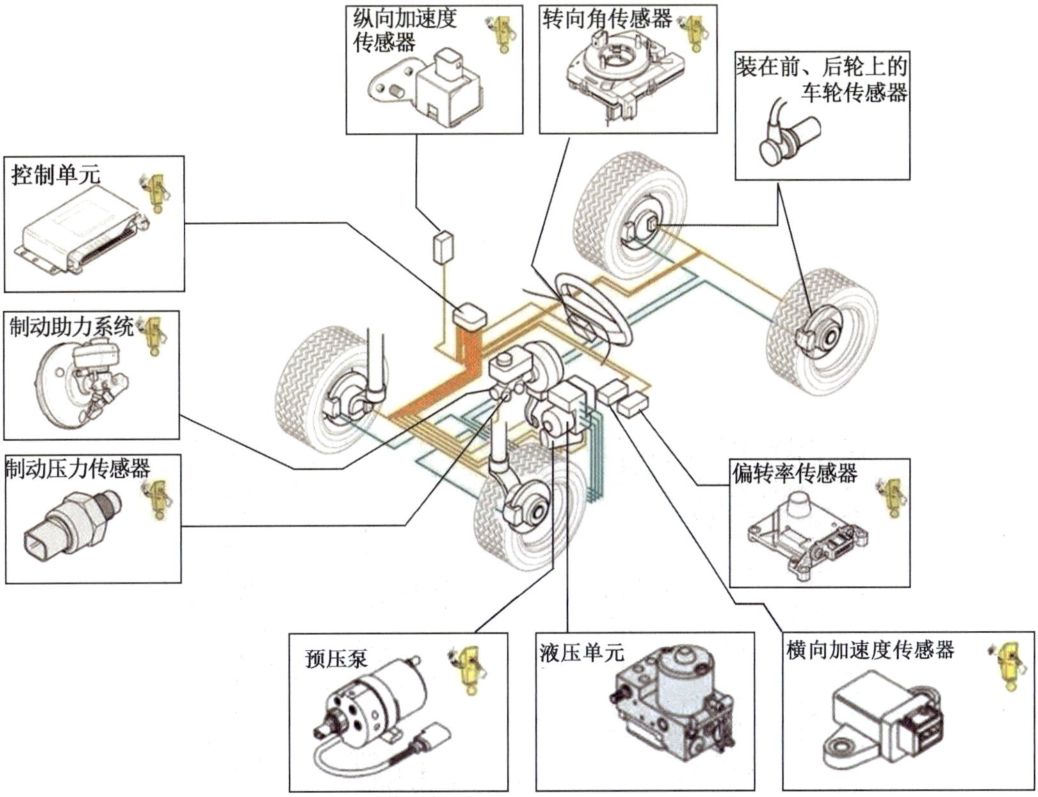

图 2-142 电子稳定控制系统的结构

ESP 系统的作用效果如图 2-143 所示。汽车在 ESP 系统的作用下,能最大限度地保证不跑偏、不甩尾、不侧翻,转向盘在任何状态下都能操纵自如。

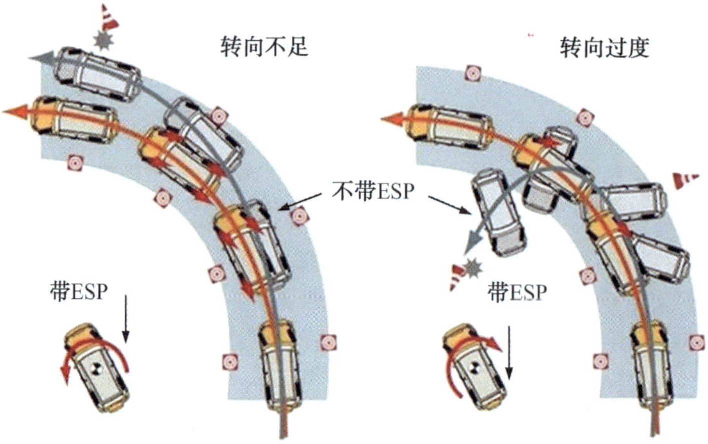

图 2-143　汽车 ESP 系统的作用效果

（五）轮胎气压监测系统

高速行驶时，汽车轮胎故障是驾驶员最难以预料的危险。轮胎故障造成了大量的交通事故。轮胎气压监测系统（Tire Pressure Monitoring System，TPMS）能对轮胎气压进行实时自动监测，针对轮胎胎压过低、胎压过高、快速漏气、胎温过高等故障进行自动监测与报警，保证车胎有足够的胎压，预防爆胎事故发生，增加驾驶汽车的安全性，减少因胎压不足额外产生的油耗，并延长轮胎的使用寿命。轮胎气压监测系统如图 2-144 所示。目前，汽车上使用的大多为此类直接式 TPMS，即通过轮胎内的压力传感器直接获取各个轮胎的气压值，并将其显示于仪表盘显示屏中，通过控制按钮对显示菜单进行切换即可进入胎压显示界面。当车辆胎压出现异常时，显示屏会自动切换至胎压显示并提醒。

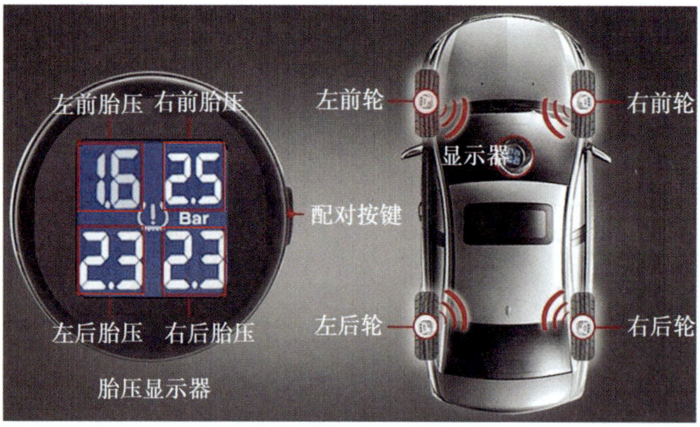

图 2-144　轮胎气压监测系统

（六）电子差速锁

电子差速锁（Electronic Differential System，EDS）又称 EDL（Electronic Differential Locking Traction Control），它是 ABS 的一种扩展功能，用于鉴别汽车的轮子是不是失去了着地摩擦力，从而对汽车的加速打滑进行控制。在汽车加速过程中，当电子控制单元根据轮速信号判断出某一侧驱动轮打滑时，EDS 就自动开始工作，通过液压控制单元对打滑一侧车轮进行适当强度的制动，从而提高另一侧驱动轮的附着利用率，提高车辆的通过能力。当车辆的行驶状况恢复正常后，电子差速锁就停止工作。同普通车辆相比，带有 EDS 的车辆可以更好地利用地面附着力来提高车辆的运行性，保证汽车平稳行驶且不损失动力，有利于汽车起步、加速和爬坡。

【任务实施】

针对两款不同类型的实训车辆，完成以下工作任务并填写任务实施报告。

1.熟悉两款车的基本结构。

2.明确两款车的相关信息，并填写工单（其中“主流技术”不限于本书所讲）。

3.找出两款车的相同点及不同点。

4.说一说你更喜欢哪一款车，并给出理由。

任务实施报告

<table>
<tr><td>任务名称</td><td colspan="6">汽车基本结构对比</td></tr>
<tr><td>学生姓名</td><td></td><td>班级</td><td></td><td>学号</td><td colspan="2"></td></tr>
<tr><td>实训地点</td><td></td><td>日期</td><td></td><td>实训车辆品牌</td><td></td><td></td></tr>
<tr><td colspan="7">实训结果记录</td></tr>
<tr><td rowspan="7">实训车辆一</td><td>型号</td><td colspan="2"></td><td>驱动形式</td><td colspan="2"></td></tr>
<tr><td rowspan="2">发动机</td><td>缸数</td><td></td><td>气缸布置形式</td><td colspan="2"></td></tr>
<tr><td>排量</td><td></td><td>主流技术</td><td colspan="2"></td></tr>
<tr><td rowspan="2">底盘</td><td>变速器类型</td><td></td><td>变速器挡位数</td><td colspan="2"></td></tr>
<tr><td>悬架形式</td><td></td><td>制动器</td><td colspan="2"></td></tr>
<tr><td>车身类型</td><td colspan="5"></td></tr>
<tr><td>电子技术</td><td colspan="5"></td></tr>
<tr><td rowspan="7">实训车辆二</td><td>型号</td><td colspan="2"></td><td>驱动形式</td><td colspan="2"></td></tr>
<tr><td rowspan="2">发动机</td><td>缸数</td><td></td><td>气缸布置形式</td><td colspan="2"></td></tr>
<tr><td>排量</td><td></td><td>主流技术</td><td colspan="2"></td></tr>
<tr><td rowspan="2">底盘</td><td>变速器类型</td><td></td><td>变速器挡位数</td><td colspan="2"></td></tr>
<tr><td>悬架形式</td><td></td><td>制动器</td><td colspan="2"></td></tr>
<tr><td>车身类型</td><td colspan="5"></td></tr>
<tr><td>电子技术</td><td colspan="5"></td></tr>
</table>

<table>
<tr><td>偏好车辆及理由</td><td colspan="3"></td></tr>
<tr><td colspan="4">自我评价</td></tr>
<tr><td colspan="4"></td></tr>
<tr><td>指导教师</td><td></td><td>成绩</td><td></td></tr>
</table>

模块三

新能源汽车的认知

发展新能源汽车是我国从汽车大国迈向汽车强国的必由之路，是应对气候变化、推动绿色发展的战略举措。近年来，我国新能源汽车进入加速发展的新阶段，成交量连续6年位居全球第一，截至2020年年底，累计产销超过550万辆，占全球的一半以上。但是，当前我国新能源汽车销量只占整体汽车销量的5%左右，距离《新能源汽车产业发展规划(2021—2035年)》中提出的“到2025年新能源汽车新车销售量达到汽车新车销售总量的20%左右”的目标还有非常大的成长空间。在我国飞速发展新能源汽车产业的背景下，汽车类专业学生也迫切需要掌握新能源汽车的相关基本理论和技能。

【工作情境】

比亚迪秦 Plus DM-i 的意向客户张先生想了解一下比亚迪的 DM-i 超级混合系统，请销售顾问小王给他讲解一下。

【学习目标】

素质目标

1.培养创新意识；

2.培养专注的自学能力；

3.培养准确的归纳概括能力。

知识目标

1.熟悉新能源汽车的定义、分类及基本参数；

2.掌握新能源汽车常见标识的含义；

3.掌握纯电动汽车的基本组成及工作原理；

4.熟悉混合动力汽车的分类及特点；

5.了解燃料电池电动汽车的结构及工作原理。

能力目标

1.能够描述新能源汽车的分类及标识含义；

2.能够准确地讲述纯电动汽车的基本组成及工作原理；

3.能够对混合动力汽车进行准确的分类；

4.能够描述燃料电池电动汽车的结构及工作原理。

【信息资讯】

1.什么是新能源汽车？广义上的新能源汽车有哪些？

____

____

2.按照汽车行驶动力来源的不同，可以将新能源汽车分为哪三类？

(1)__________ (2)__________ (3)__________

3.请列举不少于6项纯电动汽车的高压部件。

(1)__________ (2)__________ (3)__________

(4)__________ (5)__________ (6)__________

4.混合动力汽车如何分类？

____

____

5.简述燃料电池电动汽车的工作原理。

____

____

____

____

【知识准备】

学习任务一　新能源汽车总体认知

一、新能源汽车的定义与分类

(一)新能源汽车的定义

广义上的新能源汽车是指全部或部分使用了除汽油、柴油以外的其他能源的汽车。它不仅包括电动汽车，也包括代用燃料汽车，具体可分为六大类：纯电动汽车、混合动力汽车、燃料电池电动汽车、醇醚燃料汽车、氢发动机汽车、天然气汽车等。

狭义上的新能源汽车定义可以参考国家《新能源汽车生产企业及产品准入管理规定》(第39号令)的规定：新能源汽车是指采用新型动力系统，完全或者主要依靠新型能源驱动的汽车，包括插电式混合动力(含增程式)汽车、纯电动汽车和燃料电池电动汽车等，如图3-1所示。

图 3-1　新能源汽车

(二)新能源汽车的分类

按照驱动系统获取能源的方式，新能源汽车可以分为电动汽车和代用燃料汽车，如图 3-2 所示。

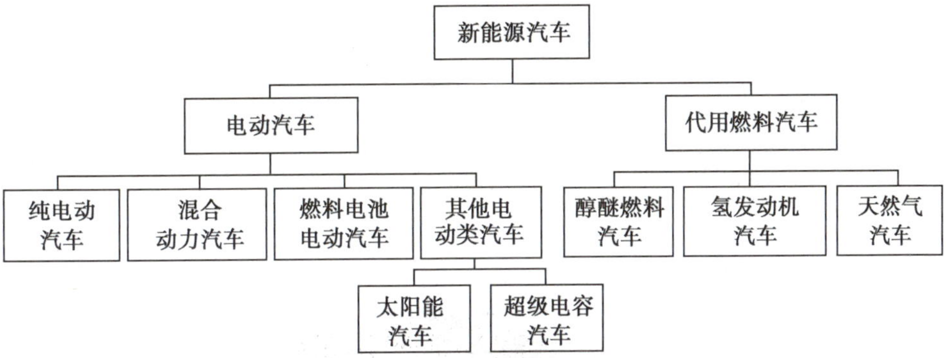

图 3-2　新能源汽车的分类

目前，市场上保有量比较多、技术较为成熟的新能源汽车主要是电动汽车。国家标准《电动汽车术语》(GB/T 19596—2004)中，按照汽车行驶动力来源的不同将电动汽车划分为纯电动汽车(Battery Electric Vehicle, BEV)、混合动力电动汽车(Hybrid Electric Vehicle, HEV)、燃料电池电动汽车(Fuel Cell Electric Vehicle, FCEV，简称燃料电池汽车)三种基本类型。

1. 纯电动汽车(BEV)

纯电动汽车是指以车载电池为动力，用电机驱动车轮行驶，符合道路交通、安全法规和国家标准各项要求的车辆。纯电动汽车不再需要内燃机，驱动电动机相当于内燃机汽车的发动机，动力蓄电池相当于汽车的油箱。纯电动汽车的代表车型有北汽新能源 EV200、比亚迪唐 EV、江淮和悦、荣威 E50、特斯拉 S、一汽大众 ID.4 CROZZ 等。

2021 款比亚迪唐 EV 是一款中型四驱纯电动汽车，如图 3-3 所示。综合工况纯电动汽车的续驶里程为 505 km，零百加速时间为 4.4 s，搭载交流永磁同步电机，系统综合最大功率为 380 kW，综合最大扭矩为 680 N·m。同时，它还应用了刀片电池，电池容量为

86.4 kW·h，电池电量从30%充至80%的快充时间仅为0.5 h。

图3-3　2021款比亚迪唐EV四驱版

2. 混合动力电动汽车(HEV)

混合动力电动汽车是指能够至少从两类车载储存的能量(可消耗的燃料、可再充电能/能量储存装置)中获得动力的汽车。

目前，市场上技术相对成熟的混合动力汽车指的是油电混合动力汽车，即采用传统的内燃机(汽油机或柴油机)和电动机作为动力源的汽车，通过电机驱动系统提供动力补偿，汽车可以采用更小排量的发动机，使发动机工作在高效低排放区，从而达到降低排放的目的。

2021年3月25日，全球首款宽体超混SUV比亚迪宋Plus DM-i领航上市，如图3-4所示。作为首款搭载DM-i超级混动技术的SUV车型，它拥有51 km、110 km两个纯电续航里程版。该车搭载骁云-插混专用1.5 L高效发动机及比亚迪刀片电池，动力性及燃油经济性均有出色表现。以110 km纯电续航里程版为例，其零百加速时间为7.9 s，电池馈电状态下油耗仅为4.5 L/100 km。

图3-4　比亚迪宋Plus DM-i(插混)

2019年3月，丰田亚洲龙混动车型上市，如图3-5所示。该车型搭载的是全新一代THS Ⅱ混合动力系统，这套混合动力系统堪称当前车界混动系统最成熟的技术之一。它采用2.5 L发动机+电动机进行驱动，其中2.5 L发动机最大功率为131 kW，最大扭矩为221 N·m，压缩比达到14∶1；而电动机最大功率为88 kW，最大扭矩为202 N·m；最大输出综合功率为160 kW，零百加速时间为8.7 s。该车型以其优异的低速加速性能及4.3 L的综合油耗赢得了市场，上市两年单一车型销量近8万台。

图 3-5　一汽丰田亚洲龙双擎版(非插混)

3.燃料电池电动汽车(FCEV)

燃料电池电动汽车是指氢气等燃料和空气中的氧在催化剂的作用下,在燃料电池系统中经电化学反应产生电能,并以此为主要动力源驱动的汽车,如图 3-6 所示。其主要构成有燃料电池、蓄氢瓶、动力电池(辅助电池)、驱动电机等,关键技术是氢燃料电池。

与传统汽车相比,燃料电池电动汽车增加了燃料电池和储气罐,工作时只需加氢气,不需要外部补充电能。燃料电池的工作原理是将氢气和氧气通过反向电解反应直接转化成电能,反应过程不涉及燃烧和热机做功,所以能量转换效率可以达到 60%～70%,使用效率是普通内燃机的 2 倍左右。同时,燃料电池的化学反应过程不会产生有害物,因此燃料电池车辆是无污染汽车。从能源的利用和环境保护方面看,燃料电池电动汽车是一种理想的车辆。

图 3-6　燃料电池电动汽车

氢燃料电池电动汽车具有零排放或近似零排放的特点,其排放物主要是水,属于绿色低碳汽车,对于我国提出的“力争 2030 年前实现碳达峰,2060 年前实现碳中和”的目标具有重要意义。因此,氢燃料电池电动汽车或将成为传统汽车理想的替代方案。但是,氢燃料电池成本过高,而且按照目前的技术条件来说,氢燃料的存储和运输相对困难。

山东省的氢能产业链完整,省内物流发达,公路客运和货运规模巨大,氢燃料电池电动汽车应用场景多、范围广。近年来,依托得天独厚的优势,山东省将发展氢能产业作为加快新旧动能转换、抢占新能源技术制高点的重要战略举措,在多个城市陆续启动“绿色动力、氢能城市”示范建设。

在氢燃料客车产业领域,中通客车与潍柴集团作为引领者,全面助力全国各地的氢能产业布局。2020 年 6 月 1 日，潍柴又一次在潍坊大规模投放氢燃料电池公交车，为潍坊创建氢能示范城市注入了绿色“新动力”。图 3-7 为潍柴氢燃料电池公交车，该车搭载的是潍柴动力生产的燃料电池系统，额定功率为 46 kW，电机采用潍柴二挡箱，额定功率为 160 kW，动力电池由宁德时代提供，电池能量可达 109 kW · h。全车共搭载 6 个 140 L 的储氢罐，可实现加氢 15 min，满载续航里程超过 500 km。为保障整车安全，中通客车在氢系统集成设计方面专门进行了氢电隔离，设计有氢气泄漏警示装置，并装有远程监控系统，实时监控车辆动力电池系统温度及整车运行轨迹数据，保证行车安全、高效。

图 3-7　潍柴氢燃料电池公交车

二、新能源汽车常见标识

(一)新能源汽车牌照及铭牌

1. 新能源汽车牌照

为了更好地区分和辨识新能源汽车，实施差异化交通管理，我国已启用新能源汽车专用号牌。新能源汽车号牌体现“绿色环保”的寓意，以绿色为主色调，增加了专用标识，应用了新的防伪技术和制作工艺，既可实现区分管理，便于识别，又能彰显新能源特色、技术创新。

新能源汽车号牌分为小型新能源汽车号牌和大型新能源汽车号牌，其中小型新能源汽车号牌为渐变绿色，大型新能源汽车号牌为黄绿双拼色。为了更好地实施国家新能源汽车产业发展及差异化管理政策，新能源汽车号牌按照不同车辆类型实行分段管理，如图 3-8 所示。字母“D”代表纯电动汽车，字母“F”代表非纯电动汽车(包括插电式混合动力和燃料电池电动汽车等)。小型汽车号牌中“D”或“F”位于号牌序号的第一位，大型汽车号牌中“D”或“F”位于号牌序号的最后一位。

小型新能源汽车号牌式样　　大型新能源汽车号牌式样

图 3-8　新能源汽车牌照

2. 新能源汽车铭牌

新能源汽车铭牌上除了标注传统燃油车相关信息外，还会标注电机型号、功率、动力电池容量、工作电压等相关信息，如图 3-9 所示。

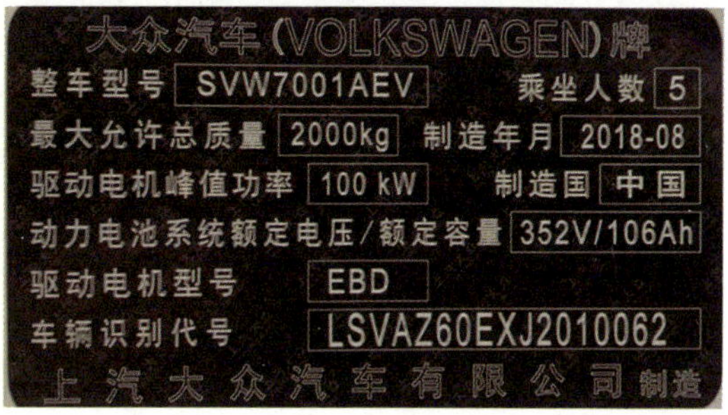

图 3-9　上汽大众纯电动汽车的铭牌

(二)新能源汽车常见仪表指示灯

现代汽车的仪表盘实质上是一个信息处理模块，它既可以接收车辆上的相关信息，并用文字或图形显示出来，也可以就车辆的某些信号做出回应。以吉利帝豪 EV450 为例，新能源汽车仪表指示灯及相关含义如表 3-1 所示。

表 3-1　吉利帝豪 EV450 仪表指示灯及说明

序号	警告符号	警告符号信息	颜色
1		充电线连接指示 (点亮说明充电线已连接)	红色
2	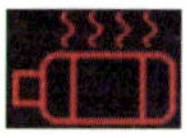	电机及控制器过热报警 (点亮说明电机温度超过设定值，车辆动力受限)	红色
3		整车系统故障警告灯 (点亮说明车内电控系统故障)	红色
4		动力电池切断指示灯 (点亮说明高压动力系统断开)	黄色
5		运行指示就绪指示灯 (点亮说明车辆装备就绪，可以行驶)	绿色
6	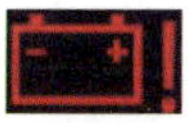	动力电池故障警告 (点亮说明动力电池及系统故障)	红色
7	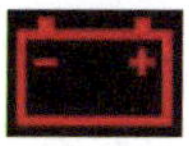	辅助蓄电池(12 V)故障指示灯 (点亮说明 12 V 蓄电池及 DC-DC 系统故障)	红色

续表

序号	警告符号	警告符号信息	颜色
8		驱动电机功率限制指示灯 (点亮说明驱动及动力电池故障)	黄色
9		充电指示/充电提醒 (电池电量低于设定值及充电时点亮)	黄色
10		日间行车灯指示灯	绿色
11		驻车制动警告灯	红色
12		制动系统故障警告灯	红色
13		减速器故障指示灯	红色
14		驻车制动系统故障指示灯	黄色
15		电子稳定控制系统故障指示灯	黄色
16		电子稳定控制系统关闭指示灯	黄色
17		防抱死制动系统故障警告灯	黄色
18		电子制动力分配系统故障警告灯	黄色
19		电动助力转向系统故障指示灯	黄色

三、新能源汽车基本参数

(一)电池的基本参数

电池的基本参数有电压、电池容量、电池能量、能量密度、功率密度、电池放电倍率、荷电状态、寿命等。

1. 电压

(1)开路电压:电池外部不接任何负载或电源时,测量的电池正负极之间的电位差。

(2)工作电压:电池外部接上负载或电源,有电流流过电池时,测量的正负极之间的电位差。

由于电池内阻的存在,放电状态时(外接负载)的工作电压低于开路电压,充电状态时(外接电源)的工作电压高于开路电压。

(3)充电截止(终止)电压:蓄电池正常充电时允许达到的最高电压。

(4)放电截止(终止)电压:蓄电池正常放电时允许达到的最低电压。

2. 电池容量

电池容量是指完全充电的蓄电池在规定条件下所释放的总电量,单位为 A·h 或 kA·h,它等于放电电流与放电时间的乘积。

3. 电池能量

电池能量是指在一定放电条件下电池所能输出的电能,单位为 W·h 或 kW·h,它等于电压与电池容量的乘积。

例如:标识为 3.7 V/10 A·h 的电池,其能量为 37 W·h。如果把 4 节这样的电池串联起来,就组成了一个电压是 14.8 V、容量为 10 A·h 的电池组,虽然没有提高电池容量,但总能量为 148 W·h,提高了 3 倍。

4. 能量密度

能量密度是指从蓄电池的单位质量或单位体积所获取的电能,也称为比能量,单位为 W·h/kg、W·h/L。从蓄电池的单位质量所获取的电能称作质量比能量,从蓄电池的单位体积所获取的电能称作体积比能量。

5. 功率密度

功率密度是指从蓄电池的单位质量或单位体积所获取的输出功率,也称为比功率,单位为 W/kg、W/L。从蓄电池的单位质量所获取的输出功率称作质量比功率,从蓄电池的单位体积所获取的输出功率称作体积比功率。

6. 电池放电倍率

放电倍率是指在规定时间内放出其额定容量时所需要的电流值,它在数值上等于电池额定电流的倍数,即$\frac{\text{充放电电流}}{\text{额定电流}}$,一般用 C 来表示,如 0.5C、1C、5C 等。

电池的充放电倍率,决定了电池以多快的速度将一定的能量存储到电池里面,或者以多快的速度将电池里面的能量释放出来。

7. 荷电状态

电池荷电状态(State of Charge,SOC)是当前蓄电池按照规定放电条件可以释放的容量占可用容量的百分比,是电池使用过程中的重要参数。

8. 寿命

(1)使用寿命:描述动力蓄电池可使用时间的通用术语,可以表示为工作循环数或时间。

(2)循环寿命:在指定的充放电终止条件下,以特定的充放电制度进行充放电,动力蓄电池在不能满足寿命终止标准前所能进行的充放电循环数。

(3)日历寿命:动力蓄电池在不能满足寿命终止标准前,能够接受指定操作的时间。

(4)寿命开始:蓄电池经特定程序测试后,能够满足特定的标准,并可以使用时为寿命开始。

(5)寿命终止:在特定测试标准下,蓄电池不能满足特定的容量、能量或功率性能标准时为寿命终止。

(二)电机的基本参数

电机的基本参数有额定功率、持续功率、峰值功率、额定转速、额定转矩、峰值转矩、堵转转矩、额定电压、额定电流和额定频率等。

1. 额定功率

额定功率指电机在额定运行条件下的输出功率,单位为 W。

2. 持续功率

持续功率指电机在规定的运行条件下,允许长期持续运转的输出功率,单位为 W 。

3. 峰值功率

峰值功率指在规定的持续时间内,电机允许的最大输出功率,单位为 W。

4.额定转速

额定转速指额定功率下电机的最低转速,单位为 r/min。

5. 额定转矩

额定转矩指电机在额定功率和额定转速下的输出转矩,单位为 N·m。

6. 峰值转矩

峰值转矩指电机在规定的持续时间内允许输出的最大转矩,单位为 N·m。

7. 堵转转矩

堵转转矩指转子在所有角位堵住时所产生的转矩最小测得值,单位为 N·m。

8. 额定电压

额定电压指电机长期稳定工作的最佳电压,也称为标称电压,单位为 V。

9. 额定电流

额定电流指电机在额定电压下,按照额定功率运行时的电流,单位为 A。

10. 额定频率

额定频率指电机在额定运行条件下电枢(或定子侧)的频率,单位为 Hz。

(三)新能源汽车整车性能参数

电动汽车的性能参数主要有最高车速、加速能力、坡道起步能力、爬坡车速、续驶里程、能量消耗率、放电能量(整车)、再生能量、动力系统效率和总功率等。

1. 最高车速

电动汽车的最高车速包括最高车速(1 km)和 30 min 最高车速。

(1)最高车速(1 km):电动汽车能够往返各持续行驶 1 km 以上距离的最高平均车速。

(2)30 min 最高车速:电动汽车能够持续行驶 30 min 以上的最高平均车速。

2. 加速能力

加速能力指电动汽车从速度 v_1 加速到速度 v_2 所需的最短时间。

3. 坡道起步能力

坡道起步能力指电动汽车在坡道上能够启动,且 1 min 内向上行驶至少 10 m 的最大坡度。

4. 爬坡车速

爬坡车速指电动汽车在给定坡度的坡道上能够持续行驶 1 km 以上的最高平均车速。

5. 续驶里程

续驶里程指电动汽车在动力蓄电池完全充电状态下,以一定的行驶工况,能连续行驶的最大距离,单位为 km。

6. 能量消耗率

能量消耗率指电动汽车经过规定的试验循环后,对动力蓄电池重新充电至试验前的容量,从电网上得到的电能除以行驶里程所得的值,单位为 W·h/km。

7. 放电能量(整车)

放电能量指电动汽车行驶中,由储能装置释放的电能,单位为 W·h。

8. 再生能量

再生能量指行驶中的电动汽车用再生制动回收的电能,单位为 W·h。再生制动指电动汽车滑行、减速或下坡时,将车辆行驶过程中的动能及势能转化或部分转化为车载可充电储能系统的能量存储起来的制动过程。

9. 动力系统效率

动力系统效率指在纯电动情况下,从动力系统输出的机械能除以输入动力系统的电能所得的值。

10. 总功率

总功率指混合动力电动汽车在联合驱动模式下可输出的峰值功率。

学习任务二　纯电动汽车

一、纯电动汽车的组成及原理

纯电动汽车(BEV)主要由电机驱动系统、车载能源系统、辅助系统等部分组成,如图 3-10 所示。

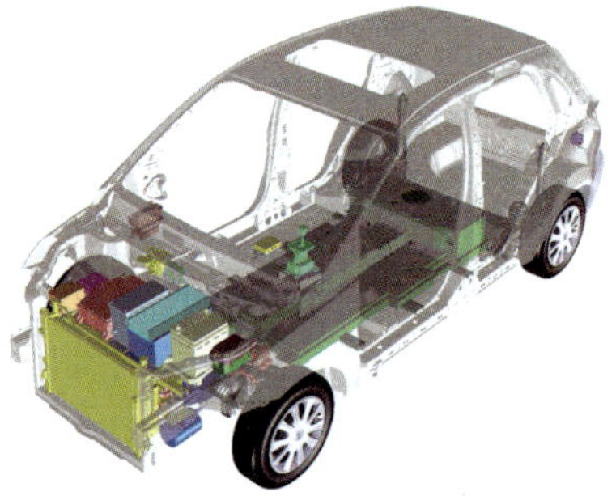

图 3-10　纯电动汽车的结构

纯电动汽车去除了离合器、变速器等传统汽车部件,除了电机驱动系统,其他部分的功能及结构与传统汽车基本相同。当汽车行驶时,由动力蓄电池输出电能(电流),并通过电机控制器控制电动机运转,电动机输出的转矩经传动系统带动车轮前进或后退。

(一)电机驱动系统

电机驱动系统是车辆行驶的主要执行机构,其特性决定了车辆的主要性能指标,直接影响车辆的动力性、经济性和用户的驾乘感受。电动汽车驱动系统架构如图 3-11 所示,电动汽车驱动系统主要由整车控制器、驱动电机、电机控制器、机械传动装置和冷却系统等构成。

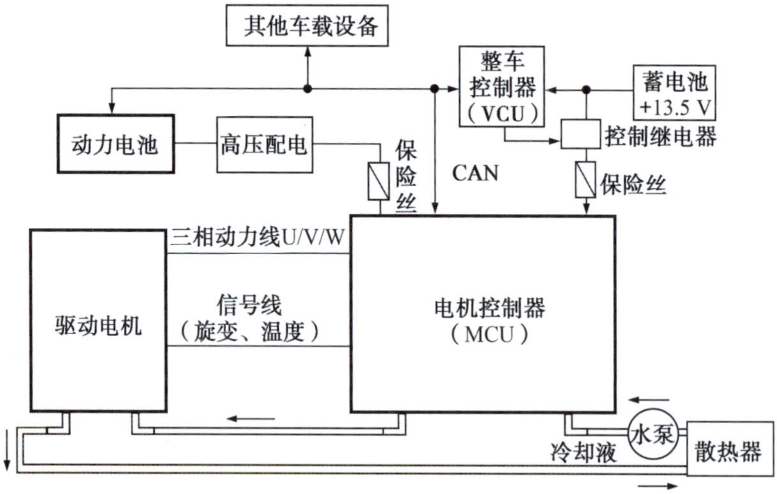

图 3-11　驱动系统架构

1. 整车控制器

整车控制器(VCU)相当于电动汽车的“大脑”,控制电动汽车的所有部件,其功能为识别驾驶员意图、判断控制模式、判别和处理整车故障、管理外围相连驱动模块、控制电动汽车辅助系统等。

2. 电机控制器

电机控制器(MCU)的功能是接收整车控制器(VCU)的指令,将动力蓄电池的高压直流电逆变成电压、频率、相序可调的三相交流电,实现对驱动电机的转速、转矩和旋转方向的控制。电机控制器与驱动电机配套使用,三相交流异步电机、永磁同步电机需通过电机控制器进行调频、调压矢量控制,磁阻电机则通过控制顺序脉冲频率来进行调速。当汽车进行倒车行驶时,通过电机控制器改变三相交流电的相序,使电动机反转来驱动车轮反向行驶。电机控制器与驱动电机的连接如图 3-12 所示。

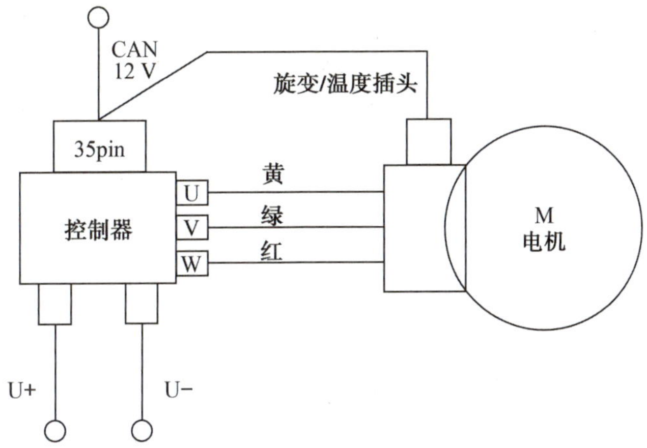

图 3-12　电机控制器与驱动电机的连接

当电动汽车处于滑行制动和刹车制动状态时,电机控制器转变为整流滤波器,其功能是将发电机输出的三相交流电经过整流、滤波和升压后转变为高压直流电,将电能回馈给动力蓄电池,实现能量回收。

电机控制器的另一个功能是实时监测驱动电机的运行状态,通过电流传感器、电压传感器、温度传感器、旋转变压器等实时采集电流、电压、温度、转子位置及转速信号。电机控制器内含故障诊断电路,当诊断出异常时,它将会激活一个错误代码,通过 CAN 线发送给整车控制器,同时存储该故障码和数据。

3. 驱动电机

驱动电机在电动汽车中承担着驱动车辆和发电的双重功能,即在正常行驶时发挥其主要的电动机功能,将电能转化为机械能;而在降速和下坡滑行时驱动电机转变为发电机,将车轮的惯性动能转换为电能。电机驱动系统的能量关系如图 3-13 所示。

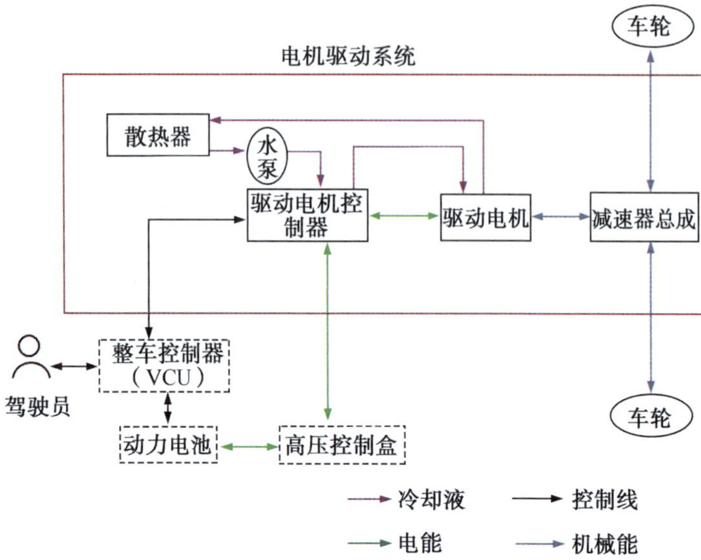

图 3-13 电机驱动系统的能量关系

电动汽车常用的驱动电机有直流电机、三相交流异步电机、永磁同步电机、开关磁阻电机和轮毂电机等，其中直流电机在电动汽车发展的早期应用得较多，但目前已被交流电机取代，仅在低速电动车上应用。

三相交流异步电机又称感应电机，结构简单，可靠耐用，维修方便，具有成本低、工艺简单的优点。缺点是功率密度和转矩密度低，即相同体积和质量的电机可提供的功率和转矩较小。在车辆空间足够的情况下，可选用较大的感应电机以实现较大功率及转矩的持续输出。目前，国内市场中只有蔚来、特斯拉等少数车型使用了三相交流异步电机。

永磁同步电机具有高控制精度、高转矩密度、良好的转矩平稳性以及低噪声的优点，通过合理设计，永磁磁路结构能获得较高的弱磁性能、较大的调速范围。但永磁电机在长时间、大功率运转时容易出现退磁问题，因此要避免使其长时间、高负载运行或频繁高负载启停。一般电动汽车会限制电机功率、限制过载时间。另外，永磁同步电机用到的永磁材料钕铁硼、钐钴等均含稀土材料，由于国内稀土资源相对丰富，所以国内车企大部分选择效率更高的永磁同步电机。

开关磁阻电机作为一种新型电机，结构最为简单、坚固，具有可靠性高、调速范围大等优点，但其转矩波动大、噪声大等缺点也较为明显。英国、美国、日本等国家对开关磁阻电机研究得较早，其生产的开关磁阻电机已经应用于电动汽车。

除了三相异步电机和永磁同步电机，轮毂电机也是新能源汽车电机应用的热点。轮毂电机又称车轮内装电机，其最大特点是将车辆的动力单元、传动单元和制动单元集成到轮毂中。与传统电机相比，轮毂电机的优势是明显的。由于节省了大量的传动部件，车辆底盘结构相对简单，整车在总布置上更为合理。当然，轮毂电机仍有许多技术问题需要解决。比如，轮毂电机增加了轮毂的转动惯量及簧下质量，使车辆的操控性能变差；轮毂电机的电制动性能有限，维持制动系统运行需要消耗不少电能；轮毂电机工作环境恶劣，在密封方面有较高要求。

4. 机械传动装置

机械传动装置的主要功能是将驱动电机的转速降低、扭矩升高，以实现整车对驱动电机的扭矩、转速需求。对于纯电动汽车，由于驱动电机本身具有较好的调速特性，其变速机构可被大大简化，较多的是仅采用一种固定速比的减速装置，省去了变速器、离合器等部件。当采用轮毂式驱动电机分散驱动时，又可以省去驱动桥、机械差速器、半轴等传动部件。

（二）车载能源系统

车载能源系统主要由动力蓄电池、能量管理系统、充电系统等组成。它的功能是为驱动电机提供驱动电能、监测电源使用情况以及控制充电机向动力蓄电池充电。

1. 动力蓄电池

动力蓄电池又称动力电池，是为电动汽车动力系统提供能量的蓄电池，如图 3-14所示。动力蓄电池系统是集化学、电气和机械特性于一体的复杂系统，由电芯的电化学特性所决定的充放电和安全性等特性对动力蓄电池系统的设计、制造、应用和维修起着决定性作用。

根据工作介质不同，动力电池可分为锂离子电池、镍氢电池和铅酸电池。其中，锂离子电池因具有工作电压高、比能量高、循环使用寿命长等优点，被广泛应用在电动汽车上。锂离子电池的正极材料主要有钴酸锂、锰酸锂、磷酸铁锂和镍钴锰酸锂（简称三元锂），根据近两年（2019 年、2020 年）动力电池的装机量统计，三元锂电池与磷酸铁锂电池的装机量占总装机量的 98%以上。目前，三元锂电池的装机量达到磷酸铁锂电池的装机量的 2 倍，这得益于比亚迪“刀片电池”的全系换装。磷酸铁锂电池的装机量有望与三元锂电池的装机量一较高下。

图 3-14　动力电池

2. 能量管理系统

能量管理系统也称电池管理系统（Battery Management System，BMS），是电动汽车电池系统的参数测试及控制装置，具有安全预警与控制、剩余电量估算与指示、充放电能量管理与过程控制、信息处理与通信等功能，如图 3-15 所示。

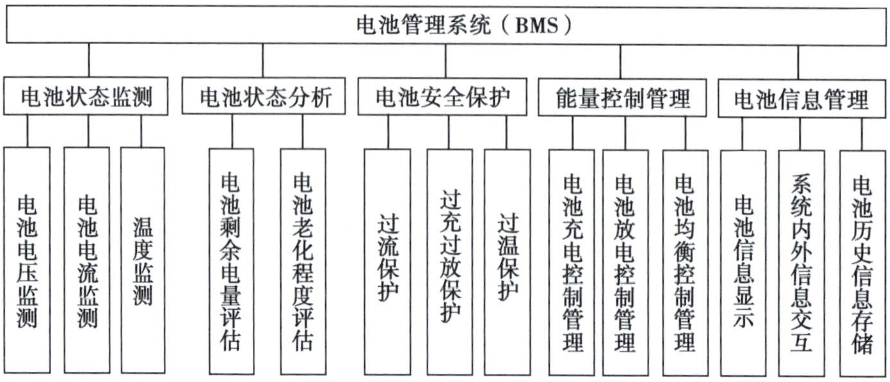

图 3-15　BMS 的基本功能

3. 充电系统

充电系统是维持电动汽车持续运行的能源补给设施，是从供电电源提取能量对电动汽车动力蓄电池充电时使用的有特定功能的电力转换装置。充电系统对于电动汽车而言是不可缺少的子系统，当动力蓄电池的荷电量（SOC）下降之后，就必须使用充电设备对其进行再充电。电动汽车充电系统包括交流充电（慢充）系统和直流充电（快充）系统，部分减配车型只配置慢充或快充一种充电系统。图 3-16 是北汽 EV160 的充电系统。

图 3-16　北汽 EV160 的充电系统

电动汽车的充电过程比平常的家用电器充电要复杂得多，首先是物理接口的形状、尺寸必须符合国家标准，其次是要符合国家标准的通信协议要求。电动汽车的充电接口分为交流充电接口（慢充接口）和直流充电接口（快充接口），如图 3-17 所示。

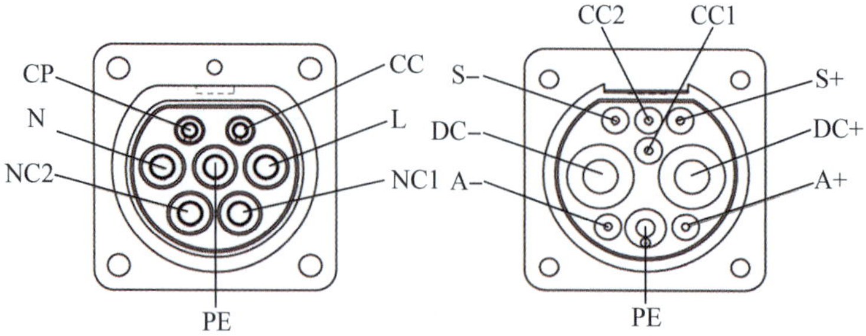

（a）交流充电接口（慢充口）　（b）直流充电接口（快充口）

图 3-17　电动汽车的充电接口

我国电力工业的标准频率是 50 Hz，单相电压是 220 V，三相电压是 380 V。电动汽车动力电池充电需要高压直流电。因此，需要一个将 220 V 或 380 V 交流电转化为高压直流电的转换器。车载充电机（On-Board Charger，OBC）与快充桩就充当了转换器的角色。

二、纯电动汽车的特点

（一）纯电动汽车的优点

（1）环保：纯电动汽车在运行过程中可以做到零污染，完全不排放污染大气的有害气体。即使将所耗电量换算为发电厂的排放，造成的污染也少于传统汽车，因为发电厂的能量转换率更高，而且集中排放可以更方便地加装减排治污设备。随着技术的发展，向动力蓄电池充电的电力可以由水力、风力、太阳能、潮汐能、核能等能源转化而来。

（2）低噪：电动汽车的电机在运行中的噪声和振动水平都要远远小于传统内燃机。在怠速和低速情况下，电动汽车的舒适性要远高于传统汽车。随着速度的提升，胎噪和风噪成为噪声的主要来源。

（3）经济：电动汽车的使用成本低廉，只有汽油车的 1/5 左右，并且能量转换效率高，并且可回收制动、下坡时的能量，提高能量的使用效率。在夜间可借助于电网的廉价“谷电”充电，起到平抑电网的峰谷差的作用。而且，电动汽车的日常维护费用低。

（二）纯电动汽车的缺点

（1）续航里程短，长途旅行受限，特别是北方寒冷地区，续航里程缩水尤为明显。

（2）充电时间长，普通交流充电的充电过程需要 8 h 左右。在当前的电池技术水平下，即使快充也需要 30 min 才能充到电池容量的 80%，超过 80%后，为保护电池安全，充电电流必须变小，充到 100%的时间较长。快充的充电时间约 3 h（15 kW 直流充电桩）。

（3）配套设施不完善。目前，国内的公共充电桩数量不足且分布不均衡，出门在外如遇车辆没电的情况，需要花费时间找到合适的充电设施进行充电。

（4）纯电动汽车长时间使用后，会出现电池衰减、续航里程减少的现象。

学习任务三　混合动力汽车的认知

一、混合动力汽车的分类

（一）按照外接充电能力分类

按照车辆能否使用外部供电装置为车辆搭载的电池进行充电，可将混合动力汽车分为插电式混合动力汽车与非插电式混合动力汽车。

长期以来，丰田、本田这两大日系车企占领了油电混合动力汽车市场的巨大份额，特别是在非插电式混合动力汽车领域，这两家日系车企业深耕双擎技术多年，已积累大量专利技术。基于此，我国将插电式混合动力汽车作为发展重点，并在政策上给予插电式混合动力汽车较多支持,如购置税减免,可挂绿色新能源牌照等。

(二)按照驱动联结方式分类

根据《电动汽车术语》(GB/T 19596—2004),一般可按照混合动力驱动的联结方式把混合动力汽车分为三类:

(1)串联式混合动力电动汽车(Series Hybrid Electric Vehicle,SHEV):车辆行驶由电机驱动,发动机带动发电机发电,为动力电池补充电能,发动机不直接参与车辆驱动。

(2)并联式混合动力电动汽车(Parallel Hybrid Electric Vehicle,PHEV):发动机和驱动电机都是动力总成,发动机和电动机既能单独驱动车辆,也可以共同驱动车辆。

(3)混联式混合动力电动汽车(Split Hybrid Electric Vehicle,PSHEV):综合了串联式和并联式混合动力汽车的结构而组成,在性能模式上兼顾了串联式和并联式混合动力汽车的特点。

(三)增程式电动汽车

增程式电动汽车是带有外部充电装置的串联式混合动力电动汽车,即插电式串联混合动力汽车。它在纯电动汽车的基础上增加了一个被称为增程器的辅助动力装置。增程式电动汽车的代表车型有理想 ONE(见图 3-18)、东风小康风光 E3、东风岚图 free、宝马 i3 增程版等。

图 3-18　理想 ONE(1.2T 高效发动机+前后双电机+40.5 kW·h 动力电池)

二、串联式混合动力电动汽车

串联式混合动力电动汽车(SHEV)由发动机、发电机、驱动电动机和动力蓄电池组成,系统结构如图 3-19 所示。动力蓄电池的电能通过电机控制器直接输送到驱动电动机,驱动电动机直接与驱动桥相连并由它产生的电磁转矩驱动汽车行驶。当动力蓄电池的荷电状态(SOC)下降到预定值时,发动机带动发电机发电,向动力蓄电池充电,增加续驶里程,但发动机仅用于发电,不直接参与车辆驱动。

这种系统结构可以在很大程度上减少发动机所受到的车辆瞬态响应,使发动机工作在最佳工况点附近,保持稳定、高效、低污染的运转状态,将有害气体的排放控制在最低范围。

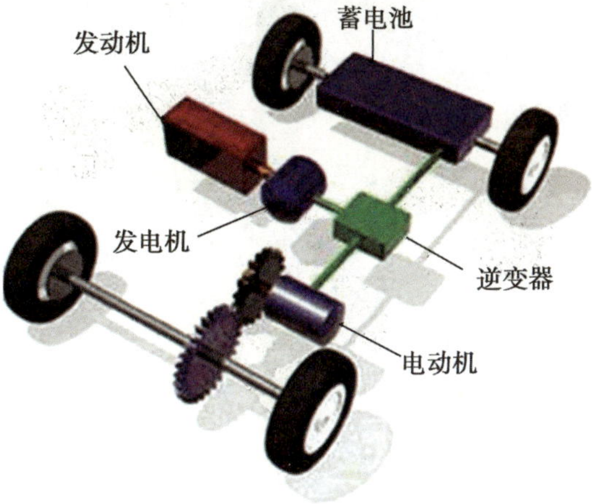

图 3-19 串联式混合动力电动汽车的系统结构

从总体结构上看，串联式混合动力电动汽车比较简单，易于控制，只有驱动电动机的电力驱动系统，其特点更加趋近于纯电动汽车。但在发动机—发电机系统中的热能—电能转换过程中，能量损失较大，更多的能量以热能的形式散发到空气中。

串联式混合动力电动汽车的代表车型有雪佛兰的沃蓝达（Volt，见图 3-20）、宝马 i3 增程版、传祺 GA5、理想 ONE 等。

图 3-20 雪佛兰的沃蓝达（1.5 L 自吸发动机＋2 台电机＋19 kW · h 动力电池）

三、并联式混合动力电动汽车

并联式混合动力电动汽车（PHEV）在普通燃油汽车的基础上加装了一套电机驱动系统，主要由发动机、动力耦合器、驱动电机和动力蓄电池四个主要部件组成，系统结构如图3-21所示。发动机和电动机既可以单独驱动车轮，也可以同时工作，共同驱动车辆行驶。当动力电池的荷电状态（SOC）下降到预定值时，发动机能够带动电动机转动，这时驱动电机转变为发电机为动力电池充电。这种结构的混合动力电动汽车连接方式简单，更接近传统汽车，只需增加一套电机驱动系统，可以降低成本。

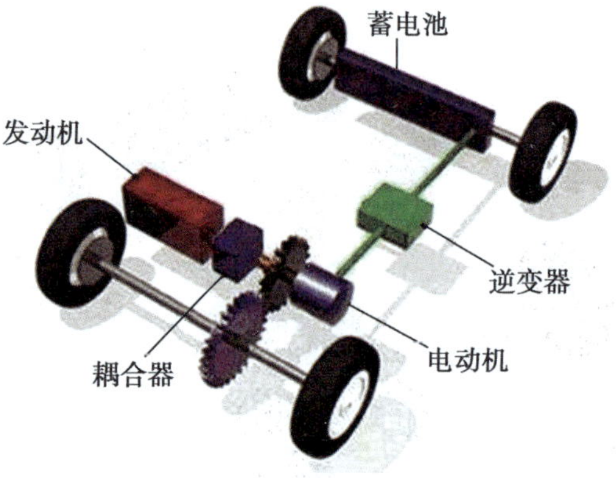

图 3-21　并联式混合动力电动汽车的系统结构

发动机和电动机通过动力耦合装置同时与驱动桥直接相连接。通常，发动机工作在满负荷(中等转速)状态时，燃油经济性最好；而在较小载荷状态或者起步阶段，发动机的燃油经济性比较差，这时可以关掉发动机，只用电动机来驱动汽车，或者增加发动机的负荷使电动机作为发电机，给蓄电池充电以备后用。

并联式混合动力电动汽车只有发动机和电动机两个动力总成，两者的功率等于车辆驱动功率的 50%～100%，比串联式混合动力电动汽车的三个动力总成(发动机＋发电机＋电动机)的功率、质量和体积小很多。发动机可直接驱动车辆，没有串联式混合动力电动汽车的机械能—电能—机械能的转换过程，能量转换的综合效率比串联式混合动力电动汽车高。当车辆需要最大输出功率时，电动机可以提供额外的辅助动力，因此发动机的功率可选择得小一点。并联式混合动力电动汽车的燃油经济性比串联式混合动力电动汽车的好。

并联式混合动力电动汽车需要配备与内燃机汽车相同的传动系统，总布置基本与内燃机汽车相同，动力性能接近内燃机汽车。并联式混合动力电动汽车的发动机工况会受到车辆行驶工况的影响，有害气体排放高于串联式混合动力电动汽车。并联式混合动力电动汽车除了需要装置离合器、变速器、传动轴和驱动桥等，还需要安装电动机、动力电池组和动力耦合器等装置，因此动力系统结构复杂，布置和控制更困难。

并联式混合动力电动汽车的代表车型有比亚迪秦 Pro DM(见图 3-22)、荣威 ei6、本田思域 IMA 等。

图 3-22　比亚迪秦 Pro DM

四、混联式混合动力电动汽车

混联式驱动系统是串联式与并联式的综合，主要由发动机、动力分配装置、发电机、驱动电机和动力蓄电池五个主要部件组成，其结构示意图如图 3-23 所示。混联式驱动系统的控制策略是：当汽车低速行驶时，驱动系统主要以串联方式工作；当汽车高速稳定行驶时，驱动系统则以并联工作方式为主。

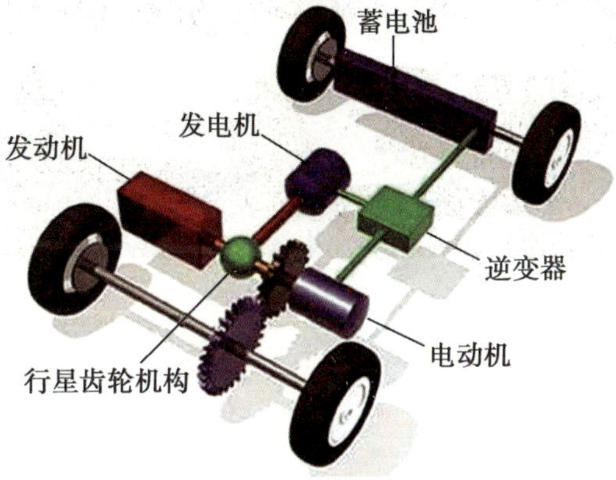

图 3-23　混联式混合动力电动汽车(CHEV)的系统结构

混联式混合动力电动系统一般采用行星齿轮机构作为动力分配装置，将发动机、发电机和电动机通过行星齿轮机构连接起来，动力从发动机输出到与其相连的行星齿轮机构。行星齿轮机构将一部分转矩传送到发电机，另一部分传送到传动轴，同时发电机又可以作为驱动电机来驱动传动轴。这种机构有两个自由度，可以自由控制两个不同的速度。此时，车辆并不是串联式或并联式，而是两种驱动形式同时存在，充分利用了两种驱动形式的优点。

混联式混合动力电动汽车也有三个动力总成，但比串联式混合动力电动汽车三个动力总成的功率、质量和体积要小；与并联式混合动力电动汽车相比，混联式混合动力电动汽车增加了电能的传输路线；混联式混合动力电动汽车有多种工作模式，节能最佳，有害气体排放达到了“超低污染”。混联式混合动力电动汽车的发动机可直接驱动车辆，没有机械能—电能—机械能的转换过程，能量转换的综合效率比串联式混合动力电动汽车高。混联式混合动力电动汽车的电动机可独立驱动车辆行驶，并利用低速大转矩特性带动车辆起步，可在城市中实现“零污染”行驶。当车辆需最大输出功率时，混联式混合动力电动汽车的电动机可提供辅助动力，因此发动机的功率可选择得小一点。混联式混合动力电动汽车的燃油经济性比串联式混合动力电动汽车的好。

另外，混联式混合动力电动汽车的发动机是基本驱动模式，电动机是辅助驱动模式，动力性更接近内燃机汽车；发动机工况受车辆行驶工况的影响，有害气体的排放高于串联式混合动力电动汽车。需要配备两套驱动系统，发动机传动系统需要装置离合器、变速器、传动轴和驱动桥等传动总成，并且还需要安装电动机、减速器、动力电池组以及多能源动力(发动机动力与电动机动力)组合或协调专用装置,结构复杂,总布置困难。

混联式混合动力电动汽车的代表车型有丰田普锐斯、丰田卡罗拉双擎、雷克萨斯ES300h、亚洲龙(见图 3-24)、君越 30H 等。

图 3-24　亚洲龙

学习任务四　燃料电池电动汽车的认知

燃料电池电动汽车(Fuel Cell Electric Vehicle, FCEV)简称燃料电池汽车,是指以燃料电池系统作为动力源或主动力源的汽车。燃料电池是指将外部供应的燃料通过电化学反应直接转化为电能、热能和其他反应产物的发电装置。因此,燃料电池汽车也可算作电动汽车,只不过“电池”是氢氧混合燃料电池,可以在 5 min 内将电池灌满燃料,而不是等上几个小时来充满电。

一、燃料电池电动汽车的类型

(一)按燃料特点分类

按照燃料特点,燃料电池电动汽车可分为直接燃料电池电动汽车和重整燃料电池电动汽车两种。

1. 直接燃料电池电动汽车

直接燃料电池电动汽车的燃料主要是氢气。直接燃料电池电动汽车排放无污染,被认为是最理想的汽车,但存在氢的制取和存储困难等缺点。

2. 重整燃料电池电动汽车

重整燃料电池电动汽车的燃料主要有汽油、天然气、甲醇、甲烷、液化石油气等。重整燃料电池电动汽车的结构比氢燃料电池电动汽车的结构复杂得多。

(二)按燃料氢的存储方式分类

按照燃料氢的存储方式,燃料电池电动汽车可分为压缩氢燃料电池电动汽车、液氢燃料电池电动汽车和合金(碳纳米管)吸附氢燃料电池电动汽车三种。

(三)按供电配置分类

按照供电配置，燃料电池电动汽车可分为纯燃料电池驱动(PFC)式、燃料电池与辅助蓄电池联合驱动(FC+B)式、燃料电池与超级电容联合驱动(FC+C)式、燃料电池与辅助蓄电池和超级电容联合驱动(FC+B+C)式四种。

二、燃料电池电动汽车的结构

典型的燃料电池电动汽车主要由燃料电池、高压储氢罐、辅助动力源、驱动电机、DC-DC变换器和整车控制器等组成，如图 3-25 所示。

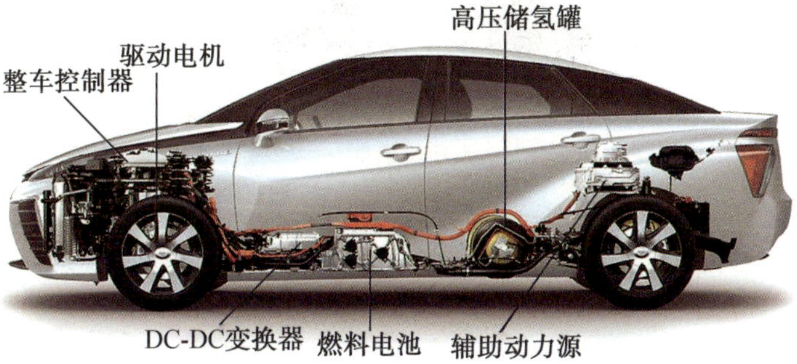

图 3-25 燃料电池电动汽车的结构

(一)燃料电池

燃料电池是燃料电池电动汽车的主要动力源，它是一种不燃烧燃料，直接以电化学反应方式将燃料的化学能转变为电能的高效发电装置。目前，应用最为广泛的燃料电池是质子交换膜燃料电池，其基本原理示意图如图 3-26 所示。

(1)电池的阳极(燃料极)输入的氢气(燃料)通过阳极集流板(双极板)，经由阳极气体扩散层至阳极催化剂层，在阳极催化剂的作用下，氢分子分解为带正电的氢离子(H^+)并释放出带负电的电子(e^-)，完成阳极反应。

(2)氢离子穿过燃料电池的电解质层向阴极(氧化极)方向运动，电子因通不过电解质层而在外电路形成电流，通过适当连接负载输出电能。

(3)在电池阴极输入氧气(O_2)，氧气通过阴极集流板经由阴极气体扩散层至阴极催化剂层。在阴极催化剂的作用下离解成为氧原子(O)，与透过膜的氢离子及来自外电路的电子发生反应生成水，完成阴极反应，放出热量。

(4)电极反应生成的水大部分由尾气排出，小部分在压力差的作用下通过膜向阳极扩散。

这种电化学反应与氢气在氧气中发生的剧烈燃烧反应是完全不同的，只要阳极不断地输入氢气，阴极不断地输入氧气，电化学反应就会连续不断地进行下去，电子就会不断地通过外部电路流动形成电流，从而持续不断地向汽车提供电力。

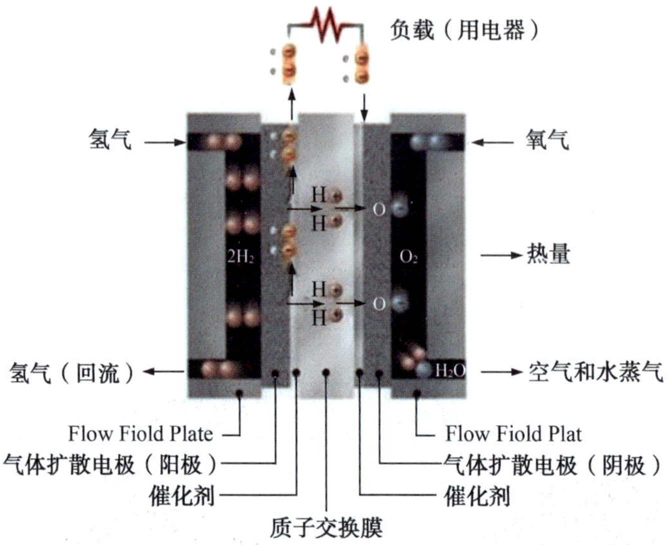

图 3-26　燃料电池的基本原理示意图

(二)高压储氢罐

高压储氢罐是气态氢的储存装置，用于给燃料电池供应氢气。为保证燃料电池电动汽车有足够的续航里程，就需要多个高压储氢罐来储存气态氢气。一般轿车需要 2～4 个高压储氢罐，大客车上需要 5～10 个高压储氢罐。

(三)辅助动力源

燃料电池电动汽车的设计方案不同，其所采用的辅助动力源也有所不同，可以用蓄电池组、飞轮储能器或超大容量电容器等共同组成双电源系统。

在具有双电源系统的燃料电池电动汽车上，辅助动力源有以下几种工作模式：

(1)车辆启动时，驱动电机的电源由辅助动力源提供。

(2)车辆行驶时，由燃料电池系统提供驱动所需的全部电能，多余的电能储存到辅助动力源中。

(3)在车辆加速和爬坡时，若燃料电池系统提供的电能还不足以满足燃料电池电动汽车驱动功率的要求，则由辅助动力源提供额外的电能，增大驱动电机的功率或转矩，满足车辆的动力要求。此时，形成燃料电池系统与辅助动力源同时供电的双电源的供电模式。

(4)储存制动时回馈的电能，以及向车辆的各种电子、电气设备提供所需要的电能。

(四)驱动电机

燃料电池电动汽车用的驱动电机主要有直流电机、交流电机、永磁同步电机和开关磁阻电机等。燃料电池电动汽车驱动电机的选型必须结合整车开发目标，综合考虑电机的特性。

(五)DC-DC 变换器

燃料电池电动汽车采用的电源各有特性，燃料电池仅提供直流电，不接受外部电源的充电,电流的方向是单向的,因此需要装置单向 DC-DC 变换器;而辅助动力源(蓄电池、超级电容器等)需要装置双向 DC-DC 变换器。

DC-DC 变换器主要实现以下三个功能:

(1)调节燃料电池的输出电压。

(2)调节整车能量分配。

(3)稳定整车直流母线电压。

(六)整车控制器

整车控制器(VCU)是燃料电池电动汽车的指挥控制中心,由燃料电池管理系统、驱动电机控制器等组成。它通过采集点火开关、油门踏板、制动踏板、挡位信息等,判断驾驶员的驾驶意图,精确控制车辆的相关部件,实现整车车况控制;同时可以基于车速、制动、电机转速等实际工况信息及燃料电池和动力蓄电池的电压、电流等动力系统的状况信息,对整车运动控制、多能源能量管理与匹配、整车安全及故障诊断等单元进行综合协调控制,最终实现氢燃料电池和动力电池的能量最优管理策略。

三、燃料电池电动汽车的工作原理

燃料电池电动汽车的工作原理如图 3-27 所示。

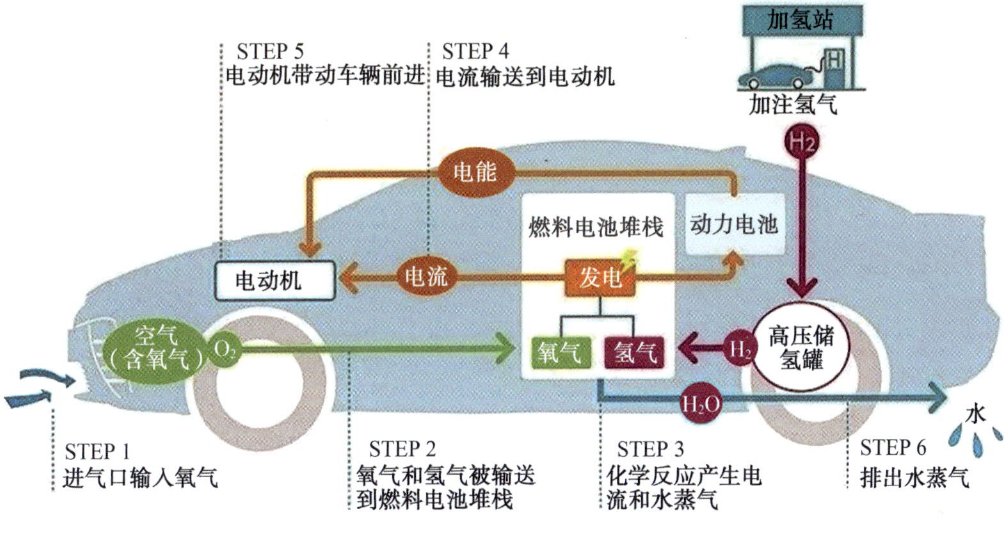

图 3-27　燃料电池电动汽车的工作原理

氢燃料电池汽车的驱动方式:通过氢气与空气中的氧气在汽车搭载的燃料电池中发生氧化还原化学反应,产生出电能来驱动电机工作,通过动力传动机构最终将扭矩传至驱动轮从而驱动车辆行驶。

燃料电池的工作有以下六个步骤:

(1)引入氧气过程:空气中的氧气从前进气格栅进入,并到达燃料电池堆栈内与氢气发生反应。

(2)输入氢气过程:氢气从储氢罐中被释放,进入燃料电池堆栈。

(3)氢氧反应过程:氢气和氧气在燃料电池堆栈中发生化学反应,并生成水和电能。

(4)电力传输过程:燃料电池堆内氢氧化学反应产生的电能输送至电机控制器进行逆变后,产生交流电供驱动电机使用。

(5)动力传输过程:驱动电机在三相交流电的作用下,产生一定的扭矩和转速,通过减速机构实现减速增矩,从而驱动车辆行驶。

(6)尾气排放过程:氢气与氧气在燃料电池堆内发生化学反应产生了唯一的排放气体——水蒸气。

【任务实施】

针对实训车辆——纯电动汽车和插电式混合动力电动汽车,完成以下工作任务并填写任务实施报告。

1.了解纯电动汽车的结构和主要参数,并填写记录。

2.了解插电式混合动力电动汽车的结构和主要参数,并填写记录。

3.寻找城市中投入使用的燃料电池电动汽车,并谈谈你对燃料电池汽车的看法。

任务实施报告

<table>
<tr><td>任务名称</td><td colspan="5">新能源汽车的认知</td></tr>
<tr><td>学生姓名</td><td></td><td>班级</td><td></td><td>学号</td><td></td></tr>
<tr><td>实训地点</td><td colspan="3"></td><td>日期</td><td></td></tr>
<tr><td colspan="6">实训结果记录</td></tr>
<tr><td rowspan="5">纯电动汽车</td><td>品牌型号</td><td colspan="2"></td><td>驱动布置形式</td><td></td></tr>
<tr><td>驱动电机类型</td><td colspan="2"></td><td>动力电池类型</td><td></td></tr>
<tr><td>驱动电机参数</td><td colspan="4"></td></tr>
<tr><td>动力电池参数</td><td colspan="4"></td></tr>
<tr><td>主要性能参数</td><td colspan="4"></td></tr>
</table>

<table>
<tr><td rowspan="5">插电式混合动力电动汽车</td><td>品牌型号</td><td></td><td>驱动布置形式</td><td></td></tr>
<tr><td>驱动电机类型</td><td></td><td>动力电池类型</td><td></td></tr>
<tr><td>驱动电机参数</td><td colspan="3"></td></tr>
<tr><td>动力电池参数</td><td colspan="3"></td></tr>
<tr><td>主要性能参数</td><td colspan="3"></td></tr>
<tr><td rowspan="2">燃料电池电动汽车</td><td>周边市场有无燃料电池电动汽车</td><td colspan="3">有应用 □,在用的车型是____________
无应用 □</td></tr>
<tr><td>燃料电池电动汽车之我见</td><td colspan="3"></td></tr>
<tr><td colspan="5">自我评价</td></tr>
<tr><td colspan="5"></td></tr>
<tr><td>指导教师</td><td colspan="2"></td><td>成绩</td><td></td></tr>
</table>

模块四
智能网联汽车的认知

“5G、智能、大屏……”这些词汇越来越多地被拿来形容汽车。“自动驾驶、智能座舱”这些看似虚幻的名词逐渐成为汽车上的标配功能，越来越多的新车上配备了这些传统汽车上未曾想过的功能。而它们渐渐构建出了一个全新的品类——“智能汽车”。

【工作情境】

意向客户张先生对比了比亚迪秦 Plus DM-i 和比亚迪汉 DM，发现两者价格差距较大，于是请小王给他介绍一下比亚迪汉 DM 配备的先进驾驶辅助系统。

【学习目标】

素质目标

1.培养创新意识；

2.培养专注的自学能力；

3.培养协同合作的团队精神。

知识目标

1.了解智能网联汽车的定义与分级；

2.熟悉智能网联汽车的关键技术；

3.熟悉智能网联汽车的常见驾驶辅助系统。

能力目标

1.能够对智能网联汽车进行准确分级；

2.能够准确地讲述智能网联汽车应用的关键技术；

3.能够描述智能网联汽车常见驾驶辅助系统的作用。

【信息资讯】

1.智能网联汽车的“智能”主要有哪两种模式？

(1)____________________ (2)____________________

2. V2X 即 Vehicle-to-Everything，是智能汽车和智能交通的支撑技术之一，主要应用场景包括：

(1)__________ (2)__________

(3)__________ (4)__________

3.我国对汽车驾驶的自动化程度是如何分级的？

(1)________ (2)________ (3)________

(4)________ (5)________ (6)________

4.请列举智能网联汽车的关键技术(至少 5 项)并释义。

(1)____________________

(2)____________________

(3)____________________

(4)____________________

(5)____________________

5.请列举常见的先进驾驶辅助系统(至少 5 项)并说明其功能。

(1)____________________

(2)____________________

(3)____________________

(4)____________________

(5)____________________

【知识准备】

学习任务一　智能网联汽车的总体认知

世界卫生组织每 2～3 年发布一次《全球道路安全现状报告》。据《2018 年全球道路安全现状报告》显示，道路交通死亡人数继续攀升，全球每年因交通事故死亡的人数已达 135 万，且道路交通伤害已成为 5～29 岁年轻人的首要死亡原因。

随着我国城市化的推进和城市规模的不断扩张，以及汽车大众消费阶段的迈入(截至 2020 年，汽车保有量已达 2.8 亿辆)，交通拥挤和交通堵塞的现象日益突出，交通拥堵已经成为影响城市健康发展的“城市病”。

发展智能网联汽车有助于改善交通安全，提高交通效率。国外一项研究报告显示，如果美国境内公路上行驶的汽车有 90%为自动驾驶汽车，每年发生的交通事故数量将由 600 万减少到 130 万，死亡人数将由 3.3 万降至 1.13 万人。在过去 6 年间，谷歌无人驾驶汽车已经行驶 300 多万千米，只遇到过 16 起交通意外，且从未引发过致命事件。自动驾驶汽车不仅可以帮助减少车祸，还能大幅度降低交通拥堵情况。据 KPMG 报告显示，自动驾驶汽车可帮助高速公路的容纳汽车能力提高 5 倍。斯坦福大学计算机专家、谷歌无人驾驶汽车项目前专家塞巴森·特隆(Sebation Thrun)表示,一旦自动驾驶汽车成为主流,当前公路上只需要30%的汽车。

另外,智能网联汽车能够优化汽车加速、刹车和速度调整,合理利用动能系统,从而提升燃料利用率,减少二氧化碳的排放量,具有高效、节能的特点,对我国当前提出的"碳达峰""碳中和"目标的达成有重要意义。

在大数据、人工智能的时代背景下,汽车正在从传统的交通运输工具转变为新型的智能出行载体,发展智能网联汽车对一个国家而言具有战略意义。因此,近年来各国大力支持智能网联汽车的发展,我国也不例外,从政策扶持、制定道路测试法规、建设示范区、基础数据平台、产业创新联盟和批准重点项目等多方面推进我国智能网联汽车的发展。

2020年11月2日,国务院办公厅发布的《新能源汽车产业发展规划(2021—2035年)》中提出,到2025年,新能源汽车新车销售量达到汽车新车销售总量的20%左右,高度自动驾驶汽车实现限定区域和特定场景商业化应用。

一、智能网联汽车的定义

在2021年4月国家发布的《智能网联汽车生产企业及产品准入管理指南(试行)》(征求意见稿)中,对"智能网联汽车"做了如下释义:搭载先进的车载传感器、控制器、执行器等装置,融合现代通信与网络技术,实现车与X(人、车、路、云端等)智能信息交换、共享,具备复杂环境感知、智能决策、协同控制等功能,可实现安全、高效、舒适、节能行驶,并最终实现替代人来操作的新一代汽车。通常,智能网联汽车也被称为自动驾驶汽车。

我们常说的"无人驾驶"或者"自动驾驶",更普通的说法应该是"智能汽车"。实际上,"智能汽车"与"智能网联汽车"的概念类似,一般不会刻意强调二者的区别。简单来说,智能汽车也代表了智能网联汽车。

智能汽车的"智能"主要有以下两种模式:

(1)自主式智能汽车(Autonomous Vehicle):指依靠车辆所搭载的各类传感器对车辆周围环境进行感知,依靠车载控制器进行决策和控制并交由底层执行,实现自动驾驶。其逻辑架构如图4-1所示。

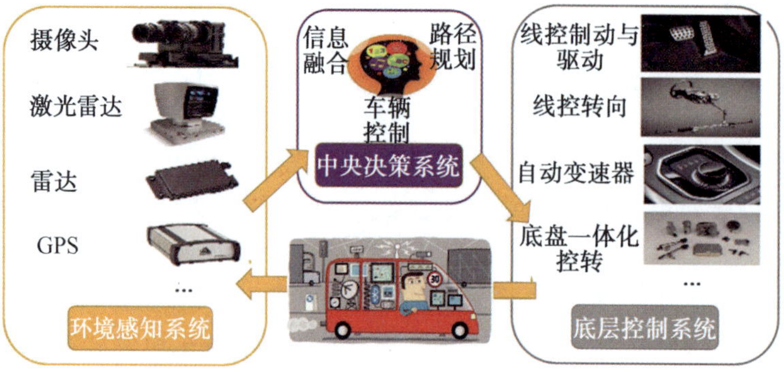

图4-1 自主式智能汽车的逻辑架构

(2)网联式智能汽车(connected vehicle):指车辆通过V2X通信的方式获取外界的环境信息,帮助车辆进行决策与控制。其逻辑架构如图4-2所示。

V2X(Vehicle-to-Everything)是智能汽车和智能交通的支撑技术之一。V2X包含车辆与车辆(Vehicle-to-Vehicle,V2V)、车辆与基础设施(Vehicle-to-Infrastructure,V2I)、车辆与行人(Vehicle-to-Pedestrian,V2P)、车辆与外部网络(Vehicle-to-Network,V2N)等通信技术的应用场景。目前,基于V2V通信,车辆能实现前方碰撞预警、变道辅助、左转辅助、协同式自适应巡航控制等服务;基于V2I通信,车辆能实现速度建议、交通优先权、路况预警、闯红灯预警、当前天气影响预警、停车位和充电桩寻位等应用;基于V2P通信,车辆能实现弱势道路使用者的预警和防护;基于V2N通信,车辆能实现实时交通路线规划、地图更新等服务。

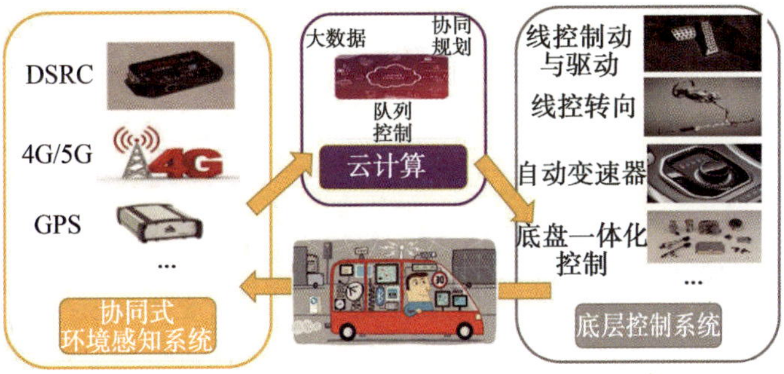

图4-2 网联式智能汽车的逻辑架构

这两种智能的模式都在各自往前发展,同时也在融合,其融合的结果就是智能网联汽车。因此,当"智能"和"网联"一起出现时,"智能"一般做狭义理解,即"自主式智能";当"智能"单独出现时,一般做广义理解,即涵盖了"自主式智能"和"网联式智能"。

二、智能网联汽车的分级

智能网联汽车的分级即汽车自动驾驶程度分级。汽车从需要驾驶员全神贯注地驾驶到不需要驾驶员自动驾驶,可以划分为若干个阶段,这几个阶段即为智能网联汽车的自动驾驶分级。

目前,各国对自动驾驶的分级不尽相同,最具代表性的为美国汽车工程师学会(Society of Automotive Engineers,SAE)制定的分级标准。按照SAE的分级,自动驾驶技术分为L0~L5共6个等级。L0代表完全没有自动驾驶技术的传统人类驾驶,而L1~L5则是根据自动驾驶技术的配置程度进行的分级。具体分级标准及区别如表4-1所示。

表4-1 SAE自动驾驶分级标准

分级	L0	L1	L2	L3	L4	L5
名称	无自动化	驾驶支持	部分自动化	有条件自动化	高度自动化	完全自动化

续表

<table>
<tr><td colspan="2">分级</td><td>L0</td><td>L1</td><td>L2</td><td>L3</td><td>L4</td><td>L5</td></tr>
<tr><td colspan="2">定义</td><td>由驾驶员全权驾驶汽车，在行驶过程中可以得到警告</td><td>通过驾驶环境对方向盘和加速、减速中的一项操作提供支持，其余由驾驶员操作</td><td>通过驾驶环境对方向盘和加速、减速中的多项操作提供支持，其余由驾驶员来操作</td><td>由无人驾驶系统完成所有的操作；根据系统要求，驾驶员提供适当的应答</td><td>由无人驾驶系统完成所有的驾驶操作；根据系统要求，驾驶员不一定提供所有的应答；限定道路和环境条件</td><td>由无人驾驶系统完成所有的操作；可能的情况下，驾驶员接管；不限定道路和环境条件</td></tr>
<tr><td rowspan="4">主体</td><td>驾驶操作</td><td>驾驶员</td><td>驾驶员/系统</td><td colspan="4">系统</td></tr>
<tr><td>周边监控</td><td colspan="3">驾驶员</td><td colspan="3">系统</td></tr>
<tr><td>支援</td><td colspan="4">驾驶员</td><td colspan="2">系统</td></tr>
<tr><td>系统作用域</td><td>无</td><td colspan="4">部分</td><td>全部</td></tr>
</table>

我国于2020年3月发布了推荐性国家标准报批稿——《汽车驾驶自动化分级》，该标准于2021年1月1日起实施。这意味着，长期以来被美国SAE“统治”的智能汽车自动驾驶分级标准将迎来第一个对标标准。

该标准以汽车自动驾驶系统能否控制汽车转向或加减速、能否同时对汽车的方向和加减速进行控制、能否观测路况并根据路况做出相应的反应、能否执行动态驾驶接管任务等5个要素为主要依据，将汽车自动驾驶等级划分为0级(应急辅助)、1级(部分驾驶辅助)、2级(组合驾驶辅助)、3级(有条件自动驾驶)、4级(高度自动驾驶)、5级(完全自动驾驶)共六个不同的等级。

(1)0级驾驶自动化(应急辅助)：车辆的自动驾驶系统虽然不能控制汽车的转向或加减速，但是具备一定的路况识别和反应能力，比如能够在危险出现的时候提醒驾驶员。当出现故障时，汽车将由驾驶员接管。在驾驶员请求退出自动驾驶状态时，汽车能立即解除系统的控制权。此外，0级自动驾驶仅在某些条件下才能实现。按照上述规定，前方碰撞预警(FCW)和车道偏离预警(LDW)功能都可归类于0级自动驾驶。

(2)1级驾驶自动化(部分驾驶辅助)：1级自动驾驶汽车和0级自动驾驶汽车一样，都属于有限制条件的自动驾驶，且当汽车出现故障时都需要驾驶员来控制车辆。不同之处在于，1级自动驾驶汽车的自动化系统能够在驾驶员的协助下，对车辆的方向或加减速进行控制。换言之，1级自动驾驶具备自适应巡航(ACC)或者车道保持辅助(LKA)功能。

(3)2级驾驶自动化(组合驾驶辅助):在自动驾驶系统所规定的运行条件下,车辆本身能够控制汽车的转向和加减速运动。在汽车出现故障时,驾驶员将负责执行汽车的驾驶任务。和1级自动驾驶相比,2级自动驾驶将拥有集成式巡航辅助(ICC)功能(即同时具备自适应巡航控制功能和车道保持辅助功能)。

(4)3级驾驶自动化(有条件自动驾驶):在自动驾驶系统所规定的运行条件下,车辆自己就能完成转向、加减速控制,以及路况探测和反应的任务。对于3级自动驾驶汽车,驾驶员需要在系统失效或者超过工作条件时对故障汽车进行接管。因此,属于3级自动驾驶的汽车将有条件实现交通拥堵辅助功能(TJP)。

(5)4级驾驶自动化(高度自动驾驶):4级自动驾驶汽车仍属于有限制条件的自动驾驶,但是汽车的方向、加减速控制,路况观测和反应,以及汽车故障时的接管任务都能够由自动驾驶系统完成,不需要驾驶员参与。按照这一界定,无人出租车便属于4级自动驾驶汽车。

(6)5级驾驶自动化(完全自动驾驶):5级自动驾驶汽车和4级自动驾驶汽车能够实现的基本功能相同,但5级自动驾驶汽车不再有运行条件的限制(商业和法规因素等限制除外),同时自动驾驶系统能够独立完成所有的操作和决策。

无论怎样分级,从驾驶员对车辆控制权的角度来看,车辆控制权可分为驾驶员拥有车辆全部控制权、驾驶员拥有部分车辆控制权、驾驶员不拥有车辆控制权三种形式。其中,驾驶员拥有部分车辆控制权时,车辆高级驾驶辅助系统(Advanced Driving Assistance System,ADAS)的配备及技术的成熟程度,决定了驾驶员拥有车辆控制权的多少。ADAS装备越多,技术越成熟,驾驶员拥有的车辆控制权越少,车辆的自动驾驶程度越高。

三、智能网联汽车的关键技术

智能网联汽车的关键技术包含环境感知技术、无线通信技术、智能互联技术、车载网络技术、先进驾驶辅助技术、信息融合技术、信息安全与隐私保护技术、人机界面(HMI)技术等。

(一)环境感知技术

环境感知包括车辆本身状态感知、道路感知、行人感知、交通信号感知、交通标识感知、交通状况感知、周围车辆感知等。

(1)车辆本身状态感知包括行驶速度、行驶方向、行驶状态、车辆位置等。

(2)道路感知包括道路类型检测、道路标线识别、道路状况判断、是否偏离行驶轨迹判断等。

(3)行人感知主要用来判断车辆行驶前方是否有行人,包括白天行人识别、夜晚行人识别、被障碍物遮挡的行人识别等。

(4)交通信号感知主要是自动识别交叉路口的信号灯,帮助车辆高效通过交叉路口等。

(5)交通标识感知主要是识别道路两侧的各种交通标志,如限速、弯道等,及时提醒驾驶员注意。

(6)交通状况感知主要是检测道路交通拥堵情况、是否发生交通事故等，以便车辆选择通畅的路线行驶。

(7)周围车辆感知主要检测车辆前方、后方、侧方的车辆情况，避免发生碰撞，也包括检测交叉路口被障碍物遮挡的车辆。

在复杂路况的交通环境下，单一传感器无法完成环境感知的全部，必须整合各种类型的传感器，利用传感器融合技术，使其为智能网联汽车提供更加真实、可靠的路况环境信息。环境感知技术如图 4-3 所示。

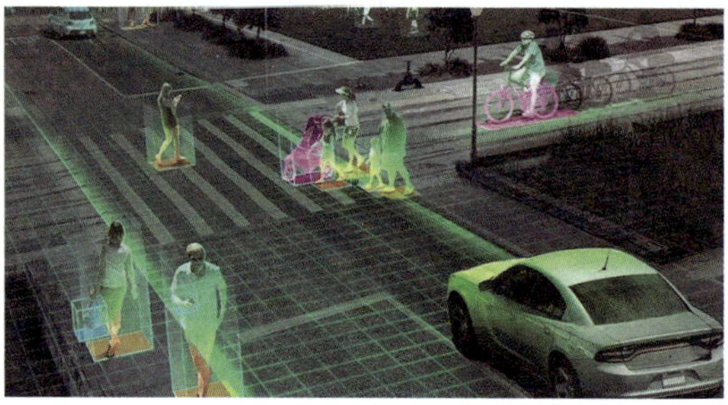

图 4-3　环境感知技术

(二)无线通信技术

无线通信技术包括长距离无线通信技术和短距离无线通信技术，如图 4-4 所示。

(1)长距离无线通信技术用于提供即时的互联网接入，主要采用 4G/5G 技术，特别是 5G 技术，有望成为车载长距离无线通信专用技术。

(2)短距离无线通信技术有专用短程通信技术(DSRC)、LTE-V、蓝牙、Wi-Fi 等，其中 DSRC 和 LTE-V 可以实现在特定区域内对高速运动下移动目标的识别和双向通信，例如 V2V、V2I 双向通信能实时传输图像、语音和数据信息等。

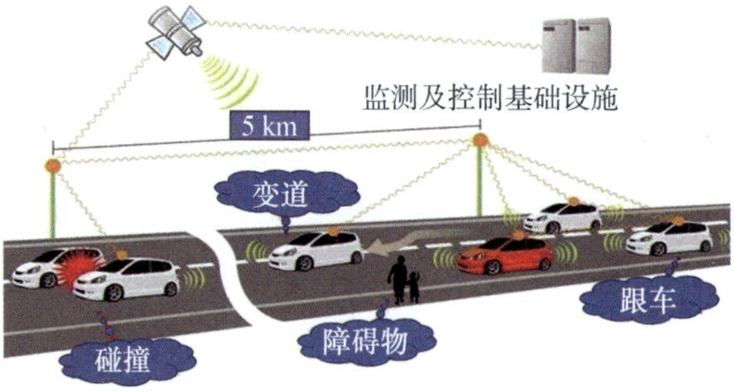

图 4-4　无线通信技术

(三)智能互联技术

当两个车辆距离较远或被障碍物遮挡时，直接通信无法完成，两者之间的通信可以通过路侧单元进行信息传递，构成一个无中心、完全自组织的车载自组织网络。车载自组织网络依靠短距离通信技术实现 V2V 和 V2I 之间的通信，在一定通信范围内的车辆可以相互交换各自的车速、位置等信息和车载传感器感知的数据，并自动连接建立一个移动的网络。典型的应用包括行驶安全预警、交叉路口协助驾驶、交通信息发布以及基于通信的纵向车辆控制等。智能互联技术如图 4-5 所示。

图 4-5　智能互联技术

(四)车载网络技术

车载网络是汽车的内部传感器、控制器和执行器之间用点对点的连线方式连成复杂的网状结构。目前,汽车上广泛应用的车载网络是 CAN、LIN、FlexRay 和 MOST 总线等,它们的特点是传输速率小,带宽窄。随着越来越多的高清视频应用到汽车中,如 360°全景泊车系统和蓝光 DVD 播放系统等,它们的传输速率和带宽已无法满足需要。以太网最有可能被应用到智能网联汽车中,它采用星形连接架构,每一个设备或每一条链路都可以专享 100 兆带宽,而且传输速率达到万兆级。同时,以太网还可以顺应未来汽车行业的发展趋势,即开放性、兼容性原则,从而可以很容易将现有的应用嵌入到新的系统中,如图 4-6 所示。

图 4-6　车载网络技术

(五)先进驾驶辅助技术

先进驾驶辅助技术通过车辆环境感知技术和自组织网络技术对道路、车辆、行人、交通标志、交通信号等进行检测和识别,并对识别信号进行分析处理,然后将结果传递给执行机构,保障车辆安全行驶。先进驾驶辅助技术是智能网联汽车重点发展的技术,其成熟程度和使用多少代表了智能网联汽车的技术水平,是其他关键技术的具体应用的体现,如图 4-7 所示。

图 4-7 先进驾驶辅助技术

(六)信息融合技术

信息融合技术是指在一定准则下,利用计算机技术对多源信息进行分析和综合的技术(见图 4-8),信息融合是为实现不同应用的分类任务而进行的处理过程。该技术主要用于对多源信息进行采集、传输、分析和综合,将不同数据源在时间和空间上的冗余或互补信息依据某种准则进行组合,产生出完整、准确、及时、有效的综合信息。智能网联汽车采集和传输的信息种类多、数量大,必须采用信息融合技术才能保障实时性和准确性。

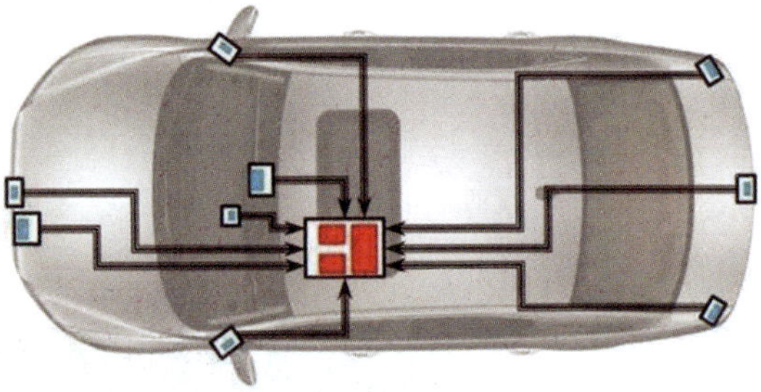

图 4-8 信息融合技术

(七)信息安全与隐私保护技术

智能网联汽车接入网络的同时,也带来了信息安全的问题。在实际应用中,每辆车及其车主的信息会被随时随地地传输到网络中,并被其他车辆感知。这种显露在网络中的信息很容易被窃取、干扰,甚至被修改,从而直接影响智能网联汽车体系的安全。因此,在智能网联汽车中,必须重视信息安全与隐私保护技术的研究,如图 4-9 所示。

图 4-9 信息安全与隐私保护技术

(八)人机界面技术(HMI)

人机界面技术，尤其是语音控制、手势识别和触摸屏技术，将在全球未来汽车市场上被大量采用。除了全球领先的汽车制造商，如奥迪、宝马、奔驰、福特以及菲亚特等，都在研究人机界面技术外，一些复合型科技公司也在研发汽车人机界面技术，如西门子、3M 等。

不同国家的汽车人机界面技术发展重点也不尽相同。美国和日本侧重于远程控制，主要通过呼叫中心实现；德国则把精力放在研究中央控制系统，主要是奥迪的 MMI、宝马的 iDrive、奔驰的 COMMAND。

智能网联汽车人机界面设计的最终目的在于提供好的用户体验，增强用户的驾驶乐趣或驾驶过程中的操作体验。智能网联车更加注重驾驶的安全性，这就要求人机界面的设计必须在好的用户体验和安全之间做好平衡，而安全始终是第一位的。智能网联汽车人机界面应集成车辆控制、功能设定、信息娱乐、导航系统、车载电话等多项功能，方便驾驶员快捷地查询、设置、切换车辆系统的各种信息，从而使车辆达到理想的运行和操纵状态。未来车载信息显示系统和智能手机将实现无缝连接，人机界面提供的输入方式将会有多种选择，通过使用不同的技术消费者能够根据不同的操作、不同的功能进行自由切换。

图 4-10 为吉利汽车的 HMI 技术，它为用户提供了智能化的交互方式和良好的用户体验。

图 4-10　吉利汽车的 HMI 技术

(九)高精度地图与定位技术

通俗地讲，高精度地图就是精度更高、数据维度更多的电子地图。精度更高体现在精确到厘米级别，数据维度更多体现在其包括了除道路信息之外的与交通相关的周围静态信息。它作为实现自动驾驶的关键技术之一，将成为对自动驾驶现有传感器的有效补充，为车辆提供更加可靠的感知能力。与传统的导航地图相比，服务于自动驾驶的高精度地图在各方面要求更高，并能配合传感器和算法为决策层提供支持。

与高精度地图一样，高精度定位对自动驾驶也尤为重要。高精度定位技术既是自动驾驶的基础，也是自动驾驶的核心，如图 4-11 所示。高精度定位有三个关键因素：感知层、决策层、控制层。其中，感知层由电子地图和传感器信息组成，电子地图包含传统的导航、导航电子地图数据和高精度电子地图数据；决策层通过传感器的数据和信息对车辆进行定位，对路径进行规划，对环境进行理解，对车的行为进行预测；控制层针对车辆的行动进行规划，从而通过控制层的电子驱动来代替驾驶员对车辆进行控制，逐步实现自动驾驶。

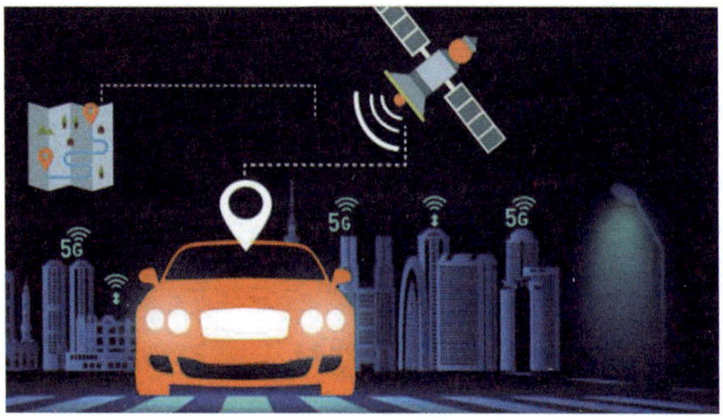

图 4-11　高精度定位技术

学习任务二　智能网联汽车先进驾驶辅助系统

智能网联汽车先进驾驶辅助系统(Advanced Driver Assistance Systems，ADAS)是利用环境感知技术采集汽车、驾驶员和周围环境的动态数据并进行分析处理，通过提醒驾驶员或执行器介入汽车操纵，以实现驾驶安全性和舒适性的一系列技术的总称。ADAS 是实现自动驾驶的基础。

一、先进驾驶辅助系统的类型

按照环境感知系统，先进驾驶辅助系统可分为自主式先进驾驶辅助系统和网联式先进驾驶辅助系统。

(一)自主式先进驾驶辅助系统

自主式先进驾驶辅助系统基于车载传感器完成环境感知，并依靠车载中央控制系统进行分析决策。自主式先进驾驶辅助系统的技术比较成熟，已经被装备到多数量产车型中。

按照功能，自主式先进驾驶辅助系统可分为自主预警类、自主控制类和视野改善类等。

1. 自主预警类

自主预警类先进驾驶辅助系统能自动监测车辆可能发生的碰撞危险并提醒，从而防止发生危险或减轻事故伤害。自主预警类先进驾驶辅助系统主要有前车防撞预警系统、驾驶员疲劳预警系统、车道偏离预警系统、盲区监测系统等。

2. 自主控制类

自主控制类先进驾驶辅助系统能自动监测车辆可能发生的碰撞危险并提醒，必要时系统会主动介入，从而防止发生危险或减轻事故伤害。自主控制类先进驾驶辅助系统主要有车道保持辅助系统、自适应巡航控制系统、自动泊车辅助系统等。

3. 视野改善类

视野改善类先进驾驶辅助系统能提高在视野较差环境下的行车安全性。视野改善类先进驾驶辅助系统主要有自适应前照明系统、夜视辅助系统、平视显示系统、360°全景影像泊车系统等。

(二)网联式先进驾驶辅助系统

网联式先进驾驶辅助系统基于车与外界的通信互联完成环境感知,利用云端大数据进行分析决策。该系统依靠 V2X 通信技术对车辆周边环境进行感知,并可对周围车辆的未来运动进行预测,进而对驾驶员进行驾驶操作辅助。通过现代通信与网联技术,汽车、道路、行人等交通参与者都不再是独立者,而是成为了智能交通系统中的信息节点,如图 4-12 所示。

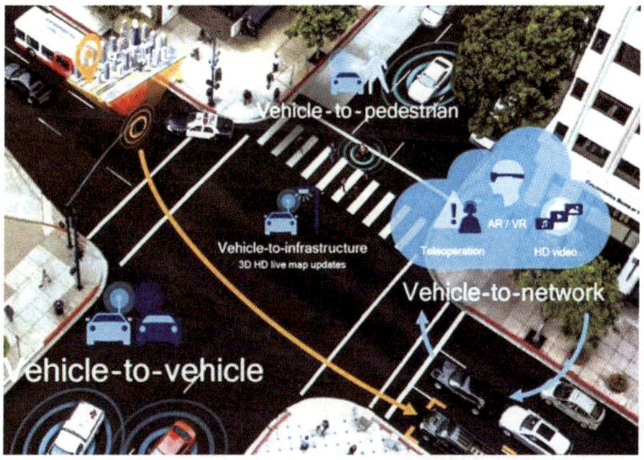

图 4-12　网联式先进驾驶辅助系统

网联式先进驾驶辅助系统的功能主要有交通拥堵提醒、闯红灯警示、弯道车速警示、停车标志间隙辅助、减速区警示、限速交通标志警示、现场天气信息警示、违反停车标志警示、违规穿过铁路警示,过大车辆警示等。警示不仅告知车辆和驾驶员注意安全,而且可以通过 V2V、V2I 警示附近的车辆,从而防止车辆相撞。例如,有车辆在十字路口的死角闯红灯或违反停车标志停车时,系统可以给出警示。

各大车企,包括一些科技巨头公司,正在全力研发网联式先进驾驶辅助系统,以抢占技术与市场的制高点。但是,目前多数成果并未商业化应用,仍处于测试阶段。

目前,市场上主要以自主式先进驾驶辅助系统为主。随着技术的发展与突破,自主式先进驾驶辅助技术与网联式先进驾驶辅助技术的融合是智能网联汽车的发展趋势。

二、常见的先进驾驶辅助系统

(一)前车碰撞预警系统(Forward Collision Warning,FCW)

前车碰撞预警系统通过雷达系统或视觉传感器来时刻监测前方车辆,判断本车与前车之间的距离、方位及相对速度,当存在潜在碰撞危险时向驾驶员发出警示。该系统可以帮助车辆与前方车辆保持安全距离,当与前车达到危险距离时,系统以声音警报和视觉警告的方式向驾驶员发出可能发生追尾的警示,可有效提高行车安全,降低交通事故的发生,减少经济损失,如图 4-13 所示。

图 4-13　前车碰撞预警系统

（二）疲劳驾驶预警系统（Driver Fatigue Monitor System，DFMS）

疲劳驾驶预警系统基于驾驶员生理及其他非生理信号的变化进行采集、分析和处理，判断驾驶员是否处于疲劳、睡眠状态，以实现对驾驶员的实时监测和判断。当监测到驾驶员的行为将会对驾驶安全不利时，系统会根据驾驶员的精神状态指数分别给出语音提示、震动提醒、电脉冲警示等，警告驾驶员已经进入疲劳状态，需要休息，减少驾驶员疲劳驾驶的潜在危险，如图 4-14 所示。

图 4-14　疲劳驾驶预警系统

（三）车道偏离预警系统（Lane Departure Warning System，LDWS）

车道偏离预警系统是一种汽车驾驶安全辅助系统，可以减少汽车因车道偏离而发生交通事故。当传感器侦测到车辆偏离车道时，若驾驶者因精神不济或疏忽而未打开转换车道的开关时，系统会发出警示信号、振动方向盘，甚至是主动施力拉回方向盘以提醒驾驶员返回车道，如图 4-15 所示。

图 4-15　车道偏离预警系统

车道偏离预警系统主要由摄像头、控制器以及传感器组成。当车道偏离系统开启时，摄像头（一般安置在车身侧面或后视镜位置）会时刻采集行驶车道的标识线，通过图像处理获得汽车在当前车道中的位置参数。当检测到汽车偏离车道时，传感器会及时收集车辆数据和驾驶员的操作状态，之后由控制器发出警报信号，整个过程大约在 0.5 s 内完成，为驾驶员提供更多的反应时间。如果驾驶员打开转向灯，正常进行变线行驶，那么车道偏离预警系统不会做出提示。

尽管车道偏离预警系统能帮助驾驶员意识到危机的来临，但若驾驶员一时紧张反应迟钝，结果依然是无济于事。因此，不少车厂在配备车道偏离预警系统的同时还搭载了车道保持系统，当系统发现车辆已经偏离车道中心时会自动修正，微调方向盘，使得汽车保持在自己的车道内行驶。

（四）车道保持辅助系统（Lane Keeping Assist System，LKAS）

车道保持辅助系统用于帮助驾驶员使车辆一直保持在规定的某个车道上行驶，不偏离车道。如果车辆偏离（左右偏离）自己的车道，且没有打转向灯，系统会先发出警示音提示，若驾驶员没有回应，车道保持辅助系统将通过电子转向系统在方向盘上施加力矩，帮助车辆回到正确的车道上来。在这个过程中，如果驾驶员打转向灯或者大角度转动方向盘，则系统默认车辆由驾驶员接管而停止干预。该系统主要应用于结构化的道路上，如高速公路和路面条件较好（车道线清晰）的公路，如图 4-16 所示。带有此功能的车辆通常会有单独按钮，由驾驶员选择打开或关闭，如图 4-17 所示。

车道保持系统并不是一项独立存在的配置，它经常会与其他主动安全系统配合使用，比较常见的是与自适应巡航、主动刹车等功能结合来完成不同等级的自动驾驶功能。

图 4-16　车道保持辅助系统

图 4-17　车道保持辅助系统开关按钮

(五)自适应巡航控制系统(Adaptive Cruise Control, ACC)

自适应巡航控制系统是在定速巡航控制系统的基础上发展起来的新一代汽车先进驾驶辅助系统。它将汽车定速巡航和前车碰撞预警系统有机结合起来,既有定速巡航控制系统的全部功能,还可以通过车载雷达等传感器监测汽车前方的道路交通环境,一旦发现当前行驶车道的前方有其他前行车辆,将根据本车和前车之间的相对距离及相对速度等信息,对车辆进行纵向速度控制,使本车与前车保持安全距离行驶,避免追尾事故发生。该驾驶辅助系统的工作机理如图 4-18 所示。

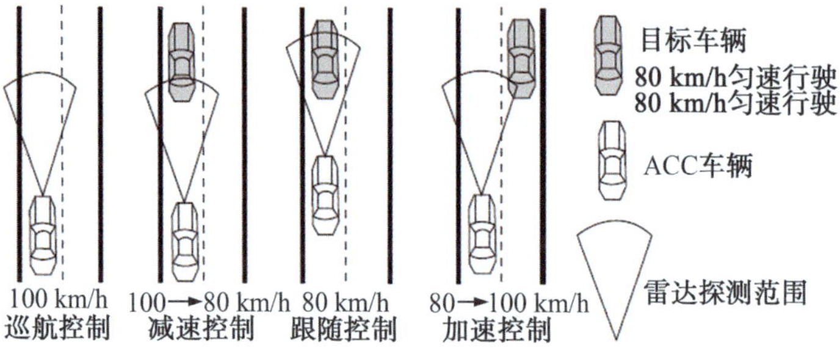

图 4-18　自适应巡航控制系统的工作机理

(六)盲点监测系统(Blind Spot Monitoring System, BSMS)

由于汽车后视镜有视觉盲区,驾驶员在变道时看不到盲区内的车辆。如果盲区内有超车车辆,此时变道就会发生碰撞事故。在大雨、大雾、夜间光线昏暗的环境中,驾驶员更加难以看清后方车辆,此时变道就面临更大的危险。盲点监测系统就是为了解决后视镜的盲区而产生的。

盲点监测系统又叫并线辅助系统,是汽车上的一款安全类高科技配置,主要功能是帮助驾驶员探测车辆侧后部的盲区(见图4-19),提升行车安全。当达到一定车速时,系统传感器开始工作,若感应到盲区内存在车辆,对应后视镜中的指示灯便会亮起(见图4-20),此时若驾驶员打开转向灯示意变道,后视镜中的指示灯将会闪烁予以警示。待盲区中不再有车辆时,指示灯熄灭,可安全变道。在倒车时,盲区监测功能也能借助传感器帮助驾驶员及时了解后方盲区内的状况,保证车辆安全。目前,很多车型都有盲区监测的功能配置。

图 4-19　盲点监测系统

图 4-20　盲点监测系统指示灯

(七)智能泊车辅助系统(德语 Parklenkassistent, PLA)

智能泊车辅助系统可以根据摄像头及雷达感知泊车环境并计算泊车轨迹,通过控制车辆的前进、倒退和转向角度使车辆沿定义的泊车轨迹进行泊车,如图 4-21 所示。智能泊车辅助系统的开启按钮如图 4-22 所示。

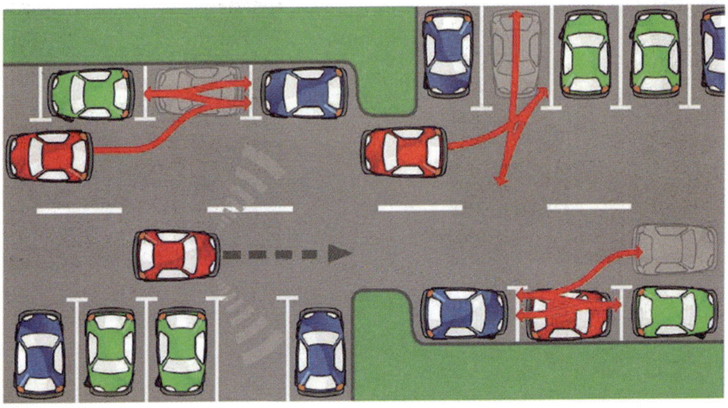

图 4-21　自动泊车场景

图 4-22　智能泊车辅助系统的开关按钮

(八)自适应前照灯系统(Adaptive Front-lighting System,AFS)

自适应前照灯系统是一种能够自动改变两种以上光型以适应车辆行驶条件变化的前照灯系统,是目前国际上在车灯照明上的新技术之一。该系统可以使近光灯光轴在水平方向上与转向盘转角联动进行左右转动,在垂直方向上与车高联动进行上下摆动。

在阴雨天,地面的积水会将行驶车辆打在地面上的光线反射至对面会车驾驶员的眼睛中,使其目眩,进而可能造成交通事故。AFS 通过发出特殊光型,减弱地面可能对会车产生眩光的区域的光强;在车辆进入弯道时,AFS 可以产生旋转的光型,给弯道以足够的照明,如图 4-23 所示;AFS 采用更为宽广的光型,以满足在高速公路上行驶时,汽车对灯光照得更远、更宽的要求;车辆在市区行驶时,速度会受到限制,AFS 产生的比较宽阔的光型,可有效地避免与岔路中突然出现的行人、车辆等发生碰撞。

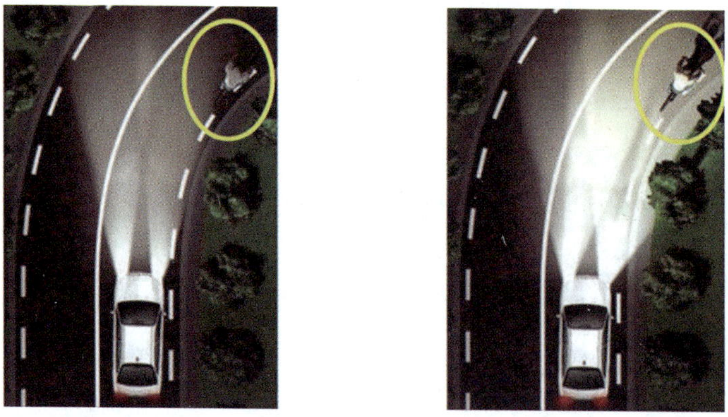

普通前照灯弯道照明　　　　AFS 弯道照明

图 4-23　弯道照明效果对比

(九)平视显示系统(Head Up Display,HUD)

平视显示系统又称抬头数字显示,可将车辆的各种信息以投影的方式显示在风挡玻璃上或车前 2 m 处。当车辆以 100 km/h 的速度前进时,在驾驶员移开视线查看速度表的短短 1 s,车辆就已经向前行驶了 28 m。为了避免出现危险,平视显示系统可将当前车速以投影方式显示在风挡玻璃上,即驾驶员的直接视野中,如图 4-24 所示。

一般平视显示系统会显示来自各个驾驶辅助系统的警告信息，例如车道偏离预警系统、行人避让预警系统等。

图 4-24　平视显示系统

（十）360°全景泊车影像（Back 360-degree Panoramic Image）

360°全景泊车影像通过车载显示屏幕观看汽车四周的360°全景，它具有超宽视角、无缝拼接的适时图像信息（鸟瞰图像），既能帮助驾驶员了解车辆周边视线盲区，又能帮助驾驶员更为直观、安全地停泊车辆。该系统也称作全景泊车影像系统或全景停车影像系统，如图 4-25 所示。

图 4-25　360°全景泊车影像

【任务实施】

针对本校内的实训车辆，完成以下工作任务并填写任务实施报告。

1.确定实训车辆的自动驾驶级别。

2.确定实训车辆使用的 ADAS 并解释其作用。

3.讨论生活中智能网联汽车的应用场景。

4.谈谈你对智能网联汽车的看法。

任务实施报告

<table>
<tr><td>任务名称</td><td colspan="6">智能网联汽车的认知</td></tr>
<tr><td>学生姓名</td><td colspan="2"></td><td>班级</td><td></td><td>学号</td><td></td></tr>
<tr><td>实训地点</td><td colspan="4"></td><td>日期</td><td></td></tr>
<tr><td colspan="7">实训结果记录</td></tr>
<tr><td>实训车辆</td><td>品牌型号</td><td colspan="2"></td><td>自动驾驶分级</td><td colspan="2"></td></tr>
<tr><td>实训车辆使用的 ADAS 及其作用</td><td colspan="6">1.________
2.________
3.________
4.________
5.________
6.________</td></tr>
<tr><td>生活中智能网联汽车的应用场景</td><td colspan="6"></td></tr>
<tr><td>智能网联汽车之我见</td><td colspan="6"></td></tr>
<tr><td colspan="7">自我评价</td></tr>
<tr><td colspan="7"></td></tr>
<tr><td>指导教师</td><td colspan="3"></td><td>成绩</td><td colspan="2"></td></tr>
</table>

模块五

国内外主要汽车企业与品牌的认知

汽车工业已经走过了130多年的发展历程。经过几十年的演变，已然形成了以德国、美国、日本等为代表的传统汽车制造中心，以中国、印度、巴西等为代表的新兴汽车市场的世界汽车工业布局。德国、美国、英国、法国、意大利等国家生产汽车的历史悠久，其中不乏百年车企；日本、韩国作为后起之秀，也创立了丰田、本田、现代、起亚等知名汽车品牌。

中国的汽车工业自改革开放以来发展迅猛，涌现出了一批有影响力的自主品牌。中国自2009年汽车产销量跃居世界第一以来，已经连续12年蝉联世界第一，成为名副其实的汽车大国，并在朝着汽车强国的目标迈进。

【工作情境】

比亚迪秦Plus DM-i的意向客户张先生听了小王的详细介绍之后，对该车型比较满意，但是他的朋友却向他推荐了其他品牌的几款车型，于是小王又利用自己所学的知识为张先生进行了竞品分析。

【学习目标】

素质目标

1.培养良好的沟通能力；

2.培养坚定的民族自信心；

3.培养自力更生、艰苦奋斗的精神。

知识目标

了解中国、德国、美国、日本、法国、英国、意大利、韩国等国家的汽车企业及品牌。

能力目标

能够准确地识别常见的汽车品牌，开阔视野。

【信息资讯】

1.请列举中国的自主汽车品牌（不少于6个）。

(1)________ (2)________ (3)________
(4)________ (5)________ (6)________

2.请列举德国的汽车品牌(不少于 3 个)。

(1)________ (2)________ (3)________

3.请列举美国的汽车品牌(不少于 3 个)。

(1)________ (2)________ (3)________

4.请列举日本的汽车品牌(不少于 3 个)。

(1)________ (2)________ (3)________

5.请列举除中国、德国、美国、日本以外的其他国家的汽车品牌(不少于 6 个)。

(1)________ (2)________ (3)________
(4)________ (5)________ (6)________

【知识准备】

学习任务一　中国汽车企业与品牌

随着私人汽车消费的普及和汽车市场的快速发展,各地纷纷引入汽车整车制造项目。目前,国内主要的汽车整车制造企业有中国第一汽车集团有限公司、东风汽车集团有限公司、上海汽车集团股份有限公司、中国长安汽车集团有限公司、北京汽车集团有限公司、广州汽车集团股份有限公司、浙江吉利控股集团、长城汽车股份有限公司、奇瑞汽车股份有限公司、比亚迪股份有限公司等。

一、中国第一汽车集团有限公司

中国第一汽车集团有限公司(简称“一汽集团”“中国一汽”或“一汽”,英文简称为FAW)的前身为第一汽车制造厂,由毛泽东主席亲笔题写厂名,由享有“中国汽车之父”之誉的饶斌担任厂长,并于 1953 年 7 月 15 日奠基。集团构建了从东北到华北、华东,再到西南、华南的产业布局,业务覆盖红旗、解放、奔腾、合资合作、新兴业务、海外业务和生态业务等七大业务板块。总部直接运营红旗,对其他业务进行战略或财务管控,形成了面向市场、直达客户的全新运营和管控模式,构建了以长春为总部的“四国十地”全球研发布局。红旗、解放的品牌价值在国内自主轿车和自主商用车中保持第一。红旗 L 系列轿车是国家重大活动指定用车,H 系列轿车的销量也在细分市场中迅速增长。解放中重型卡车一直是国内商用车领域的领航者。并且,新能源汽车也已经量产,如红旗 E-HS3 纯电动轿车等已投入市场。2020 年,中国一汽实现整车销售 370.6 万辆,营业收入 6974 亿元、利润 468 亿元。中国一汽已连续 17 年登上《财富》世界 500 强排行榜,在 2021 年位列榜单第 66 位。

中国一汽历经工厂建设、换型改造、上轻轿等三次改革,基本构建完成了适应市场经济要求的发展布局、管理体制、经营机制和人才队伍。2011 年 6 月，中国第一汽车股份有限公司成立，企业 90%以上的资产进入股份公司；2013 年 4 月，在股份公司开展了建设规范董事会试点工作；2017 年 11 月，完成集团公司制改制，更名为“中国第一汽车集团有限公司”；2018 年 1 月，中国一汽发布新红旗品牌战略，要把新红旗打造成为“中国第一、世界著名”的“新高尚品牌”；2018 年 12 月，正式发布《中国一汽 2025 战略愿景规划》，提出到 2025 年基本完成世界一流移动出行服务公司建设的主体工程，实现再创一个中国一汽的目标。

一汽集团旗下品牌有一汽红旗、一汽解放、一汽奔腾、一汽夏利(已更名并退出整车制造业务)、一汽大众、一汽大众奥迪、一汽大众捷达、一汽丰田、一汽马自达等，如图 5-1 所示。

(a)一汽红旗　(b)一汽解放　(c)一汽奔腾旧标　(d)一汽奔腾新标　(e)天津一汽夏利

图 5-1　一汽集团自主品牌 logo

二、东风汽车集团有限公司

东风汽车集团有限公司的前身是“第二汽车制造厂”，成立于 1969 年，总部设在湖北武汉，1992 年更名为“东风汽车公司”；2005 年成立控股子公司东风汽车集团股份有限公司，并在香港联交所挂牌上市；2017 年完成公司制改制，更名为“东风汽车集团有限公司”。东风汽车集团的主营业务涵盖全系列商用车、乘用车、新能源汽车、军用车、关键汽车总成和零部件、汽车装备以及其他相关业务。东风汽车集团的事业分布在武汉、十堰、襄阳、广州等国内 20 多个城市，在瑞典建有海外研发基地，在中东、非洲、东南亚等地区建有海外制造基地，在南美、东欧、西亚等地区建有海外营销平台，拥有法国标志雪铁龙集团(简称 PSA)14%的股份，是 PSA 三大股东之一。2021 年 8 月，东风汽车集团以上一年度 868.6 亿美元的营业收入位列《财富》世界 500 强排行榜第 85 位。

东风汽车集团乘用车产品涵盖轿车、SUV、MPV、CUV 等各类车型，覆盖高级、中级、经济型等各个级别；商用车涵盖重、中、轻、微、特全系列；新能源汽车涵盖纯电动、插电式混合动力、燃料电池等多个系列，纯电动汽车续航里程达到了行业领先水平；东风汽车集团充分把握汽车产业与互联网融合发展的趋势，前瞻布局了智能网联汽车，建立了车联网品牌——WindLink，其中无人驾驶乘用车和商用车已分别达到了 L3 和 L4 水平。东风汽车集团自主品牌销量跨越百万辆，居行业第三位，其中商用车居行业第一位。东风汽车集团创新出行服务模式，汽车分时租赁平台“东风出行”已上线运行。

东风汽车集团旗下乘用车品牌有东风风神、东风风行、东风风光、东风启辰、东风裕隆、东风日产、东风本田、东风标致、东风雪铁龙、东风悦达起亚、东风雷诺、东风英菲尼迪等，如图 5-2 所示。

(a)东风风神　(b)东风风行　(c)东风风光　(d)东风启辰　(e)东风裕隆

图 5-2　东风汽车集团自主品牌 logo

三、上海汽车集团股份有限公司

上海汽车集团股份有限公司（简称“上汽集团”）的主要业务包括整车（含乘用车、商用车）的研发、生产和销售；新能源汽车、互联网汽车的商业化；智能驾驶等技术的研究和产业化探索；零部件（含动力驱动系统、底盘系统、内外饰系统，以及电池、电驱、电力电子等新能源汽车核心零部件和智能产品系统）的研发、生产和销售；物流、汽车电商、出行服务、节能和充电服务等移动出行服务业务；汽车相关金融、保险和投资业务；海外经营和国际商贸业务；在产业大数据和人工智能领域积极布局。

2020 年，上汽集团全年销售整车 560 万辆，连续 15 年销量保持国内第一。其中，上汽集团自主品牌销售 260 万辆，在总销量中的占比达到 46.4%，创出新高；新能源汽车销量为32 万辆，海外市场销量为 39 万辆，实现全面领跑。2021 年 8 月，上汽集团以上一年度 1075.6 亿美元的营业收入居《财富》世界 500 强排行榜第 60 位，并已连续 8 年进入百强名单。

上汽集团旗下品牌有荣威、名爵、上汽大通、智己汽车、跃进、上汽通用五菱、宝骏、上汽大众、上汽斯柯达、上汽通用汽车（别克、雪佛兰、凯迪拉克）、申沃客车、上汽依维柯红岩、南京依维柯等，如图 5-3 所示。

(a)荣威　(b)上汽大通　(c)智己汽车

图 5-3　上汽集团乘用车自主品牌 logo

四、中国长安汽车集团有限公司

中国长安汽车集团有限公司（简称“中国长安”）成立于 2005 年 12 月 26 日，原名为“中国南方工业汽车股份有限公司”，2009 年 7 月 1 日更名为“中国长安汽车集团股份有限公司”，2019 年 4 月更名为“中国长安汽车集团有限公司”。

中国长安统筹发展整车、汽车零部件、销售与服务、物流等业务板块，形成了比较完善的产业链，拥有 20 家二级企业，包括长安汽车、江铃汽车、东安动力、湖南天雁 4 家上市公司。

中国长安的整车板块主要由重庆长安汽车股份有限公司（简称“长安汽车”）负责。长安汽车是中国汽车四大集团阵营企业，拥有 159 年历史底蕴、37 年造车经验，在全球有 14 个生产基地，33 个整车、发动机及变速器工厂。2014 年，长安系中国品牌汽车销量累计突破 1000 万辆。2020 年，长安系中国品牌汽车销量累计突破 1900 万辆。长安汽车积极寻求合资合作，先后成立了长安福特、长安马自达、江铃控股等合资合作企业，并向合资企业输入中国品牌产品，建立中国车企合资合作新模式，先后推出了 CS 系列、睿骋系列、逸动系列、悦翔系列、欧诺、欧力威、欧尚等一系列经典产品。

长安汽车旗下品牌有长安、哈飞、长安铃木、长安福特、长安马自达等，如图 5-4 所示。

(a)长安　(b)哈飞　(c)长安铃木

图 5-4　长安汽车乘用车自主品牌 logo

五、北京汽车集团有限公司

北京汽车集团有限公司（简称“北汽集团”）是中国汽车行业的骨干企业，成立于 1958 年，总部位于北京。目前，北汽集团已发展成为涵盖整车及零部件研发与制造、汽车服务贸易、综合出行服务、金融与投资、通用航空等业务的国有大型汽车企业集团，居 2020 年《财富》世界 500 强排行榜第 134 位。

自 1958 年北京汽车制造厂生产出第一辆自主研发汽车——“井冈山”牌轿车以来，北汽集团先后自主研制生产了中国第一代轻型越野车 BJ212 和第一代轻型载货车 BJ130，建立了中国汽车工业第一家整车制造合资企业——北京吉普汽车有限公司、中国加入 WTO 以后第一家整车制造合资企业——北京现代汽车有限公司，以及全面深化战略合资合作的典范——北京奔驰汽车有限公司。在对外开放、转换机制、吸收外资、引进技术和运用社会资本方面，北汽集团走在了全国行业的前列，为中国汽车工业的发展做出了积极贡献。

北汽集团旗下拥有北京汽车、北汽新能源、北汽越野车、北汽昌河、北汽福田、北汽银翔、北京现代、北京奔驰、北京通航、北汽研究总院等知名企业与研发机构，如图 5-5 所示。

(a)北京汽车　(b)北汽新能源　(c)北汽昌河

(d)北汽福田　(e)北汽银翔

图 5-5　北汽集团自主品牌 logo

六、广州汽车集团股份有限公司

广州汽车集团股份有限公司(简称“广汽集团”)总部位于广州市天河区珠江新城,秉承“人为本、信为道、创为先”的企业理念。截至 2020 年,广汽集团已累计向社会提供约 1830 万辆汽车、1680 万辆摩托车,居 2020 年《财富》世界 500 强排行榜第 206 位。

广汽集团业务涵盖整车(汽车、摩托车)及零部件研发与制造、汽车商贸服务、汽车金融等,是国内产业链最为完整的汽车集团之一,也是国内汽车行业首家拥有保险、保险经纪、汽车金融、融资租赁、财务等多块金融行业牌照的企业集团。目前,广汽集团旗下共有广汽传祺、广汽埃安、广汽本田、广汽讴歌、广汽丰田、广汽乘用车、广汽研究院、广汽菲亚特克莱斯勒、广汽三菱等数十家知名企业与研发机构,如图 5-6 所示。广汽集团的整车核心业务板块已逐渐形成自主品牌、日系合资、欧美系合资“三足鼎立”稳步发展的格局。

(a)广汽传祺　(b)广汽埃安

图 5-6　广汽集团自主品牌 logo

七、浙江吉利控股集团

浙江吉利控股集团始建于 1986 年,并于 1997 年进入汽车行业,总部设在杭州,现资产总值超过 4800 亿元,连续 9 年进入《财富》世界 500 强排行榜。

吉利控股集团现已发展成为一家集汽车整车、动力总成和关键零部件设计、研发、生产、销售和服务于一体,涵盖出行服务、数字科技、金融服务、教育等业务的全球创新型科技企业集团。集团旗下拥有吉利、领克、极氪、几何、沃尔沃、极星、宝腾、路特斯、英伦汽车等品牌,如图 5-7 所示。吉利控股集团在新能源科技、共享出行、车联网、智能驾驶、车载芯片、低轨卫星、激光通信等前沿技术领域不断提升能力,积极布局未来智慧立体出行生态。

(a)吉利　(b)领克　(c)极氪　(d)极星

(e)几何　(f)沃尔沃　(g)宝腾　(h)路特斯　(i)英伦

图 5-7　吉利控股集团主要汽车品牌 logo

八、长城汽车股份有限公司

长城汽车股份有限公司(简称“长城汽车”)成立于 1984 年,总部设在河北省保定市,是全球知名的 SUV、皮卡制造商。截至 2020 年年底,公司总资产达 1540.11 亿元。长城汽车旗下拥有哈弗、WEY、欧拉、坦克和长城皮卡 5 个整车品牌,如图 5-8 所示。长城汽车的产品涵盖 SUV、轿车、皮卡三大品类,具备发动机、变速器等核心零部件的自主配套能力。

在国内市场,长城 SUV 车型、长城皮卡已连续多年保持销量领先。在海外市场,长城汽车是第一批走出国门的中国汽车企业,1998 年就已实现出口,主要出口车型包括 SUV、皮卡,目前已完成 60 多个国家和地区的市场布局。截至 2020 年年底,长城汽车海外网络数量总计 500 余家,覆盖俄罗斯、南非、澳大利亚及中东非洲、南美亚太等国家和地区,累计实现海外销售 70 多万辆。

(a)哈弗　(b)WEY　(c)欧拉　(d)长城　(e)坦克

图 5-8　长城汽车品牌 logo

九、奇瑞汽车股份有限公司

奇瑞汽车股份有限公司是一家从事汽车生产的国有控股企业,1997 年 1 月 8 日注册成立,总部位于安徽省芜湖市。

公司产品覆盖乘用车、商用车、微型车等领域。2016 年 8 月,奇瑞在“2016 中国企业 500 强”中排名第 450 位。2019 年,奇瑞在“一带一路”中国企业 100 强榜单中排名第 90 位。公司产品已出口到全球 80 多个国家和地区,打造了艾瑞泽、瑞虎、EXEED 星途等知名品牌,如图 5-9 所示。

(a)奇瑞　(b)开瑞　(c)凯翼　(d)瑞麟(已停产)

(e)观致汽车　(f)奇瑞·捷豹路虎

图 5-9　奇瑞汽车品牌 logo

经过不断的努力,奇瑞汽车已建立起融合协同的“大研发”格局,形成了传统汽车、新能源汽车、智能网联汽车、无人驾驶汽车等从研发到试制、试验较为完整的产品研发体系,并取得了多项核心技术突破。

在“无内不稳,无外不强”的发展理念的推动下,奇瑞汽车注重开拓国内、国际两个市场,坚定实施“走出去”战略,成为我国最早将整车、全拆散零件(CKD)、发动机以及整车制造技术和装备出口到国外的汽车企业。奇瑞汽车积极响应国家“一带一路”倡议,深入推进全球化布局,加快从产品“走出去”、技术和工厂“走进去”到品牌“走上去”的升级转变;通过实施产品战略、属地化战略和人才战略,加速推进海外市场的深层次合作,努力将奇瑞打造成为具有全球影响力的国际品牌。

十、比亚迪股份有限公司

比亚迪股份有限公司创立于 1995 年,公司总部位于中国广东深圳,业务布局涵盖电子、汽车、新能源和轨道交通等领域。“技术为王,创新为本”是比亚迪一直坚持的发展理念。在汽车领域中,比亚迪是全球率先同时拥有电池、电机、电控三大新能源汽车核心技术的车企,其中,电池 2020 年产能达到 66 GW·h,是全球领先的动力电池生产者。

比亚迪遵循自主研发、自主生产、自主品牌的发展路线,矢志打造真正物美价廉的国民用车,产品的设计既汲取了国际潮流的先进理念,又符合中国文化的审美观念。在中国自主品牌中,比亚迪可以说是新能源汽车领导者。

比亚迪旗下汽车品牌只有 BYD,如图 5-10 所示。比亚迪的汽车分为燃油车系列、王朝系列和 e 系列三个系列的车型。燃油车系列目前只有 F3 一个车型,这是比亚迪真正的开山之作,在 2005 年 9 月 22 日上市,也是比亚迪的第一款“王牌”车型。第二个系列就是比亚迪一炮而红的王朝系列,王朝系列大部分车型都是燃油、DM、EV 三种动力“并肩作战”,为消费者带来了更多的消费选择,尤其是比亚迪王朝系列的 DM 和 EV 动力车型,以高性能、高科技作为最大卖点,为比亚迪圈粉无数,很多路人均被其王朝系列车型圈粉。比亚迪王朝系列车型有秦(秦、秦 Plus、秦新能源、秦 Pro、秦 Pro 新能源)、唐(唐、唐新能源)、宋(宋、宋 Pro、宋 Pro 新能源、宋 Plus、宋 Plus 新能源、宋 MAX、宋 MAX 新能源)、元(元 Pro、元新能源)、汉(汉 DM 和汉 EV)。最后是比亚迪的 e 系列,这个系列的车型是与王朝系列并行的,其更加注重品质性价比和新智行体验,致力于成为智能纯电生活的创新者，其车型包括比亚迪 e1、e2、e3、S2 等。

(a)旧标　　(b)新标

图 5-10　比亚迪品牌新旧 logo

随着汽车工业的发展以及全球环境的变化，新能源汽车被推到了整个汽车行业的顶端。除了传统的汽车品牌在发展新能源汽车以外，一些造车新势力也如雨后春笋般相继诞生。国内部分新能源汽车的品牌 logo 如图 5-11 所示。

(a)蔚来　(b)小鹏　(c)威马　(d)云度

(e)恒驰　(f)合众　(g)哪吒　(h)法拉第未来

(i)理想　(j)天际　(k)高合　(l)爱驰

图 5-11　国内部分新能源汽车的品牌 logo

学习任务二　德国汽车企业与品牌

德国是现代汽车的发祥地，是生产汽车历史最悠久的国家，距今已有 130 多年的历史。世界上的第一辆汽车是由德国人卡尔·本茨于 1885 年 10 月研制成功的，并于 1886 年 1 月 29 日向德国专利局申请汽车发明的专利，同年的 11 月 2 日专利局正式批准发布。因此，1886 年 1 月 29 日被公认为世界汽车的诞生日。图 5-12 所示是卡尔·本茨和他发明的世界上第一辆三轮汽车。

图 5-12　卡尔·本茨和他发明的世界上第一辆三轮汽车

汽车工业是德国国民经济的主要支柱产业，它为德国创造了最多的就业、税收和技术创新成果。德国是世界上的汽车制造强国，坚持技术领先是德国汽车工业发展战略的核心。无论是生产高档豪华车的奔驰、宝马，还是生产普通乘用车的大众，都始终将追求技术领先作为企业发展的战略基点。重视技术研发和产品储备是德国汽车工业保持技术领先的重要原因，德国汽车工业研发工作的重点是提高汽车质量、改善安全性能、降低能耗。

德国主要整车制造商有戴姆勒公司、宝马公司和大众汽车公司等。

一、戴姆勒股份公司

1883 年，卡尔·本茨先生创立了世界首家汽车厂——奔驰汽车公司，并于 1885 年成功推出了世界上第一辆内燃机汽车；1890 年，戈特利布·戴姆勒创建了戴姆勒发动机公司，并于 1896 年推出了内燃机重载汽车。起初，戴姆勒和奔驰是两家完全独立的车企，是直接的竞争对手；1900 年，奥匈帝国总领事埃米尔·耶利内克加入戴姆勒，并要求以后旗下生产的所有车型必须用女儿的名字“梅赛德斯”命名；20 世纪 20 年代，德国爆发了经济危机，戴姆勒和奔驰被迫合并，并在 1926 年成立了总部在斯图加特的新的戴姆勒-奔驰公司，之后合作生产的车型也就改名为“梅赛德斯-奔驰”。

戴姆勒股份公司(Daimler AG)是奔驰的母公司，是全球第一大豪华车生产商、第二大卡车生产商。公司旗下包括梅赛德斯-奔驰汽车、梅赛德斯-奔驰轻型商用车、戴姆勒载重车和戴姆勒金融服务等四大业务单元。

目前，戴姆勒-奔驰业务涵盖整车、汽车零配件、汽车金融、汽车修理与销售等多个领域。旗下的汽车品牌包括梅赛德斯-奔驰、AMG、迈巴赫、Smart、梅赛德斯-奔驰轻型商用车、戴姆勒载重车等，如图 5-13 所示；乘用车类别涉及轿车、SUV、轿跑车 & 敞篷跑车、MPV、纯电动汽车和插电式混合动力汽车等。

(a)梅赛德斯-奔驰　(b)AMG　(c)迈巴赫　(d)梅赛德斯纯电动

图 5-13　奔驰汽车品牌

戴姆勒公司在我国的汽车公司主要有北京奔驰汽车有限公司、深圳比亚迪戴姆勒新技术有限公司、北京福田戴姆勒汽车有限公司等。

二、宝马公司

宝马公司(BMW)是巴伐利亚发动机制造厂股份有限公司(Bayerische Motoren Werhe)的简称,创建于 1916 年,总部设在慕尼黑。100 多年来,宝马公司从最初的一家飞机引擎生产厂发展成为今天在全世界范围内成功的汽车及摩托车生产商,旗下拥有宝马(BMW)、迷你(MINI)和劳斯莱斯(Rolls-Royce)三大品牌(见图 5-14),占据了从小型车到大型豪华轿车各个细分市场的高端,同时还提供汽车金融和高档出行服务。

(a)宝马　(b)迷你　(c)劳斯莱斯

图 5-14　宝马汽车公司旗下品牌

宝马公司在我国的汽车公司主要有宝马集团中国技术中心和华晨宝马汽车有限公司。

三、大众集团

大众汽车(德语:Volkswagen)成立于 1937 年,Volks 在德语中的含义为"国民",Wagen 在德语中的含义为"汽车",全名的含义为"国民汽车",故又常简称为"VW",总部位于德国沃尔夫斯堡,创始人是赫赫有名的德国汽车工程师——费迪南德·保时捷(保时捷公司的创始人,设计了甲壳虫汽车),如图 5-15 所示。大众汽车是世界四大汽车生产商之一的大众集团的核心企业。2021 年,居《财富》世界 500 强排行榜第 10 位。

图 5-15　费迪南德·保时捷和他设计的甲壳虫汽车

大众集团的汽车业务分为两大品牌——奥迪和大众，其中奥迪品牌群包括奥迪(Audi)、西亚特(Seat)、兰博基尼(Lamborghini)、杜卡迪(Ducati)4 个品牌(见图 5-16)；大众品牌群包括大众商用车、大众乘用车、斯柯达(Skoda)、宾利(Bentley)、布加迪(Bugatti)、保时捷(Porsche)、斯堪尼亚(Scania)、曼恩(Man)8 个品牌(见图 5-17)。

(a)奥迪　(b)西亚特　(c)兰博基尼　(d)杜卡迪

图 5-16　奥迪品牌群 logo

(a)大众　(b)宾利　(c)布加迪　(d)斯柯达

(e)保时捷　(f)斯堪尼亚　(g)曼恩

图 5-17　大众品牌群 logo

大众汽车公司在我国的汽车公司主要有一汽大众汽车有限公司、上海大众汽车有限公司、大众汽车(安徽)有限公司、大众一汽平台零部件有限公司天津分公司等。

学习任务三　美国汽车企业与品牌

美国被称为汽车轮子上的国家，根据世界银行发布的 2020 年全球 20 个主要国家千人汽车拥有量调查结果显示，美国千人汽车拥有量达 837 辆，汽车普及率居全球前列。美国汽车工业始于 18 世纪末 19 世纪初，是世界上最早开始汽车工业的国家之一，良好的历史底蕴铸就了它在世界上的汽车地位。

1908 年，福特汽车公司生产出了世界上第一辆属于普通百姓的汽车——福特 T 型车，世界汽车工业革命就此开始。1913 年 4 月，福特汽车公司又开发出了汽车行业中的第一条流水线，如图 5-18 所示。福特采用批量生产的方式，改善了 T 型车，同时降低了价格，改变了人类的生活方式。从第一辆 T 型车面世到停产，公司累计有 1500 多万辆福特 T 型车被销售。福特 T 型车的生产是当时先进工业生产技术与管理的典范，为汽车产业及制造业的发展做出了巨大贡献。在 20 世纪世界最有影响力汽车的全球性投票中，福特 T 型车荣登榜首。

图 5-18　福特 T 型车流水线生产

美国采用流水作业的生产方式生产汽车，使汽车的生产成本大幅下降，汽车的需求大幅增长，汽车逐渐成为普及性商品，这是美国对世界汽车工业的贡献。后来，流水作业的生产方式又扩展到欧洲、日本直至全世界。

美国汽车工业经过长期的竞争和兼并，目前主要的整车制造商有通用汽车公司、福特汽车公司和克莱斯勒汽车公司。

一、通用汽车公司

通用汽车公司(General Motors Company)，简称“通用”(GM)，成立于 1908 年，创始人为威廉·杜兰特，总部设在美国底特律。2009 年通用申请破产，重组后的新通用公司保留了 4 个核心汽车品牌——别克、雪佛兰、凯迪拉克、GMC，如图 5-19 所示。

(a)别克　(b)雪佛兰　(c)凯迪拉克　(d)GMC

图 5-19　通用公司品牌 logo

通用汽车公司在我国的汽车公司主要有上海通用汽车有限公司、上海通用北盛汽车有限公司、上海通用东岳汽车有限公司、上海通用东岳动力总成有限公司、上海通用五菱汽车股份有限公司、泛亚汽车技术中心有限公司、上海安吉星信息服务有限公司、上汽通用汽车金融有限责任公司、上海通用汽车销售有限责任公司以及上海通用融资租赁有限责任公司等。

二、福特汽车公司

福特汽车公司(Ford Motor Company)，简称“福特”(Ford)，成立于 1903 年，创始人为亨利·福特，总部位于美国密歇根州迪尔伯恩市。目前，公司旗下品牌主要有福特、林肯和水星，如图 5-20 所示。

(a)福特　　(b)林肯　　(c)水星

图 5-20　福特汽车公司旗下品牌 logo

福特汽车公司在我国的汽车业务主要有福特汽车(中国)有限公司、长安福特汽车有限公司、长安福特马自达发动机有限公司、江铃汽车股份有限公司和福特蓝色马赫科技(南京)有限公司等。

三、克莱斯勒汽车公司

克莱斯勒汽车公司(Chrysler Corporation)是美国第三大汽车制造企业。公司总部设在密歇根州海兰德帕克。1925 年,沃尔特 · P.克莱斯勒脱离通用汽车公司,自行创设了克莱斯勒汽车公司。目前,克莱斯勒公司旗下品牌主要有克莱斯勒、道奇和吉普,如图 5-21所示。

(a)克莱斯勒　　(b)道奇　　(c)吉普

图 5-21　克莱斯勒汽车公司旗下品牌 logo

1998 年,克莱斯勒公司被德国戴姆勒集团收购,更名为“戴姆勒 · 克莱斯勒汽车公司”;2007 年,戴姆勒 · 克莱斯勒汽车公司又进行了分解;2014 年 1 月,意大利菲亚特掌握了克莱斯勒 100%的股份,两家车企于 2014 年 10 月 12 日正式合并为“菲亚特克莱斯勒汽车公司”;2021 年 1 月 16 日,标致雪铁龙集团(PSA)与菲亚特克莱斯勒汽车公司(FCA)的合并交易正式完成,双方合并成为一家全新的集团——Stellantis。

学习任务四　日本汽车企业与品牌

日本的汽车制造业始于吉田真太郎。1904 年,他成立了日本第一家汽车厂——东京汽车制造厂(现五十铃汽车公司)。与德国和美国相比,日本进入汽车行业稍晚一步,但却呈现出后来者居上的趋势。

日本汽车工业在 20 世纪 50 年代形成了完整体系。20 世纪 60 年代是日本汽车突飞猛进的时期,1967 年日本超过德国而成为世界上第二大汽车生产国,国内汽车销量首次超过百万辆。1980 年,日本汽车产量首次突破 1000 万辆大关,成为世界上第一大汽车生产国。

日本对世界汽车工业的最大贡献是丰田公司开创了精益生产方式，这种精益生产方式就是用精益求精的态度和科学的方法来控制和管理汽车的设计开发、工程技术、采购、制造、储运、销售和售后服务的每一个环节，从而达到以最小的投入创造出最大价值的目的。这其中的每一个环节以及各环节之间的衔接都是经过精心筹划和计算的。

日本主要的整车制造商有丰田汽车公司、本田汽车公司、日产汽车公司、铃木汽车公司、三菱汽车公司以及马自达汽车公司等。以下主要介绍丰田、本田、日产三大品牌。

一、丰田汽车公司

丰田汽车公司(Toyota Motor Corporation)，简称"丰田"(Toyota)，创始人为丰田喜一郎，成立于 1937 年 8 月 28 日，总部设在日本爱知县丰田市，旗下品牌有丰田、雷克萨斯、斯巴鲁和大发等，如图 5-22 所示。

(a)丰田　(b)雷克萨斯　(c)斯巴鲁　(d)大发

图 5-22　丰田汽车公司旗下品牌 logo

丰田汽车公司在我国的汽车业务主要有丰田汽车研发中心(中国)有限公司、广汽丰田汽车有限公司、广汽丰田发动机有限公司、天津一汽丰田汽车有限公司、天津一汽丰田发动机有限公司、四川一汽丰田汽车有限公司、一汽丰田(长春)发动机有限公司、新中源丰田汽车能源系统有限公司等。

二、本田汽车公司

本田汽车公司简称"本田"(Honda)，创始人为本田宗一郎，成立于 1946 年，总部设在日本东京，旗下品牌有本田和讴歌，如图 5-23 所示。

(a)本田　(b)讴歌

图 5-23　本田汽车公司旗下品牌 logo

本田汽车公司在我国的汽车业务主要有广汽本田汽车有限公司、东风本田汽车有限公司、五羊-本田摩托(广州)有限公司、新大洲本田摩托有限公司、本田动力(中国)有限公司、东风本田发动机有限公司、本田汽车零部件制造有限公司等。

三、日产汽车公司

日产汽车公司(Nissan Motor Co., Ltd.)简称"日产"，创始人为鲇川义介，成立于 1933 年，总部设在日本神奈川县横滨市，旗下品牌有日产和英菲尼迪，如图 5-24 所示。

(a)日产

(b)英菲尼迪

图 5-24　日产汽车公司旗下品牌 logo

日产汽车公司在我国的汽车业务主要有东风日产乘用车公司、东风启辰汽车公司、东风英菲尼迪汽车有限公司、东风汽车股份有限公司、郑州日产汽车有限公司、东风汽车零部件(集团)有限公司、东风汽车有限公司装备公司等。

学习任务五　其他国家主要汽车企业与品牌

由于汽车工业在各汽车生产国的国民经济中均占有举足轻重的作用,因此新兴工业国家和发展中国家都在努力发展汽车工业。不少国家都用优惠政策吸引外资,引进先进技术和装备、进口全拆散零件(CKD)装车,逐步提高国产零件的装车比例,进而使主要部件自给,然后用扩大零部件及整车出口的模式发展自己的汽车工业。

一、法国主要汽车企业与品牌

法国是欧洲第二大汽车生产国,是全球汽车行业支柱之一。法兰西浪漫的特性,造就了法国汽车不拘一格的设计特点。法国汽车的外形及概念设计往往特别惊艳,充满创造力,其一直都是世界汽车工业一个特色鲜明的存在。法国本土的整车制造商主要有标致雪铁龙集团和雷诺汽车公司。

(一)标致雪铁龙集团(PSA)

标致雪铁龙集团又称为 PSA 集团。1890 年,法国人阿尔芒·标致创立了以生产自行车和三轮车为主的标致公司;1915 年,安德烈·雪铁龙创立了雪铁龙汽车公司;1976 年,标致收购了经营不善的雪铁龙公司 60%的股份,合并后的母公司叫 PSA 集团,总部设在法国巴黎,旗下品牌有标致和雪铁龙,如图 5-25 所示。

(a)标致

(b)雪铁龙

图 5-25　PSA 集团品牌 logo

标致雪铁龙集团在我国的汽车业务主要有神龙汽车有限公司和长安标致雪铁龙汽车有限公司。其中,神龙汽车有限公司主要生产东风标致和东风雪铁龙两个品牌的系列车型，长安标致雪铁龙汽车有限公司主要生产雪铁龙 DS 系列车型。

(二)雷诺汽车公司

雷诺汽车公司成立于 1898 年，创始人是路易斯·雷诺三兄弟，总部设在法国的布洛涅-比扬古，旗下品牌为雷诺，如图 5-26 所示。

(a)雷诺旧标　　(b)雷诺新标

图 5-26　雷诺汽车品牌 logo

1999 年，日产汽车已连续 7 年亏损，濒临破产；1999 年 3 月 27 日，雷诺汽车和日产汽车结盟；1999 年 5 月 28 日，雷诺汽车以 54 亿美元收购了日产汽车 36.8%的股份，成为日产的大股东，并组建了“雷诺-日产汽车联盟”。如今，法国雷诺汽车持有日产汽车 44.4%的股份，是日产汽车最大的股东，而日产汽车持有雷诺汽车 15%的股份。虽然互持股份，但是两者的性质不尽相同：日产汽车没有投票权，而雷诺汽车对日产汽车拥有有限的正式控制权。

在中国市场深耕 7 年之后的雷诺汽车于 2020 年 4 月 14 日正式发布公告：雷诺汽车拟将其持有的东风雷诺 50%的股权转让给东风汽车，东风雷诺将停止雷诺品牌相关业务活动。

二、英国主要汽车企业与品牌

英国汽车产业拥有悠久的发展历史，在汽车发明的 130 多年里，英国汽车一直被认为代表着汽车工艺的极致，并且是品位、价值、豪华、典雅等诸多词语在汽车上最完美的体现。“买日本车，买的是工具；选择德国车，选的是机器；而拥有英国车，拥有的是艺术”这句话从一个侧面反映出英国汽车品牌以一种超物质的精神存在于机械中。英国的汽车工业曾经有过无比的辉煌。作为老牌制造大国，英国曾经在世界汽车工业发展史上扮演过十分重要的角色。英国打造了许多世界驰名的汽车品牌，如劳斯莱斯、宾利、捷豹、阿斯顿·马丁、陆虎、迷你、罗孚、名爵等。目前，这些汽车品牌都被其他国家的汽车跨国公司收购，现在剩下的英国本土汽车品牌仅有超级跑车迈凯伦，如图 5-27 所示。虽然英国的汽车制造业在走下坡路，但其汽车研发业务却越来越红火，包括福特、通用、丰田等汽车巨头，以及我国的长安、吉利等汽车公司也纷纷选择在英国投资研发。

McLaren

图 5-27　迈凯伦 logo

三、意大利主要汽车企业与品牌

意大利的汽车设计居世界领先地位，拥有一批被世界公认的汽车设计大师，在跑车和赛车领域颇有建树。意大利仅有一家大型汽车制造商——菲亚特集团，旗下有菲亚特、蓝旗亚、法拉利(独立运营)、玛莎拉蒂、阿法尔·罗密欧等蜚声世界的汽车品牌，如图5-28所示。

(a)菲亚特　(b)蓝旗亚　(c)法拉利　(d)玛莎拉蒂　(e)阿尔法·罗密欧

图 5-28　意大利主要汽车品牌 logo

目前，菲亚特集团在中国设立了广汽菲亚特克莱斯勒汽车有限公司(简称"广汽菲克")，成立于 2010 年 3 月 9 日，由广州汽车集团股份有限公司(简称"广汽集团")、菲亚特克莱斯勒汽车集团(简称"菲克集团")以 50∶50 的股比共同投资建设，总部位于湖南长沙。

四、韩国主要汽车企业与品牌

韩国汽车工业从 20 世纪 60 年代初期开始起步，仅仅用了 40 多年时间就走完了发达国家百余年的历程，成为世界汽车生产大国，其成就举世瞩目。韩国汽车工业选择的是引进跨越模式，沿着散装(KD)装配—以零部件国产化为核心的汽车产业自主发展—自主开发的发展道路而成功实现跨越。

韩国主要整车制造商为现代起亚汽车集团。起亚汽车公司成立于 1944 年，现代汽车公司成立于 1967 年；1998 年，起亚汽车公司与韩国最大的汽车公司——现代公司签订了股权转让协定，并且在 2000 年与现代汽车公司一起成立了现代起亚汽车集团，总部设在韩国首尔，旗下品牌有现代和起亚，如图 5-29 所示。

(a)现代　(b)起亚旧标　(c)起亚新标

图 5-29　现代起亚汽车集团旗下品牌 logo

现代起亚汽车集团在中国的汽车公司主要有北京现代汽车有限公司和东风悦达起亚汽车有限公司。北京现代汽车有限公司成立于 2002 年，总部位于北京顺义，由北京汽车投资有限公司和韩国现代自动车株式会社共同出资设立，主要生产现代品牌的系列车型；东风悦达起亚汽车有限公司成立于 2001 年，由东风汽车公司、江苏悦达投资股份有限公司、韩国起亚自动车株式会社共同组建，总部位于江苏盐城，主要生产起亚品牌的系列车型。

【任务实施】

分析 2019 年和 2020 年国内外汽车工业的情况，并填写任务实施报告。

任务实施报告

任务名称	国内外汽车工业的情况					
学生姓名		班级		学号		
实训地点				日期		
实训结果记录						
世界 500 强前 10 位的汽车企业	2019 年					
	2020 年					
全球汽车销量前 10 位的汽车企业	2019 年					
	2020 年					
国内汽车销量前 10 位的汽车企业	2019 年					
	2020 年					
国内最受欢迎的汽车品牌前 10 位	2019 年					
	2020 年					
自我评价						
指导教师			成绩			

参考文献

[1] 蔡兴旺.汽车概论:第4版[M].北京:机械工业出版社,2019.

[2] 崔胜民.新能源汽车概论[M].北京:人民邮电出版社,2019.

[3] 崔胜民.现代汽车概论[M].北京:人民邮电出版社,2020.

[4] 孙慧芝,张潇月.智能网联汽车概论(配实训工单)[M].北京:机械工业出版社,2020.

[5] 崔胜民.智能网联汽车概论[M].北京:人民邮电出版社,2019.

[6] 杨效军,朱小菊.电动汽车结构与原理[M].北京:机械工业出版社,2018.

[7] 张斌,蔡春华.新能源汽车概论[M].北京:机械工业出版社,2019.

[8] 汽车之家:https://www.autohome.com.cn/.

[9] 太平洋汽车:https://www.pcauto.com.cn/.

[10] 易车网:https://www.yiche.com/.

[11] 爱卡汽车网:https://www.xcar.com.cn/.

[12] 汽车维修技术网:https://www.qcwxjs.com/.